高职高专

HUIZHAN

会展策划与管理
专业系列教材

会展案例与分析

李世平 编著

重庆大学出版社

内容提要

本书分为上、中、下三编，上编为会议案例分析，中编为展览案例分析，下编为节事活动案例分析，共18个单元。内容包括达沃斯论坛、二十国集团峰会、博鳌亚洲论坛、中非合作论坛、世界互联网大会、世界休闲博览会、中国国际数码互动娱乐展览会、上海世博会、广交会、中国义乌国际小商品博览会、平遥国际摄影大展、汉诺威工业展、慕尼黑啤酒节、狂欢节、"世界小姐"选美大赛、中国好声音、巴黎时装周、夏纳国际电影节等。每个单元均包括教学目标、知识链接、案例陈述、案件评析、单元思考与训练、扩展阅读。

本书适用对象广泛，不仅可以作为高职高专会展策划与管理专业和旅游管理类专业的学生用书，还可以作为会展、节事、文化传媒、演艺等行业从业人员的学习参考用书。

图书在版编目（CIP）数据

会展案例与分析 / 李世平编著. —重庆：重庆大学出版社，2016.8（2022.9重印）
ISBN 978-7-5624-9957-2

Ⅰ.①会… Ⅱ.①李… Ⅲ.①展览会—案例—高等职业教育—教材 Ⅳ.①G245

中国版本图书馆CIP数据核字（2016）第166174号

会展案例与分析

李世平 编著
策划编辑：顾丽萍

责任编辑：文 鹏 邓桂华　　　版式设计：顾丽萍
责任校对：谢 芳　　　　　　　责任印制：张 策

*

重庆大学出版社出版发行
出版人：饶帮华
社址：重庆市沙坪坝区大学城西路 21 号
邮编：401331
电话：（023）88617190　88617185（中小学）
传真：（023）88617186　88617166
网址：http://www.cqup.com.cn
邮箱：fxk@cqup.com.cn（营销中心）
全国新华书店经销
重庆升光电力印务有限公司印刷

*

开本：720mm×960mm　1/16　印张：19　字数：321 千
2016 年 8 月第 1 版　　2022 年 9 月第 3 次印刷
印数：5 001—6 000
ISBN 978-7-5624-9957-2　定价：45.00 元

前　言

　　会展业是一个新兴的朝阳行业，从 20 世纪 90 年代以来，我国会展经济每年以平均 20% 的速度递增。

　　由于会展业对经济发展特别是服务产业的发展具有强大的推动力，它对带动、打造和经营城市品牌具有不可忽视的巨大作用，因此，许多城市纷纷将会展业作为当地的支柱产业来发展，使我国的会展经济进入迅速发展的阶段。

　　据统计，截至 2015 年年底，中国经济贸易展览会总量和专业展馆数量均居世界第二、亚洲第一，每年经贸类展会约 3 000 个，展览面积达 8 000 万平方米左右。

　　伴随着会展产业规模的不断扩大，经济效益逐年攀升，会展已成为第三产业中最具发展潜力的行业之一，日益受到国内外的高度关注，与此同时，会展教育也受到空前的重视，社会对会展人才的需求也逐渐增长，对从业人员的要求也越来越高。会展业不仅要求从业人员具备会展、贸易、管理、法律法规等方面的理论知识，更需要从业人员具备分析会展行业问题、解决会展行业问题的职业能力和职业素质。本书编者正是基于以上对中国会展业发展现状以及会展业对人才的需求规格的分析与判断，编写了本书。

　　本书分为上、中、下三编：上编为会议案例分析；中编为展览案例分析；下编为节事活动案例分析，共 18 个单元。内容包括达沃斯论坛、二十国集团峰会、博鳌亚洲论坛、中非合作论坛、世界互联网大会、世界休闲博览会、中国国际数码互动娱乐展览会、上海世博会、广交会、中国义乌国际小商品博览会、平遥国际摄影大展、汉诺威工业展、慕尼黑啤酒节、狂欢节、"世界小姐"选美大赛、中国好声音、巴黎时装周、戛纳国际电影节等。每个单元均包括学习目标、知识链接、案例陈述、案例评析、单元思考与训练、拓展阅读等部分。

与同类教材相比，本书具有以下特色：

1. 所选案例典型、生动、新颖。本书精选了 18 个中外会展业的典型案例，通过对这些案例进行分析和总结，从会展行业实际需要的视角入手，将会展理论知识和实践技巧融会贯通，培养学生的职业能力和职业素养。

2. 注重能力训练。每个单元结尾都科学设计、精心组织思考与训练内容，注重学生实际应用能力的培养。

3. 教辅材料完备。为便于教师教学以及学生学习参考，本书配有完整系统的教学大纲、教学计划、习题库以及课件等教辅材料。

本书适用对象广泛，不仅可以作为高职高专会展策划与管理专业和旅游酒店管理类专业的学生教材，还可以作为会展、节庆、文化传播、演艺等行业相关人员的培训用书和参考用书。

由于时间仓促，编者水平有限，本书难免存在一些不足和疏漏之处，敬请广大读者批评指正。

编　者

2016 年 5 月

目 录 CONTENTS

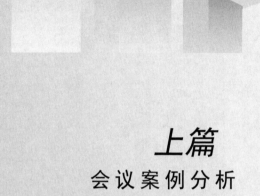

上篇
会议案例分析

第一单元
达沃斯论坛

图 1.1

【教学目标】

☆ 知识目标
了解达沃斯论坛的基本概况、组织结构、论坛活动
理解达沃斯论坛的意义和影响
掌握达沃斯论坛成功的经验
☆ 能力目标
能对论坛活动进行总结概括、归纳分析
能认识论坛活动的运行规律
☆ 素质目标
具备分析问题、解决问题、独立思考的能力

【知识链接】

达沃斯小镇

达沃斯小镇位于瑞士东南部格里松斯地区，隶属于格劳宾登州，坐落在一条 17 km 长的山谷里，靠近奥地利边境，它是阿尔卑斯山系最高的小镇，在兰德瓦瑟河的达伏斯谷地，海拔 1 529 m。人口约 1.3 万，主要讲德语。达沃斯小镇气候怡人，为疗养和旅游胜地，20 世纪起成为国际冬季运动中心之一，电缆车可达海拔 1 530 ～ 2 610 m 的滑冰运动场。

达沃斯拥有欧洲最大的天然溜冰场，冬天还可以在此滑雪、滑冰，进行丰富多彩的活动。另外，这还是阿尔卑斯山中一块因空气洁净清爽而大受好评的地区。20 世纪初这里设立了呼吸系统疾病的治疗所，奠定了现今宾馆业发展的基础。除此之外，世界经济论坛等大型会议在此设施完备的会议中心召开。

达沃斯是瑞士知名的温泉度假、会议、运动度假胜地，此外，也是瑞士经典火车路线——冰河列车必经的一站。

达沃斯只有两条主要的道路，区域内的交通和瑞士主要的大城市一样，以巴士为主要交通工具。如果想看到达沃斯全景，可沿着普罗姆纳街向东走，遇布尔街之后，再往上行即可看到。一般游客可在住宿的饭店购得"Guest Card"，使用于当地的巴士及火车等交通工具。

【案例陈述】

一、基本概况

世界经济论坛（World Economic Forum，WEF）是一个非官方的国际组织，每年在达沃斯召开的论坛年会，一般是在 1 月下旬，会议持续约一周时间，每年都要确定一个主题，在此基础上安排 200 多场分论坛讨论。截至 2015 年共举办了 44 届年会。

达沃斯位于瑞士兰德瓦瑟河畔，海拔 1 560 m。这里群山环抱、风光旖旎，一条宽阔的中心大街横穿市区，两旁山坡上错落有致地排列着色彩和谐的楼房。达沃斯虽小，却闻名遐迩。通常在每年年初，世界经济论坛都要在这里召开年会，因此世界经济论坛也被称为"达沃斯论坛"。

图 1.2

    每年的世界经济论坛年会均有来自数十个国家的千余位政界、企业界和新闻机构的领袖人物参加。世界经济论坛已经成为世界政要、企业界人士以及民间和社会团体领导人研讨世界经济问题最重要的非官方聚会和进行私人会晤、商务谈判的场所之一。

    随着国际形势的发展和变化，世界经济论坛所探讨的议题逐渐突破了纯经济领域，许多双边和地区性问题以及世界上发生的重大政治、军事、安全和社会事件等也成为论坛讨论的内容。

    论坛组成的核心是其会员和合作伙伴。至 2003 年，论坛拥有 1 000 多个会员，全部是世界知名企业和公司。论坛有选择地与会员建立合作伙伴关系。此外，论坛还有各种性质的会员制组织，涉及政治、经济、文化、宗教、传媒和学术等领域。世界经济论坛每年还与若干国家的政府或企业联合主办各种国际经济讨论会。

    1971 年，时任日内瓦大学商业政策教授的克劳斯·M.施瓦布邀请 444 位西欧公司的商业执行者在达沃斯会议中心召开了首届"欧洲管理讨论会"。在欧洲委员会和欧洲行业协会的支持下，施瓦布希望向欧洲公司介绍美国的商业管理实践。因此，他以非营利组织的形式建立了"欧洲管理论坛"，总部设在日内瓦，并召集欧洲商业领袖每年 1 月在达沃斯举行年会。施瓦布还发展了"利益相关者理论"或称"利益相关者管理方式"，他认为企业管理者要想成功管理一家企业需要考虑各方利益：不仅仅是股东、客户和消费者的利益，还要顾及企业的员工和所属的环境（包括政府）。1973年，随着布雷顿森林体系固定汇率机制的瓦解和第四次中东战争的爆发，论坛年会的关注点开始从企业管理转向经济和社会事务，政治领导人也首次应邀参加了1974年1月的达沃斯论坛。

"欧洲管理论坛"在1987年正式更名为"世界经济论坛"，并希望拓宽其成为一个解决国际争端的平台。政治领导人也已使用达沃斯论坛这个中立的平台解决他们的分歧。希腊和土耳其在1988年签署"达沃斯宣言"，使双方在战争的边缘悬崖勒马。1992年，南非总统戴克拉克与曼德拉和领袖曼戈苏图·布特莱齐在论坛年会会面，这是3人首次在南非以外的场合同时亮相。在1994年年会上，以色列外长希蒙·佩雷斯与巴勒斯坦解放组织领导人亚瑟·阿拉法特就加沙和杰里科地区问题达成协议。2008年，比尔·克林顿发表题为"创造性资本主义"的主旨讲话——一种新型的资本主义形式通过发挥市场力量更好地满足穷人的需求，在产生经济利润的同时解决世界不平等问题。

多年来，世界上发生的重大政治、军事、安全和社会事件多在论坛上得到反映。

二、成员结构

论坛的参与者主要是各国政界和经济界的高层领导人、企业首脑以及著名专家，宗旨是探讨世界经济领域存在的问题并促进国际经济合作与交流。随着国际形势的变化，论坛所探讨的议题逐渐突破了纯经济领域，许多双边和地区性问题也成为论坛讨论的主要内容。

世界经济论坛的影响力在于其成员组的实力。目前，世界经济论坛基金会的成员是目前位居全球前1 000名之列、引领世界经济潮流的跨国公司。各个成员组的人们代表着各自领域最有影响力的决策者和潮流领导者。成员组内的人员互相交流，不同成员组之间也进行密切讨论，这使得世界经济论坛基金会举办的每一项活动都得到了积极参与，而这也正是世界经济论坛有别于其他论坛的主要标志。

为满足世界经济论坛成员和参加者的各种具体要求，该基金会召集有关人士并组织各种活动，如成立一个专门的组委会，并举办一系列全球性、区域性和地方性的活动，以促进合作、改进全球经济现状。全球成长性公司的成员属于一个单独的成员组，他们包括世界上最重要的一些创新企业。之所以成立全球性成长公司（GGC）这个组织，是因为目前中小型创新企业在世界工业领域扮演着越来越重要的角色，而且他们往往采用跨国经营的模式。

此外，世界经济论坛还包括其他参与者。这些参与者分属不同的成员组，这些小组把分散的力量聚集了起来，以便在其特定的领域内进行全球性的合作。每个小组都是独立的，而且成员名额有限，因此各自都具有其鲜明特点。他们包括：

各行业领袖组：分别由世界主要工业领域内最知名公司的高层管理人员组成。

未来全球领袖组：约有600名成员，年龄在45岁以下，他们是新一代全球性的决策者。

媒体领袖组：包括全球传媒领域内最有影响的人，他们的参与将保证活动的可靠性和公正性，并为所有的参与者增光添彩。

论坛嘉宾组：包括在政治、经济、科学、社会、科技等领域内的知名人士。

政界人士组：包括各国政府领导人以及主要国际组织的领袖人物。

文艺精英组：包括100余名来自文艺领域的知名人士。

未来全球领袖组正努力网罗全球不同背景的年轻杰出人士，建立并发展一个全球性人才网络，以增进他们之间的互相支持，并促进他们就迎接全球性挑战等问题展开对话。

三、权利和义务

企业在成为世界经济论坛的成员后，应履行相应的义务，同时可以享受一定的权利。

会员企业应秉承论坛"致力于改善全球状况"这一宗旨，积极参与论坛举办的各种活动，并贡献其专业知识和资源。此外，由于论坛是一个非营利性组织，其活动经费主要来自会费，因此，会员企业每年需要向论坛提供4.25万瑞士法郎（1美元约合1.21瑞士法郎）的会费。

会员企业同时享有相应的权利，主要包括参加每年1月底在瑞士达沃斯举行的世界经济论坛年会等。在年会举行期间，论坛会员企业的领导人可以与全球政治、经济、艺术界的知名人士就世界面临的共同挑战发表意见，交流看法，进而引导全球舆论关注的重点，并为全球领导人提供决策参考。

四、要求条件

企业如果希望成为世界经济论坛成员，必须满足相应的条件，并获得论坛的邀请。企业除了需要认同和遵循世界经济论坛"致力于改善全球状况"这一宗旨外，还应满足以下3个基本条件：①企业必须是其所在行业或国家的顶尖企业。②企业的活动应具有全球性色彩。③企业能够在决定某一行业或某一地区未来发展方面发挥领导作用。

世界经济论坛通常会对全球企业进行考察和评估，建立全球顶尖企业数据库，并向其中符合条件的企业发送邀请函，邀请它们加入论坛。企业也可以主动申请加入论坛，在通过论坛的考察和评估后，如果符合条件，也可以获得论坛发送的邀请函。企业在接到邀请函后，如果同意加入论坛，则与论坛签署会员协议，以明确其权利和义务。

目前，世界经济论坛共有4种形式的成员，分别是基金会员、行业合作伙伴、战略合作伙伴和全球成长型企业会员。基金会员包括全球约1 000家顶尖企业，其中每年有100多家基金会员企业还可以根据其参与论坛活动的程度和对论坛的贡献，成为论坛的行业合作伙伴或战略合作伙伴。而全球成长型公司，即"新领军者"，是世界经济论坛推出的一种新型会员形式，主要是指那些正在快速成长的新型跨国公司。

五、经济支持

世界经济论坛的经济支持来自其1 000家基金会会员。会员企业必须是年收入额在50亿美元以上的国际企业（收入额可因行业和区域而异）。同时，这些企业均是其行业或国家中的佼佼者，并对该行业或区域的未来发展起重要作用。世界经济论坛的基金会会员每年向世界经济论坛支付年费作为世界经济论坛举办各种会议和活动以及运营的费用。世界经济论坛的基金会会员可以选择成为"行业合作伙伴"和"战略合作伙伴"，更深入地参加论坛的活动，并发挥其影响力。

六、论坛活动

1.论坛年会

每年1月末在达沃斯举行的年会是世界经济论坛的旗舰活动。在瑞士阿尔卑斯山度假胜地举行的年会每年吸引 1 000 家论坛会员企业的首席执行官的到来，同时还有来自政界、学界、非政府组织、宗教界和媒体的众多代表，只有收到世界经济论坛邀请函的人士才可参会。每年约有 2 200 位参会者参加为期五天的会议，列入正式会议议程的场次多达 220 余场。会议议程强调关注全球重点问题（如国际争端、贫困和环境问题）和可能的解决方案。全球约有来自网络、纸媒、广播和电视媒体的 500 余名记者到会场进行报道，媒体可以进入所有列入正式议程的会议场次，其中一些场次可通过网络视频观看。

2. 区域会议

世界经济论坛每年举办 10 余场会议，使企业领袖与举办地政府和非政府组织密切沟通。会议分别在非洲、东亚、拉美和中东等地举行，每年选择不同的主办国家。但多年以来，中国与印度已成为论坛的长期主办国家。

3. 活动倡议

（1）"全球健康倡议（GHI）"

"全球健康倡议"是由科菲·安南在 2002 年年会上提出的，其目标是使商业企业加入到公私合作的健康项目中去，以应对艾滋病、肺结核、疟疾等疾病，并建立更好的健康体系。

（2）"全球教育倡议（GEI）"

"全球教育倡议"发起于 2003 年世界经济论坛年会，全球 IT 公司与政府人士在约旦、埃及和印度会议上达成协议，将新的个人计算机硬件引入更多学校的课堂，并培训更多掌握电子教学方法的地方教师。这一倡议对孩子们的生活产生了切实的影响。GEI 模式已成为不断扩大和持续发展的项目，被列入包括卢旺达在内的很多国家的教育计划。

（3）"环境倡议"

"环境倡议"关注气候变化和水资源问题。2005 年在苏格兰 Gleneagles 举行的 G8 峰会气候变化对话会议上，英国政府邀请世界经济论坛在第 31 届 G8 峰会上协助商业社区成员参与气候变化对话，提供有利于减少温室气体排放的建议。由全球多位 CEO 首肯的一系列环保建议方案在 2008 年 7 月日本洞爷湖举行的 G8 峰会前呈交给各国领导人。

（4）"水资源倡议"

"水资源倡议"得到了各利益相关方的支持，其中包括加铝公司、瑞士发展与合作署、美国国际开发总署、联合国发展计划署、印度工业联盟、拉贾斯坦邦政府和非洲发展新伙伴计划商业基金会，它们在南非和印度就水资源管理开展了公私合作。

（5）"反腐伙伴倡议"

"反腐伙伴倡议"为加强反腐败力量，在2004年1月的达沃斯年会上，来自工程、建筑、能源、金属和矿产行业的企业CEO共同启动了"反贪腐伙伴倡议（PACI）"。此倡议提供了一个为同业者相互交流反腐实际经验和面临困境的平台，已有140家企业签署了此倡议。

（6）"创新：势在必行"

"创新：势在必行"是2013年第七届夏季达沃斯论坛的主题，来自90多个国家和地区的超过1 500名各国政要和企业家代表出席了为期3天的会议。就可持续增长、能源安全、贸易和投资展开了深入的探讨。

七、论坛影响

世界经济论坛的影响力，首先是其作为一个"世界级"思想交流平台的作用和对全球舆论的影响。论坛自成立以来，借助包括年会在内的各种会议形式，成为各国政要、企业领袖、国际组织领导人、专家学者就各种世界重大问题交换意见的重要平台。更重要的是，达沃斯年会讨论的都是全球性热点问题或趋势性问题，对全球舆论具有重要影响。

世界经济论坛的影响力还表现在其遍布全球的会员和关系网络。世界经济论坛是会员制组织，其会员来自全球各地区的1 100多家大型跨国公司，其中有全球500强中的绝大部分公司。除企业界外，论坛还与世界各国的政界、学界、媒体高层建立了广泛的关系网络。

八、论坛与中国

自1979年以来，中国一直与世界经济论坛保持着良好的合作关系。中国领导人先后多次出席年会并发表讲话。

自1993年起，中国还多次派团参加世界经济论坛举办的地区经济峰会。1981—2006年，世界经济论坛与中国企业联合会每年联合在华举办"企业高级管理人员国际研讨会"（1996年起更名为"中国企业高峰会"），2007年起因在中国举办"夏季达沃斯"论坛而暂停。

2005 年，世界经济论坛主席克劳斯·施瓦布提出了"中国夏季达沃斯"的设想。2006 年 6 月，世界经济论坛北京代表处成立。这是世界经济论坛在瑞士境外设立的首家代表机构。

世界经济论坛于 2007 年开始每年在中国举办世界新领军者年会（"夏季达沃斯"论坛）。夏季达沃斯论坛的目的是为"全球成长型公司"创造一个与成熟企业共同讨论、分享经验的平台。

首届"夏季达沃斯"论坛于 2007 年 9 月在大连举行。会议沿用 2007 年达沃斯年会的主题"变化中的力量平衡"。2008 年 9 月，第 2 届"夏季达沃斯"论坛在天津举行，主题为"下一轮增长浪潮"。2009 年 9 月，第 3 届"夏季达沃斯"年会在大连举行，主题为"重振增长"。

此外，世界经济论坛还积极开展与中国企业的合作。至 2009 年 9 月，世界经济论坛的中国企业会员超过 60 家。

图 1.3

九、近几年的发展

2004 年 1 月 21—25 日，第 34 届年会在达沃斯举行。本届会议的主题是"建立繁荣和安全的伙伴关系"。包括 30 多名国家元首、政府首脑和 200 多名各国政界要人以及世界著名公司和企业代表在内的各界人士，在会议期间研讨世界经济的现状和前景，促进国际经济技术的合作与交流。

2005年1月26—30日，第35届年会在达沃斯举行。本届会议的主题是"为艰难抉择承担责任"，本届年会共有来自近100个国家的2 000多名代表参加，会议就全球商业、科技、文化等主题进行了200多场研讨会，并就中国经济的前景、欧洲、气候变化、全球化中的公平性、全球经济、大规模杀伤性武器、世界贸易、巴以问题、伊朗核问题、伊拉克局势和伊拉克大选等议题进行了磋商和讨论。

2006年1月25—29日，第36届年会在达沃斯举行。本次会议的主题为"开拓创新，把握未来"，讨论了世界经济格局、创造未来就业等问题。

2007年1月24—28日，第37届年会在达沃斯举行。论坛年会以"变化中的力量格局"为主题，来自约90个国家和地区的2 000多名政要和各界人士就2007年世界面临的挑战以及对策进行了研讨。

2008年1月23—27日，第38届年会在达沃斯举行。有27位国家元首或政府首脑、110多位政府部长以及众多知名企业领导人和政界人士共2 500多人出席。年会以"合作创新的力量"为主题，分别就全球关注的金融市场动荡、经济前景的不确定性、气候变化、能源形势、食品供应安全等问题进行了辩论。

2009年1月28日—2月1日，第39届年会在达沃斯举行。本届年会以"构建危机后的世界"为主题。2 500多名与会者就如何应对国际金融危机进行了深入的探讨，同时也充分关注了气候变化、能源、粮食和水资源安全等全球性议题以及中东地区局势等热点问题。

2010年1月27—30日，第40届年会在达沃斯举行，2 500多名与会领导人讨论了全球面临的各种紧迫性问题，包括经济形势、气候谈判、如何改进国际合作体制以及海地震后重建等。本次会议的主题是"改善世界状况——重新思考、重新设计、重新建设"。

2011年1月26—30日，第41届世界经济论坛年会在达沃斯举行。全球政商界精英围绕"新形势下的共同准则"这一主题热议全球经济形势和政经格局之变，而中国继续成为焦点。

2012年1月25—29日，第42届年会在达沃斯举行。本届年会主题为"大转型：塑造新模式"，强调全球各领域存在着深层结构性问题，进行全面深入的变革已不可回避。

2013 年 1 月 23—27 日，第 43 届世界经济论坛年会在瑞士达沃斯举行。年会以"为持久发展注入活力"为主题。围绕全球经济风险、重建经济活力、增强社会抵御风险的韧性等三大议题进行了 250 余场研讨会。来自全球 150 多个国家的 2 500 多名政商精英齐聚一堂，商讨全球经济面临的新挑战及应对之策。

2014 年 1 月 22—25 日，第 44 届世界经济论坛年会在达沃斯开幕。本次年会主题为"重塑世界格局对政治、商业和社会的影响"。共有来自 100 多个国家和地区的 2 500 多人参加，包括 40 多名政府首脑、25 名国际组织领导人、1 500 多名商界领袖，还有学术界和非政府组织代表以及数百名全球各地的媒体记者。

2015 年 1 月 20—22 日，第 45 届世界经济论坛年会在瑞士达沃斯开幕。本次年会主题是"全球新局势"。来自 140 多个国家和地区的 2 500 余名政商学界人士参加年会。

【案例评析】

达沃斯论坛的成功经验分析

1. 善于构建简捷高效的组织机构

达沃斯论坛的基金董事会全面负责制订论坛的长期发展目标和方向，执行董事会负责管理论坛的活动和资源，驻日内瓦、纽约、北京和东京的 4 个代表处负责与驻在地的官方机构和利益相关者进行有效沟通与合作。

2. 选择有重大社会影响力的议题

达沃斯论坛的发展壮大得益于其对政治、经济、技术领域敏感议题的把握能力。达沃斯论坛将基金董事会和执行董事会在全球的资源加以充分调动，使论坛能够及时、全面、准确地在全球收集热点问题，形成年会和高峰会的主题及讨论的焦点问题。

3. 特别注重长期品牌形象的培育

达沃斯论坛品牌的成功和权威依赖于其研究力量的强大，因为它不仅是一个国际性会议组织，它还拥有自己创办的刊物和研究力量。达沃斯论坛所发表的全球年度竞争报告已经被各国政府作为自己工作业绩的衡量基准，成为反映国家竞争力的重要标志。

4. 注意培养强大的商业盈利能力

近几年来，达沃斯论坛的总收入一直保持着超过 1 亿美元的规模，扣除每年运营所需成本之外，所有盈余均交由基金董事会所管辖的资源管理中心进行资金运作，以维持论坛的正常运转和持续发展。

5.达沃斯精神价值超越论坛本身

达沃斯论坛为各个领域的决策人提供了一个融洽的氛围，使与会者能够平等地讨论问题、愉快地交流和分享各领域中的成功经验。不同领域、不同国界之间的平等讨论、融洽交流和相互促进已经超越了达沃斯论坛本身，而

图 1.4

升华为一种"达沃斯精神"。

【单元思考与训练】

1.根据网络资料谈一谈世界经济论坛为什么选址在达沃斯。

2.请搜集达沃斯论坛以及博鳌论坛的文献资料，围绕论坛的成立背景、论坛宗旨、论坛活动、论坛的作用和影响以及论坛的运营模式等进行比较，分析两者的异同。

3.请以小组为单位，每组以 6 人为宜，根据所搜集的资料制作 PPT，每组选派 1 名代表在课堂上进行展示。

【拓展阅读】

从达沃斯论坛看天下大势 中国经济转型受关注

2016-01-25 来源：新华每日电讯

新华社瑞士达沃斯 1 月 23 日电 为期 4 天的世界经济论坛达沃斯年会 23 日落幕。从第四次工业革命、世界经济走势、地缘政治到气候变化、中国经济转型，与会者纵论"天下事"，为一系列全球热点问题献计献策。

新一轮工业革命进行时

随着机器人、3D 打印和物联网等进入人们的视野，智能制造和工业创新不断发展。在此背景下，围绕年会主题"掌控第四次工业革命"，与会者力图清晰描绘新一轮工业革命的图景。

与会者普遍认为，新一轮工业革命的关键词可以概括为融合、数字化、智能化、个性化以及服务等。新一轮工业革命已在渐进式发生，非单一技术引领而是不同技术和要素的融合。

世界经济论坛创始人兼执行主席克劳斯·施瓦布说，第四次工业革命以新技术的涌现为特点，将不断融合物理、数字与生物世界的界限，对世界上所有学科、经济体与行业产生重大影响，甚至撼动人类对自我的认知。

德国 SAP 公司负责产品和创新的董事会成员贝恩德·罗伊科特认为，第四次工业革命将改变企业与客户互动的方式以及企业的生产方式，还将为企业开发新商业模式带来巨大机遇。

面对扑面而来的新技术潮，有人担心这会造成大量人员失业、加剧贫富差距。美国微软公司首席执行官纳德拉说，与其担心出现失业潮，社会不妨更应为教会人们如何找到新工作而加大投入。此外，提高劳动生产率以驱动增长、实现盈余是关键。

世界经济前景谨慎乐观

进入 2016 年，全球金融市场经历大幅震荡，给世界经济稳步复苏带来巨大挑战。国际货币基金组织 (IMF) 日前发布的报告预计，2016 年和 2017 年全球经济增速分别为 3.4% 和 3.6%。国际货币基金组织总裁拉加德在年会上对 2016 年世界经济形势保持谨慎乐观。

国际货币基金组织副总裁朱民认为，2016 年以来，全球股市波动的主要原因是经济增长水平没有达到利率增长水平所要求的程度，其结果是全球股市估值必须作出调整。未来，如果利率水平继续上升，经济增长继续疲软，全球股市估值将继续调整。

瑞银集团董事会主席阿克塞尔·韦伯表示，美联储与欧洲央行货币政策分化是造成国际金融市场不稳的源头。印度央行行长拉詹说，过去几年大规模量化宽松货币政策的后遗症可能正在显现，"许多央行仍坚定地把脚踩在油门上，但我们是否真的从中获得了巨大利益，其实并不清楚"。

对于油价走势，中国能源问题专家林伯强在接受新华社记者采访时表示，预计国际油价还会继续下跌，甚至可能跌破每桶20美元，但不会持续太久。国际油价持续下跌的主要原因为全球经济增长疲弱导致供过于求、新兴市场增速放缓以及市场投机等。

不少与会嘉宾指出，尽管面临一系列风险，世界经济仍具备一定的抗风险能力。瑞士信贷集团首席执行官蒂亚姆说，自2008年国际金融危机爆发以来，世界经济已经发生很大改变。得益于全球中央银行系统的努力，银行业已能抵御较大程度的市场震荡。

中国经济转型受关注

虽然去年中国经济增速放缓至6.9%，但与会者普遍对这份"成绩单"表示肯定。国际咨询公司IHS首席经济学家纳里曼·贝拉韦什告诉新华社记者，中国经济没有衰退之虞，增速虽下降，但中国经济体量大，若衡量其增长对全球经济的贡献，6.9%增速可能相当于10年前12%的增速。

微软创始人比尔·盖茨说，6.9%仍是一个很高速的增长，许多国家甚至羡慕这一增长率。他认为中国的未来十分光明，对此有充足的信心。对于中国经济转型，拉加德表示，相信中国政府可以控制好经济转型，即从依赖投资和制造业转为更加注重服务业和消费。

波士顿咨询集团全球主席汉斯-保罗·博克纳说，当前谈论改革和转型的经济体不在少数，而中国的改革和转型比其他国家或地区更具有确定性。澳大利亚前总理陆克文认为，外界不应忽视中国的长期改革目标，应注意到中国的改革成就。

欧亚资源集团主席亚历山大·马克科维奇说："哈萨克斯坦25年前宣布独立时，大家担心这样远离大海的内陆国家未来怎么办。但现在不少人发现，中国可以成为哈萨克斯坦的'海'和机遇。"

谈到全球经济治理，朱民表示，中国政府积极参与规则制订，决定在二十国集团框架下重新启动对全球货币体系的改革，这很重要，体现了全球第二大经济体的担当。

图 1.5

第二单元
二十国集团峰会

图 2.1

【教学目标】

☆ 知识目标
了解 G20 峰会的历史沿革、组织机构、历届峰会情况以及峰会的主要成果
了解峰会的现状
熟悉 G20 集团的宗旨
掌握 G20 的运作方式及其国际机制
认识峰会的作用
☆ 能力目标
能分析与阐释峰会的作用
能分析概括 G20 的运作方式及其国际机制
☆ 素质目标
具备独立思考的能力
具备获取新知识、新技能、新方法的能力
具备良好的自主学习能力

【知识链接】

全球知名经济论坛

☆ 亚太经济合作组织（APEC）

亚太经济合作组织（Asia-Pacific Economic Cooperation，简称 APEC）是亚太地区最具影响力的经济合作官方论坛，成立于 1989 年，每年下半年举行。其宗旨是：保持经济的增长和发展；促进成员间经济的相互依存；加强开放的多边贸易体制；减少区域贸易和投资壁垒，维护本地区人民的共同利益。

☆ 博鳌亚洲论坛

博鳌亚洲论坛于 2001 年 2 月 27 日在海南省琼海市万泉河入海口的博鳌镇正式宣布成立。博鳌亚洲论坛年会于每年 4 月的第三个周末定期举行。论坛为非官方、非营利性、定期、定址的国际组织；为政府、企业及专家学者等提供一个共商经济、社会、环境及其他相关问题的高层对话平台。

☆ G20 峰会

G20 峰会是一个国际经济合作论坛，于 1999 年 12 月 16 日在德国柏林成立，属于布雷顿森林体系框架内非正式对话的一种机制，由原八国集团以及其余 12 个重要经济体组成。G20 峰会旨在推动已工业化的发达国家和新兴市场国家之间就实质性问题进行开放及有建设性的讨论和研究，以寻求合作并促进国际金融稳定和经济的持续增长。按照以往惯例，国际货币基金组织与世界银行列席该组织的会议。

☆ 财富全球论坛

财富全球论坛由美国时代华纳集团所属的《财富》杂志于 1995 年创办，每 16～18 个月在世界上选一个具有吸引力的"热门"地点举行一次，邀请全球跨国公司的主席、总裁、首席执行官、世界知名的政治家、政府官员和经济学者参加，共同探讨全球经济所面临的问题。

☆ 太平洋经济合作理事会（PECC）

太平洋经济合作理事会（Pacific Economic Cooperation Council，简称 PECC），其前身是 1980 年 9 月建立的太平洋经济合作会议（Pacific Economic Cooperation Conference），是由工商企业界、政府和学术界三方人士组成协商性的非政府间国际组织。1992 年改为现名。PECC 的主要论坛一般每一年半召开一次，1995 年 10 月后改为每两年召开一次。太平洋经济合作理事会有 23 个成员国（1999 年 5 月），从 1997 年 10 月起，菲律宾为 PECC 的主席国。国际秘书处设在新加坡。

☆亚欧首脑会议（Asian-Europe Meeting）

1996 年 3 月 1—2 日，首届亚欧首脑会议在泰国曼谷举行。来自亚、欧两大洲的 25 国和欧盟委员会的领导人参加会议。这是亚欧国家领导人首次坐在一起共商亚欧合作大计，堪称创举。会议确定每两年召开一次首脑会议。各方领导人主要就亚欧两大洲如何加强联系与合作进行探讨。会议的主要议题包括亚欧会议的意义，亚欧在政治、经济、文化等领域的合作，亚欧会议的后续行动等。

【案例陈述】

二十国集团（G20）是一个国际经济合作论坛，于 1999 年 9 月 25 日由八国集团（G8）的财长在华盛顿宣布成立，属于布雷顿森林体系框架内非正式对话的一种机制，由原八国集团以及其余 12 个重要经济体组成。二十国集团的宗旨是为推动已工业化的发达国家和新兴市场国家之间就实质性问题进行开放及有建设性的讨论和研究，以寻求合作并促进国际金融稳定和经济的持续增长。按照以往惯例，国际货币基金组织与世界银行列席该组织的会议。二十国集团成员涵盖面广，代表性强，该集团的 GDP 占全球经济的 90%，贸易额占全球的 80%，因此已取代 G8 成为全球经济合作的主要论坛。

一、历史沿革

1997 亚洲金融危机发生后，要求增加发展中国家在全球经济活动中发言权的呼声日益增强。

1999 年 6 月，在德国科隆，美、日、德、法、英、意、加、俄 8 个工业国财长提出为防止类似亚洲金融风暴的重演，让更多国家就国际经济货币政策举行经常性对话，以利于全球金融货币体系的稳定。

1999 年 9 月，华盛顿八国集团财长宣布成立二十国集团（G20）论坛，由欧盟、布雷顿森林机构和十九国财长央行行长组成。

1999 年 12 月，德国柏林，八国集团（美、日、德、法、英、意、加、俄）与欧盟及亚、非、拉美、大洋洲各国财长和央行行长共创二十国集团（G20）国际经济合作非正式论坛会议。国际货币基金组织与世界银行列席 G20 论坛会议。会议旨在促进工业国和新兴市场国就国际经济、货币政策和金融体系重要问题开展建设性开放性对话。通过对话，为讨论协商有关实质问题奠定广泛基础，寻求合作，推动国际金融体制改革并加强其框架的构建。

中国是二十国集团的创始成员，并于2005年作为主席国成功地举办了第7届二十国集团财长和央行行长会议。中国将于2016年举办G20领导人峰会。

二、组织机构

1. 始创国

二十国集团（G20）是1999年9月25日由八国集团的财长在华盛顿提出的，目的是防止类似亚洲金融风暴的重演，让有关国家就国际经济、货币政策举行非正式对话，以利于国际金融和货币体系的稳定。二十国集团从2008年起召开领导人峰会。随着二十国集团的架构日渐成熟，并且为了反映新兴工业国家的重要性，二十国集团成员国的领导人于2009年宣布该组织将取代八国集团成为全球经济合作的主要论坛。

2. 成员国

二十国集团由美国、英国、日本、法国、德国、加拿大、意大利、俄罗斯、澳大利亚、中国、巴西、阿根廷、墨西哥、韩国、印度尼西亚、印度、沙特阿拉伯、南非、土耳其共19个国家以及欧盟组成。这些国家的国民生产总值约占全世界的90%，人口则占将近世界总人口的2/3。

3. 特邀代表

为了确保二十国集团与布雷顿森林机构的紧密联系，国际货币基金组织总裁、世界银行行长以及国际货币金融委员会和发展委员会主席作为特邀代表也参与该论坛的活动。

三、集团宗旨

二十国集团属于非正式论坛，旨在促进工业化国家和新兴市场国家就国际经济、货币政策和金融体系的重要问题开展富有建设性和开放性的对话，并通过对话，为有关实质问题的讨论和协商奠定广泛基础，以寻求合作并推动国际金融体制的改革，加强国际金融体系架构，促进经济的稳定和持续增长。

此外，二十国集团还为处于不同发展阶段的主要国家提供了一个共商当前国际经济问题的平台。同时，二十国集团还致力于建立全球公认的标准，例如在透明的财政政策、反洗钱和反恐怖融资等领域率先建立统一标准。

四、运作方式

二十国集团以非正式的部长级会议形式运行，不设常设秘书处，主席采取轮换制。该集团的财长和央行行长会议每年举行一次。每年的部长级例会一般与七国集团财长会议相衔接，通常在每年的年末举行。会议由主席国及一些国际机构和外部专家提供秘书服务和支持，并可根据需要成立工作小组，就一些重大问题进行评审和提出对策建议。

五、国际机制

根据 G20 在 1999 年诞生时发表的首份《G20 公报》，"G20 是布雷顿森林体系框架内一种非正式对话的新机制"。从这段话中可看出，G20 隶属布雷顿森林体系，但与布雷顿森林体系的 IMF，WB 等正式国际机制不同，它是一种非正式国际机制。

非正式性是 G20 机制的性质，这就决定了 G20 在秘书处建设、议题建设、机制架构、与非成员国关系等方面必须采取与"非正式性"相配套的措施。这在一定程度上可以廓清关于如何开展 G20 建章立制工作的一些困惑。

在秘书处建设方面，现状是每年的轮值主席国都会设立"临时秘书处"，并将前一次主席国和后一次主席国的成员都吸收进来，组成所谓"三驾马车"。存有争议的是要不要设立"常设秘书处"。

有学者认为，"三驾马车"的秘书处制度安排仍然不能满足峰会筹备和峰会成果落实的要求，应该建立常设秘书处来提高 G20 机制的有效性。但如果从"G20 非正式机制的本质特征"出发，G20 建立常设秘书处的建议值得商榷：一是非正式的特色和优势就在于它摆脱了传统国际组织的官僚制束缚，由轮值主席国设立临时秘书处的做法，可以实现秘书处与主办国的良好协调；二是作为布雷顿森林体系内的非正式机制，G20 可以通过增强与 IMF 等正式机制的互动，组建"正式机制＋非正式机制"的"机制复合体"来克服没有常设秘书处的不足。

　　在议题建设方面，现状是每年的轮值主席国设置峰会的议题，保持议题的开放和灵活，时刻关注国际政治经济形势的变动，讨论影响当下国际环境的热点问题。存有争议的是 G20 要不要缩小议题范围，集中讨论几个核心问题，如金融、贸易等。

　　有学者担心 G20 议题广泛容易导致峰会不能集中突破取得成果。但如果从 G20 本质上是非正式机制的特征出发，"集中议题"的建议也值得商榷：一是非正式的特征决定了 G20 的主要目标是在大国之间谋求共识、议题之间相互关联的特点，决定了保持议题开放更有利于领导人统筹各项议题，通过"议题联系"来建立解决问题的共识；二是其他专门性的正式国际组织可以参与 G20 峰会，如联合国、国际货币基金组织、世界银行、世界贸易组织、国际劳工组织等，由它们负责具体议题领域达成协议的执行，让领导人将更多时间集中于各问题统筹达成共识的"务虚"层面。

　　在机制架构方面，作为一个非正式会议的体系，现今 G20 已经形成了"峰会—协调人会议—部长级会议—工作组会议"的机制架构，但过于集中在"峰会层面"，其他层次的会议有待进一步加强。峰会事务协调人作为领导人参加 G20 机制的"全权代理人"，理应在峰会会前筹备和会后成果落实中发挥更大作用，召开更多的峰会协调人会议无疑具有重要意义。部长级会议主要是财长和央行行长会议以及劳工部长会议，但随着 G20 更多地涉及贸易、环境、能源等议题，应该考虑召开 G20 贸易部长会议、环境部长会议、能源部长会议等，为峰会取得成功奠定扎实的基础。

　　在与非成员国关系方面，虽然是一种非正式对话，但由于来自当今世界最先进的发达经济体和新兴经济体构成的"豪华阵容"，还是使得不少国家质疑"为什么是这 20 个经济体来决定关涉 60 亿人民的世界经济大局"，因此保持与非 G20 成员国的良好互动，对 G20 机制的合法性与有效性至关重要。但行为体参与集体行动的数量与效率本身就是个悖论，数量越多，效率越低，因而在不降低效率的情况下，增加更多成员国参与 G20 进程的办法可能包括：一是增加具有广泛代表性的国际组织领导人在 G20 中的作用，如联合国秘书长、七十七国集团轮值主席等；二是增加各地区集团和联盟领导人在 G20 中的影响力，如东盟领导人、非盟领导人等，这样有可能在成员数量与机制有效性之间实现"帕累托最优"。

六、历届峰会

第一次峰会于 2008 年 11 月在美国华盛顿举行。主要议题是：评估国际社会在应对当前金融危机方面取得的进展，讨论金融危机产生的原因，共商促进全球经济发展的举措，探讨加强国际金融领域监管规范、推进国际金融体系改革等问题。

第二次峰会于 2009 年 4 月在英国伦敦举行。主要议题是：如何摆脱当前危机，使经济尽快复苏；如何改革国际金融体系，加强监管，防止危机再次发生；如何改革国际货币基金组织和世界银行等国际金融机构，使之在防范危机和支持增长方面发挥更大的作用。

第三次峰会于 2009 年 9 月在美国匹兹堡举行。主要议题是：推动世界经济复苏、转变经济发展方式、国际金融体系改革和发展问题等。

第四次峰会于 2010 年 6 月在加拿大多伦多举行。主要议题是：经济可持续与平衡增长、金融部门改革、改革国际金融机构和促进全球贸易增长等。

第五次峰会于 2010 年 11 月在韩国首尔举行。主要议题是：汇率、全球金融安全网、国际金融机构改革和发展问题等。

第六次峰会于 2011 年 11 月在法国戛纳举行。主要议题是：欧债危机、世界经济复苏与增长、国际货币体系改革、国际金融监管、抑制国际市场原材料价格过度波动、发展问题和全球治理等。

第七次峰会于 2012 年 6 月在墨西哥洛斯卡沃斯举行。主要议题是：世界经济形势、加强国际金融体系、发展问题、贸易问题、就业问题等。

第八次峰会于 2013 年 9 月在俄罗斯圣彼得堡举行。主要议题是：增长和就业。

第九次峰会于 2014 年 11 月在澳大利亚布里斯班举行。峰会主题是：经济增长、就业与抗风险，具体议题包括世界经济形势、国际贸易、能源、提高经济抗风险能力等。

第十次峰会于 2015 年 11 月在土耳其安塔利亚举行。峰会主题为"共同行动以实现包容和稳健增长"，与会者围绕"包容、落实、投资"三大要素，具体讨论世界经济形势、包容性增长、国际金融货币体系改革等重大议题。

七、峰会主要成果

1. 华盛顿峰会

2008年11月，在金融危机席卷全球的背景下，二十国集团领导人在美国首都华盛顿举行首次峰会。会议就金融危机的起源、加强合作、反对贸易保护主义、支持经济增长等问题达成共识，并就应对世界面临的金融和经济问题的措施达成一项行动计划，其中包括提高金融市场透明度和完善问责制、加强管理、促进金融市场完整性、强化国际合作以及改革国际金融机构等。

2. 伦敦峰会

2009年4月，二十国集团领导人第二次峰会在英国首都伦敦举行。与会领导人就国际货币基金组织（IMF）增资和加强金融监管等议题达成多项共识。

会议同意为国际货币基金组织和世界银行等多边金融机构提供总额1.1万亿美元资金；提出有必要对所有具有系统性影响的金融机构、金融产品和金融市场实施监管和监督，并首次提出把对冲基金置于金融监管之下；同意对拒不合作的"避税天堂"采取行动及实施制裁。

在金融机构改革方面，会议决定新建一个金融稳定委员会取代金融稳定论坛，并与国际货币基金组织一道对全球宏观经济和金融市场上的风险实施监测。

3. 匹兹堡峰会

2009年9月，二十国集团领导人第三次峰会在美国匹兹堡举行。会议在国际金融机构改革治理结构方面取得重大突破。与会领导人同意将国际货币基金组织和世行两大机构的份额向发展中国家分别转移5%和3%，以提高发展中国家的代表性和发言权。

在金融监管方面，会议提出对金融高管薪酬进行改革、把金融衍生产品纳入管理、实行跨国金融监管等建议。此外，会议还就经济刺激方案退出机制、世界经济形势走向、实现长期可持续发展等问题进行了讨论。会议发表的《领导人声明》确定了二十国集团峰会将形成机制化，并将此作为协商世界经济事务的主要平台。

八、峰会的作用

二十国集团成立以来,取得了一定的成果。作为全球经济治理的重要平台之一,其存在的正当性和作用得到了一定认同。通过广泛对话和协商,二十国集团确立了全球性危机需要全球应对协同解决的信念,并以此为指导采取了具体措施,如提供巨额资金促进世界经济复苏,加强金融监管,改革世界银行和国际货币基金组织以强化国际金融机构的作用。此外,其决策适当照顾并体现了新兴市场经济国家和其他发展中国家的利益,有利于它们在全球金融经济治理和对话中地位的提升。但是,二十国集团的成立并不代表世界经济体系结构的变化,也没能够冲击或颠覆现有世界经济运行的三大保障机制,同时,美元霸权依然大行其道。换句话说,二十国集团的出现并没有颠覆美国在世界经济中的主导权。与其说二十国集团的成立表明了世界经济秩序的转换,还不如说它是当前形势下全球经济治理的一条新途径。

九、峰会的现状

1.对世界的意义

2008 年的金融危机再度表明,难以依靠一个或少数几个发达国家的经济力量掌控全球经济,维持国际金融稳定和经济发展,也不能依靠一个或少数几个国家救援严重的国际金融危机。世界各国切实地意识到,现存的国际秩序已经不能适应目前国际政治与经济发展的需要,防止经济危机或风险,需要更具有现实性和代表性的世界主要经济体之间进行宏观经济政策方面的合作和全球范围内的经济治理。

2.峰会在运行中存在的问题

(1)受制于发达国家,不能代表小国利益

作为为弥补八国集团代表性和合法性而产生的新机构,二十国集团的代表性比七国集团、八国集团都进步了很多。然而,二十国集团本身的代表性与合法性仍然一直受到来自外部的质疑。

(2)利益冲突下的不完善的体制

目前二十国集团仅仅确定了定期开会的制度,其组织程度仍然不高,更像是一种论坛性质的对话平台。要想充分发挥其影响力,G20 仅仅定期开会是不够的，在机制化方面应该设立秘书处，确立议事规则、决策程序，建立执行和落实决策机制。

（3）议题不断广泛，慢慢偏离了最重要的功能

从专业性的角度衡量，二十国集团主要存在的问题是其议题不断泛化，主要角色和定位不断转变，自身定位与其宗旨不断偏离。

（4）决策程序效率低，执行率不高

从内在制度方面看，在核心的议题上各成员国均有否决权。

3.峰会的未来发展

①过渡时期的二十国集团应与其他国际组织相配合，在全球经济治理的过程中发挥自身的补充性作用。

②二十国集团发展的当务之急是明确自身定位，二十国集团应着力突出自身在经济金融领域中的专业性特点，重点关注全球经济治理。

③做好内部机制的完整以及升级。要改变由发达经济体单方把持峰会主办权的问题，比如可以采取二十国集团财长会议的主办权轮替制度。还需要提高新兴和发展中经济体的内部协调，形成一致的声音和诉求，以发挥更大的合力。

【案例评析】
二十国集团峰会的作用与意义分析

1.为新兴国家提供参与国际经济合作的平台

匹兹堡 G20 峰会的《领导人声明》明确指定，二十国集团成为国际经济合作的主要平台，自 2011 年起每年举行一次峰会。原本 G20 峰会体制是世界各国为了应对金融危机而采取的应急性临时措施，而现在 G20 峰会将提升为名副其实的、各国元首探讨世界经济的最高级别的会议机构。这意味着，原本主宰世界经济秩序的以强国为主体的 G8 体制开始向同时吸纳了发达国家以及新兴经济体的 G20 体制转变。

众所周知，自 20 世纪 70 年代以来，全球性的经济问题主要在 G8 体制中进行讨论和决策，而 G8 是由欧美主要发达国家和俄罗斯组成，被称为"富人俱乐部"，其所讨论的议题主要反映了发达国家的立场和利益，发展中国家的立场和利益得不到反映。虽然最近几年 G8 峰会邀请了中国、印度等主要新

兴经济体参与，形成所谓的"G8+5"机制，但也只是列席会议，并不具备投票权和决策权。发展中国家不满足于这种"花瓶式"的地位，要求平等参与全球经济治理。八国集团领导人也意识到，随着中国、印度和巴西等新兴经济体的崛起，西方在世界经济格局中的地位已经相对下降，解决全球经济问题已经离不开新兴经济体的参与和合作。因此，此次国际金融经济危机爆发后，二十国集团迅速被推向前台，成为治理全球经济问题的主要平台。

2. 提升了发展中国家在国际金融体系改革中的代表性和发言权

二十国集团领导人在匹兹堡峰会上承诺，将新兴市场和发展中国家在国际货币基金组织（IMF）中的份额至少提高 5%，决定发展中国家和新兴经济体在世界银行的投票权至少增加 3%，未来国际货币基金组织总裁人选应由个人能力而非国籍决定。此举顺应了国际经济格局不断变化的趋势，反映了新兴国家经济权重不断提高的现实。

国际货币基金组织自成立之日起一直执行加权投票表决制，加权投票权与各国所缴份额成正比，而份额是根据一国的国民收入总值、经济发展程度、国际贸易幅度等多种因素确定的。目前国际货币基金组织的投票权主要掌握在美国、欧盟和日本手中，美国是最大股东，具有 16.83% 的投票权，中国仅占 3.72%，国际货币基金组织总裁职位则一直由欧洲垄断。此次改革国际金融体系的决议落实后，发达国家与发展中国家在国际货币基金组织中的投票权比例将接近五五开，中国、印度、巴西等新兴国家的投票权将大幅提高。根据国际货币基金组织议事规则，一国投票权与其国民收入总值正相关，届时中国可能成为仅次于美、日的第三大投票权国。这意味着，国际金融领域的权力结构将发生重大调整，新兴经济体在世界经济事务中将拥有更大的话语权。

3. 加强金融监管，完善国际金融秩序

峰会上，二十国领导人同意加强金融监管，对所有具有系统性影响的金融机构、金融产品、金融市场、对冲基金、信用评级机构、企业高管薪酬实施监管和监督，完善会计准则和金融企业资本金，对拒不合作的"避税天堂"采取行动。并创立了金融稳定委员会（FSB），使其与国际货币基金组织一起对宏观经济和金融危机风险发出预警，并采取必要行动解决危机。匹兹堡峰会时，领导人承诺一致行动，提高资本标准，执行强有力的国际薪酬标准，结束过度风险偏好的行为，完善柜台交易衍生品市场，创造更强有力的工具，确保跨国大公司承担其所带来的风险，大型全球金融公司承担的标准应与它们所带来的风险代价相匹配。此外还制订了执行上述决定和共识的时间表。

强化对国际金融体系监管措施的实施，将进一步提高国际金融市场运作的透明度，避免金融市场参与者不顾风险的短视行为，最大限度地减少银行业的风险，保障存款人和投资者的利益，保证金融体系的安全、金融机构的稳定和金融资产价格的泡沫不至于过多，保证全球金融体系安全有序运行，以阻止过度的冒险活动，抵御波及整个金融系统的风险，缩小金融和经济周期，保持公众的信心进而保证全球经济的可持续发展。

【单元思考与训练】

1.2016 年 G20 峰会对杭州的发展会带来哪些影响？

2.请搜集 APEC 峰会活动的文献资料，围绕其成立背景、发展历程、合作机制、运作模式等展开分析、讨论，并与 G20 峰会作比较，分析其异同。

3.请以小组为单位，每组以 6 人为宜，根据所搜集的资料制作 PPT，每组选派一名代表在课堂上进行展示。

【拓展阅读】

2016 年 G20 峰会花落杭州　三大理由告诉你为什么是这里！

央广网 11 月 16 日消息　今日，G20 峰会进入第二天的议程。在中午举行的工作宴会上，习近平主席向各国领导人介绍了 2016 年中国举办 G20 峰会的设想，宣布中国将于明年 9 月 4 日至 5 日在杭州举办二十国集团领导人第十一次峰会，2016 年峰会主题确定为"构建创新、活力、联动、包容的世界经济"。

其实，早在 2014 年 11 月的布里斯班二十国领导人峰会上，就已确定将由中国举办 2016 年 G20 峰会。虽然中国是 G20 的创始成员，但这还是 2008 年 G20 领导人峰会对话机制成立以来第一次在中国举办 G20 峰会。

中国将举办 2016 年 G20 峰会的消息传出后，一直没有对外正式公布具体的举办城市。不少人猜测，应该会选择在有举办过 APEC 峰会经验的北京或者上海。不过，随着习近平主席在二十国领导人峰会上的宣布，杭州将接过安塔利亚的接力棒，开始全力筹备 2016 年 G20 峰会。14 日上午，财政部副部

长朱光耀向外界透露，中国作为 2016 年 G20 峰会主席国的工作将从 2015 年
12 月 1 日开始。

2014 年 11 月，习近平在 G20 第九次峰会发表的重要讲话中指出，作为
2016 年二十国集团领导人峰会主办国，中国愿意为推动世界经济增长作出更
大贡献、发挥更大作用。G20 无疑是世界最强经济体平台，它占全球经济总
量 90%、贸易 80%、人口 70%，而在当前全球经济形势艰巨的大环境下，为
什么是杭州来承担这一关键使命？其实仔细分析，这一结果并不意外。

中国传统文化的名片

如果说到中国的历史文化，那么杭州一定是一张重要的名片，选择杭州
作为 G20 峰会的举办地，中国可以通过举办峰会的契机，一并将中国的历史
文化更好地介绍给与会各国领导人。

"上有天堂，下有苏杭。"杭州不仅有西湖、钱塘江等美景，还有大运
河和灵隐寺等历史文化遗迹，白娘子的传奇和中国版"罗密欧与朱丽叶"梁
祝的故事也是举世闻名。杭州作为 G20 峰会的举办地，风景和历史文化要素
一定够格。

在世界知名度上，杭州也颇具盛名，在 13 世纪，马可·波罗就在游记中
赞叹杭州为"世界上最美丽华贵之城"。

另外，杭州曾被美国《纽约时报》评选为"2011 年全球最值得去的 41 个
地方"。还被联合国环境规划署评为国际花园城市。西湖和京杭大运河也被
列入《世界遗产名录》。

发达的互联网经济

另外，G20 峰会的定位是全球经济合作论坛，在选择举办城市时，经济
发展会是一项重要的参考指标，而杭州作为长三角经济区的核心城市，经济
发展成就令人瞩目，而全球最大的电子商务公司阿里巴巴总部也位于杭州，
2016 年 G20 峰会在杭州举办，一定会有不少与会领导人借机去阿里巴巴参观。

杭州是中国最具经济活力的城市之一，并且连续多年被世界银行评为"中
国城市总体投资环境最佳城市"，而《福布斯》杂志则将杭州评为"中国大
陆最佳商业城市排行榜"第一名。

全球最大的电子商务公司阿里巴巴及收购沃尔沃汽车的中国吉利汽车总
部都在杭州。以阿里巴巴为代表的互联网经济不仅支撑了杭州经济的发展，
而且代表了未来世界经济发展的趋势。据尼尔森的数据显示，杭州电子商务
在全国乃至全球已经具有较为广泛的影响力。目前杭州集聚了全国超过 1/3

的电子商务网站。在电子支付、云计算、快递、网络营销、信息技术、运营服务等领域，涌现出众多专业的电子商务服务商，其中包括全球最大的 B2B 电子商务平台、全球最大的网络零售交易平台和全球最大的电子支付平台。

外交上扮演过重要角色

虽然杭州不像北京和上海，有多次重大国际会议举办的经验，但杭州在中国外交历史上曾多次扮演过重要角色。

1972 年，尼克松访华，但奠定中美建交的《中美联合公报》谈判却异常艰难，正当谈判进行不下去的时候，周恩来提议改换谈判地点到杭州，最终中美双方在杭州八角楼就联合公报达成一致。

2014 年，中美战略与经济对话第五次反洗钱和反恐融资研讨会就选在了杭州举行，中美双方就双边反洗钱监管合作备忘录、犯罪资产没收及追回的国际合作、刑事司法合作、打击恐怖融资、新金融交易及支付方式和虚拟货币管理等进行了深入交流。

另外，提到杭州，就不得不提"旅游外交"这个新鲜词。2015 年，国家旅游局在全国旅游工作会议上正式提出"旅游外交"这一概念，作为著名的旅游城市，杭州率先实践了"旅游外交"。

2015 年 7 月，中国的英文出租车司机周震家庭、美国加州音乐人卡帕尔迪家庭及中美各一名媒体达人，被杭州市正式聘任为"杭州公共外交友好使者"，共同横跨亚欧、美洲大陆，途经 7 个国家、8 座城市，环球旅行 30 天。美籍"大使"多梅尼科·卡帕尔迪说，在杭州，没有外国人，只有家人和朋友。

其实，民间交流一直是国家友好的重要基础，旅游则是一种最佳的民间交流形式。1980 年《马尼拉世界旅游宣言》中就提出："旅游是世界和平的关键力量，并能为国际理解和相互依赖提供道义和理智的基础。"而杭州也作为中国民间外交的重要力量逐渐登上了世界的舞台。

图 2.2

第三单元

博鳌亚洲论坛

图 3.1

☆ 知识目标

了解博鳌亚洲论坛成立的背景、论坛由来、论坛宗旨、论坛使命以及往届论坛年会情况

理解论坛对中国社会环境的影响

掌握博鳌亚洲论坛的运作模式以及成功经验

☆ 能力目标

能对论坛的运作模式进行阐释

能对论坛的成功经验进行合理的分析总结

☆ 素质目标

具备分析问题并解决问题的能力

具备与他人合作、交流与协商的能力

具备良好的自主学习能力

具备心理自我调控和自我管理的能力

【知识链接】

博　鳌

"博鳌"的含义是鱼类丰硕，用通俗语言表述就是"鱼多鱼肥"的意思。通常我们所说的博鳌一般指博鳌镇，隶属海南省琼海市，中心位置位于东经 $110°35'34''$ ，北纬 $19°9'55''$ 。位于琼海市东部海滨，万泉河入海，东临南海，南与万宁市交界，西与琼海市朝阳乡、上甬博鳌乡相邻，北与潭门镇接壤，距离琼海市嘉积镇 17 km、海口市 105 km、三亚市 180 km。博鳌是海南著名的"十大文化名镇"之一，是国际会议组织——博鳌亚洲论坛永久性会址所在地。 2002 年 3 月，博鳌镇面积为 86.75 km²，辖 17 个行政村。2015 年，总人口 2.9 万人，全镇总产值增长 8%，农村居民可支配收入增长 11%。镇政府财政收入 436 万余元。

【案例陈述】

一、博鳌亚洲论坛成立背景

在经济全球化和区域化不断发展、欧洲经济一体化进程日趋加快、北美自由贸易区进一步发展的新形势下，亚洲各国正面临巨大的机遇，也面临许多可以预见和难以预见的严峻挑战。一方面要求亚洲国家加强与世界其他地区的合作；另一方面也要求增进亚洲国家之间的交流与合作。如何应付全球化对该地区国家带来的挑战，保持该地区经济的健康发展，加强相互间的协调与合作已成为亚洲各国面临的共同课题。

亚洲国家和地区虽然已经参与了 APEC，PECC 等跨区域国际会议组织，但就整个亚洲区域而言，至 20 世纪末叶，仍缺乏一个真正由亚洲人主导，从亚洲的利益和观点出发，专门讨论亚洲事务，旨在增进亚洲各国之间、亚洲各国与世界其他地区之间交流与合作的论坛组织。鉴于此，1998 年 9 月，澳大利亚前总理霍克、日本前首相细川护熙和菲律宾前总统拉莫斯倡议成立一个类似达沃斯"世界经济论坛"的"亚洲论坛"。

在此背景下，博鳌亚洲论坛成立大会于 2001 年 2 月 26—27 日在中国海南博鳌举行。包括日本前首相中曾根、菲律宾前总统拉莫斯、澳大利亚前总理霍克、哈萨克斯坦前总理捷列先科、蒙古前总统奥其尔巴特等 26 个国家前政要出席了大会。此外，马来西亚总理马哈迪尔、尼泊尔前国王比兰德拉、越南国家副总理阮孟琴等作为特邀嘉宾出席了成立大会并发表了的重要讲话。大会宣布博鳌亚洲论坛正式成立，通过了《博鳌亚洲论坛宣言》《博鳌亚洲论坛章程指导原则》等纲领性文件，取得圆满成功并受到了国际社会的广泛关注。

论坛总部选择在中国海南博鳌。这是亚洲地区的一些前领导人向中国高层领导提出的建议。他们认为，海南作为中国最大的经济特区，是中国深化与国际社会联系的实验区。海南省以建设生态省为目标，说明它当前和未来的发展重点是生态产业，这是亚洲和国际社会所看重的领域，符合世界经济发展潮流。海南博鳌是一个专门为论坛设计的集生态、休闲、旅游、智能和会展服务为一体的综合功能区，有着十分怡人的自然地理环境。1999年10月，中国国家领导人在会见论坛发起人时表示，将为论坛的创建提供支持与合作。海南省政府已经为论坛的创建提供了多方面的实际支持，并承诺继续为论坛的创建和运作提供高效、优质的服务。

二、论坛由来

"博鳌亚洲论坛"是一个非政府、非营利性的国际组织，截至2013年已成为亚洲以及其他大洲有关国家政府、工商界和学术界领袖就亚洲以及全球重要事务进行对话的高层次平台。博鳌亚洲论坛致力于通过区域经济的进一步整合，推进亚洲国家实现发展目标。论坛第一任秘书长是辛格，第二任秘书长是张祥，第三任秘书长是龙永图，现任论坛秘书长是周文重。第一任理事长是拉莫斯，现任理事长是福田康夫。

三、论坛宗旨

作为一个非官方、非营利、定期、定址、开放性的国际会议组织，博鳌亚洲论坛以平等、互惠、合作和共赢为主旨，立足亚洲，推动亚洲各国间的经济交流、协调与合作；同时又面向世界，增强亚洲与世界其他地区的对话与经济联系。

四、论坛使命

为政府要员、商业领袖和知名学者提供一个高层对话平台，以增进和深化贸易和投资联系，推动建立伙伴关系，在应对不断出现的全球性经济挑战方面阐明各自的观点。

增进亚洲跨文化间的相互理解，增强该地区私营团体的社会责任感。

创造一个良好的环境，强化商业团体在寻求增长和进步过程中的和谐共生关系，以实现该地区经济的可持续发展。

培育和增进区域内网络机制和地区战略联盟的概念，以增加全球化过程中亚洲内部、亚洲与世界其他地区之间的贸易和投资机会。

为人力资源开发以及涉及该地区及其与世界其地区关系的重要研究活动提供智力支持。

五、组成人员

表 3.1　理事会

福田康夫	博鳌亚洲论坛埋事长	日本前首相
曾培炎	博鳌亚洲论坛副理事长	原中共中央政治局委员 国务院副总理
周文重	博鳌亚洲论坛理事	博鳌亚洲论坛秘书长 副董事长兼首席执行官
阿尔马迪	博鳌亚洲论坛理事	沙特基础工业公司 (SABIC)
巴达维	博鳌亚洲论坛理事	马来西亚前总理
冯国经	博鳌亚洲论坛理事	利丰集团主席
吴作栋	博鳌亚洲论坛理事	新加坡共和国国务资政 新加坡金融管理局主席
姜斯宪	博鳌亚洲论坛理事	上海交通大学党委书记
雷夫·约翰森	博鳌亚洲论坛理事	爱立信集团董事长
李在镕	博鳌亚洲论坛理事	三星集团副董事长
卡特林	博鳌亚洲论坛理事	俄罗斯工商会主席

续表

亨利·保尔森	博鳌亚洲论坛理事	美国前财政部长 高盛前董事长兼首席执行官
拉法兰	博鳌亚洲论坛理事	法国前总理
佐佐木干夫	博鳌亚洲论坛理事	三菱商事株式会社取缔役会长
拉坦·塔塔	博鳌亚洲论坛理事	塔塔集团名誉董事长

表 3.2　历任理事

拉莫斯	博鳌亚洲论坛前理事长	菲律宾前总统
霍震寰	博鳌亚洲论坛前理事	香港中华总商会会长 霍英东基金有限公司执行董事
霍克	博鳌亚洲论坛前理事	澳大利亚前总理
蒋晓松	博鳌亚洲论坛前理事	海南晓奥集团董事长
罗达	博鳌亚洲论坛前理事	印度工商会前会长
根本二郎	博鳌亚洲论坛前理事	日本邮船名誉会长
阮奎森	博鳌亚洲论坛前理事	爱立信前董事长
孙吉丞	博鳌亚洲论坛前理事	SK 集团前会长
捷列先科	博鳌亚洲论坛前理事	哈萨克斯坦前总理
魏家福	博鳌亚洲论坛前理事	中远集团总裁
泰斯库	博鳌亚洲论坛前理事	联合利华董事长
崔泰源	博鳌亚洲论坛前理事	SK 集团董事长
米特拉	博鳌亚洲论坛前理事	印度工商会秘书长
龙永图	博鳌亚洲论坛前秘书长	复旦大学国际关系与公共事务学院院长 国际问题研究院院长

六、往届论坛年会情况

1. 2010 年会

2010 年年会于 4 月 9—11 日在海南博鳌举行。主题为"绿色复苏：亚洲可持续发展的现实选择"。亚洲经济正面临结构调整和转型的关键时刻，亚洲有望率先走出 20 世纪 30 年代以来最严重的经济危机，但依然面临绿色和可持续发展的严峻挑战。2010 年年会就这一核心问题进行深入的探讨。时任中国国家副主席习近平应邀出席年会开幕式并发表题为《携手推进亚洲绿色发展和可持续发展》的主旨演讲。约有 40 位各国部长专程出席年会。中国负责经济决策的主要部委均到会，并通过小范围早餐会、分会讨论等形式，与企业家广泛接触，并利用这一国际场合，与到会的外国部长举行对口会谈。此外，香港特区政府行政长官曾荫权、澳门特区政府行政长官崔世安分别率领代表团参会。台湾两岸共同市场基金会最高顾问钱复领队的代表团参加了"两岸签订经济合作框架协议后的商机"圆桌会议，为两岸企业家创造了更多商机。

2. 2011 年会

博鳌亚洲论坛 2011 年年会于 2011 年 4 月 14—16 日举行。论坛围绕"包容性发展：共同议程与全新挑战"这一主题共设置了 23 个议题，其中既有"政策解读：十二五规划"等关于中国的议题，又有"全球产业转移的新趋势"等国际和地区性热点问题，还有"移动互联网的未来"等行业性议题。2011 年是博鳌亚洲论坛成立 10 周年，年会规格总体上高于往年。共有来自 40 多个国家和地区近 1 400 位人士参加了会议，另有超过 800 名中外记者对年会进行报道。在与会人员中，来自政界的人士约 300 名，企业界人士约 1 100 名。根据论坛理事长福田康夫的建议，2011 年年会还设立了"日本增长潜力的再认识"分会，为日本企业界介绍日本经济发展和灾后重建情况、推动中日经贸交流提供了平台。

3. 2012 年会

博鳌亚洲论坛 2012 年年会于 4 月 1—3 日举行。本届年会主题是："变革世界中的亚洲：迈向健康与可持续发展。"与会嘉宾通过开幕大会、平行论坛、圆桌会议等 50 多场活动安排，进行充分探讨。这些活动包括民营企业家圆桌会议、就业与增长、亚洲人口形势与老龄化对策、债务危机：衰退的导火索、亚洲中产阶级的兴起与消费变革等。议题设置既有宏观视野，又关切具体问题。

参与本次论坛的有超过 2 000 位与会正式与非正式代表，不仅涵盖了世界各大洲和各主要经济体，而且还有来自产业界、教育与学术界、媒体以及各国官方代表的各界人士。逾 50 位国际组织负责人和各经济体的部长级官员出席年会，并参加各种分会的讨论、小范围早餐会和与参会代表的双边会见，包括世界银行行长佐立克、印度计划委员会副主席 Ahluwalia、以色列中央银行行长 Fischer、中国人民银行行长周小川、塞尔维亚外长 Vuk Jeremic、经合组织副秘书长 Boucher、亚洲开发银行副行长 Groff 等。

这次年会围绕"健康和可持续发展"这个主题，与会代表在诸多热门领域和热点问题上形成了广泛共识，并进一步增进了相互联系，为今后的合作奠定了良好基础。

在欧债危机问题上，意大利总理蒙蒂不仅阐述了意大利政府治理债务危机的政策取向，还向国际社会发出了积极信号。

在宏观经济政策，贸易投资自由化，区域、次区域贸易投资合作，科技创新乃至教育、医疗、妇女、社会福利等广泛的热点问题上，各界人士利用博鳌平台展开了活跃而深入的思想交流与碰撞，产生了许多令人耳目一新的思想观念，也产生了许多值得政策制定者深入思考的深邃观点。

本届论坛以更加灵活务实的方式，使年会活动更加直接地为促进地区经济合作服务。在东盟秘书处的大力支持下，本届年会围绕东盟自由贸易区与区域经济一体化问题举办了专场活动，直接为有关各经济体的企业家们搭建了洽谈商机的平台。

4. 2013 年会

2013 年博鳌亚洲论坛于 4 月 6—8 日举行。国家主席习近平应邀出席博鳌亚洲论坛 2013 年年会开幕式并发表主旨演讲。文莱苏丹哈桑纳尔、哈萨克斯坦总统纳扎尔巴耶夫、缅甸总统吴登盛、秘鲁总统乌马拉、赞比亚总统萨塔、芬兰总统尼尼斯特、墨西哥总统培尼亚、柬埔寨首相洪森、新西兰总理约翰·基、澳大利亚总理吉拉德、阿尔及利亚民族院议长本萨拉赫、蒙古国家大呼拉尔主席恩赫包勒德、第 67 届联合国大会主席耶雷米奇等外国领导人和国际组织负责人应邀来华出席年会。

5. 2014 年会

博鳌亚洲论坛 2014 年年会于 2014 年 4 月 8 日在海南博鳌开幕。国务院总理李克强应邀出席本届年会开幕式并发表主旨演讲。本届论坛主题为"亚洲的新未来：寻找和释放新的发展动力"。

本次论坛针对"互联网金融""抵御全球性金融危机""重塑新兴经济体的竞争优势""华商与区域经济合作"等问题展开了讨论与交流。

重要议题有：亚洲金融与贸易的新格局、小微企业融资的重点和难点、互联网·金融：通往理性繁荣、放松管制与民企机遇、次贷危机爆发后，中国如何抵御全球性金融危机、重塑亚洲和新兴经济体的竞争优势、2014 年投资趋势与热点、华商与区域经济合作、央行的未来。

6. 2015 年会

博鳌亚洲论坛 2015 年年会于 2015 年 3 月 26—29 日在中国海南博鳌召开。作为中国着力打造的"主场外交"，本届年会吸引了来自 49 个国家和地区的 2 786 名政、商、学、媒界人士。其中，出席本届年会的领导人规模超过历届年会。

本届年会主题为"亚洲新未来：迈向命运共同体"。围绕这一主题，本届年会共设置 77 场正式讨论，包括两场全体大会、41 场分论坛、6 场圆桌讨论等，议题涉及宏观经济、区域合作、产业转型、技术创新、政治安全、社会民生等六大领域。在这些议题中，创业、创新话题成为新亮点。

7. 2016 年会

博鳌亚洲论坛 2016 年年会于 3 月 22—25 日在海南博鳌召开。年会主题为"亚洲新未来：新活力与新愿景"。

年会设置 83 场讨论，包括分论坛、主题餐会、CEO 双边对话、对话创业者等系列。诺贝尔奖得主屠呦呦、"对话创业者"系列高晓松、王小川、王俊等出席。

七、博鳌亚洲论坛对中国社会环境的影响

博鳌亚洲论坛是一个讨论促进亚洲经济合作和发展的论坛，也是讨论发展趋势和经济合作的最有效平台之一，中国主办的博鳌亚洲论坛的影响力日

益增长，事实上也表明中国地区领导力在增强。虽然是区域性论坛，但它同时与西方和欧洲的经济体积极合作，是国家之间、企业之间对话的最好平台之一。博鳌亚洲论坛也对中国社会环境产生了巨大的影响。

在经济方面，博鳌亚洲论坛这几年的变化也是中国影响力增强的缩影。当今，中国已成为全球第二大经济体、第一大贸易国，中国在世界经济的舞台上正从体制受益者变为区域引领者，从经验借鉴者变为模式提供者，从危机避风港转变为机遇创造者。中国创立博鳌亚洲论坛的初衷，是在中国与亚洲和太平洋地区之间架设理解与合作之桥，这一阶段性目标已经实现。随着中国加速向全球性大国迈进，论坛开始把目光投向世界，话题从区域经济合作向全球战略问题拓展。亚洲经济体正不遗余力地推动自由贸易发展，在过去的10年里，亚洲区域内贸易规模从1万亿美元扩大到3万亿美元，占区内各国贸易总量的比例从30%上升到50%，但与欧盟相比还有很大差距。很显然，区域经济一体化是各国的共同利益所在，各国应该齐心协力促进贸易自由化和投资便利化，提升区域合作水平。而博鳌亚洲论坛也给中国提供了一个良好的经济环境、一个借鉴他国和与他国合作的难得的机会。

在政治方面，博鳌亚洲论坛"制度创新"上看中国改革的未来，从某种意义上讲，中国入世就是以开放促进改革的形式推动了中国经济贸易制度的创新，中国入世以后取消了对于从事外贸的审批制度，从而成就了中国过去十几年来国际贸易的大幅度增长，使中国对外贸易迎来了大繁荣时期。总之，中国加入世界贸易组织的进程就是以开放促进改革，建立新的经济贸易体制的进程。

在文化传播与发展层面上，经过10多年的发展，博鳌亚洲论坛已经成为亚洲乃至世界的重要政治、经济、文化的交流场合，成为落户中国的一个具有世界影响力的国际性组织。它为促进亚洲一体化的发展作出了重要贡献。

作为对该地区政府间合作组织的有益补充，博鳌论坛将为建设一个更加繁荣、稳定、和谐且与世界其他地区和平共处的新亚洲作出重要的贡献。

【案例评析】

博鳌亚洲论坛的成功经验评析

1.论坛组织机构严谨高效

博鳌亚洲论坛的组织机构包括论坛会员大会、理事会、秘书处、咨询委员会和研究院。目前，博鳌亚洲论坛已经与世界银行签署了协议，后者将帮助论坛建立一个国际智力支持网络，推进松散型智力支持社区的网络建设。

2.初始品牌创建能力非凡

博鳌亚洲论坛发起者的影响力巨大，而且每届年会都能邀请到不少重量级的主讲人为论坛壮大声威，吸引全球媒体的注意力，使博鳌亚洲论坛的初始品牌形象得以快速确立。

3.论坛资金筹措能力较强

在资金运作模式上，博鳌亚洲论坛基本上实现了与国际接轨，运作资金主要靠企业支持，并实行会员制。资金来源除了会员费外，还有参会费、捐款、政府资助，以及在论坛业务范围内开展活动或服务的收入、论坛资金的利息和其他合法收入，已经形成了稳定的收入渠道。

图 3.2

【单元思考与训练】

1.结合网络资料，谈一谈博鳌亚洲论坛为何选址博鳌小镇。

2.请搜集上海经合组织的文献资料，围绕其基本概况、发展历史、发展现状、作用影响及其成功经验与不足等方面展开分析、讨论。

3.请以小组为单位，每组以 6 人为宜，根据所搜集的资料制作 PPT，每组选派 1 名代表在课堂上进行展示。

【拓展阅读】

共绘充满活力的亚洲新愿景

——博鳌亚洲论坛 2016 年年会综述

　　博鳌亚洲论坛 2016 年年会于 3 月 25 日傍晚落下帷幕。88 场活动聚焦中国、立足亚洲、面向世界，来自 62 个国家和地区的 2 100 余名代表就当下国际政治经济热门话题深入探讨交流，达成许多重要共识。

　　论坛今年的主题设置为"亚洲新未来：新活力与新愿景"，议题围绕"创业创新""互联网 +""G20 及国际产能合作""全球经济新问题""文化体育"和"宗教"六大领域展开。博鳌亚洲论坛秘书长周文重在闭幕新闻发布会上表示，论坛举办 15 年以来，都是围绕亚洲来凝聚共识、发出声音，在一些人对世界经济前景看法过于消极的当下，博鳌亚洲论坛的目的就是为亚洲经济找到新活力，这在整个年会当中通过不同角度得到了充分讨论。《金融时报》评论称，论坛主题里连用 3 个"新"，足可见中国对未来的乐观，也透露出对全面深化改革与寻找新增长点的决心。

　　推动亚洲经济一体化

　　在博鳌亚洲论坛 2016 年年会欢迎晚宴暨 15 周年庆典上，与会代表共同回顾历史、展望未来。博鳌亚洲论坛理事会的 17 位理事分别在写有"推动亚洲经济一体化，促进全球共同发展"17 个大字的长卷上郑重签下自己的名字，展示了亚洲人民团结合作、共创美好未来的强烈愿望。

　　"现在亚洲作为世界发展的中心，受到全球关注，如今日中韩三国加上东盟的经济生产总量，已经超过北美经济圈和欧盟经济圈，成为全球最大的经济圈之一。而且，其发展的势头还远未停止。"正如博鳌亚洲论坛理事长福田康夫所说，世界的成长和发展离不开合作，尤其是持续发展的亚洲，更离不开各国共同合作。

　　当前，亚洲已成为全球经济最具活力和潜力的地区之一，是世界经济增长的重要引擎。近年来，亚洲经济的一体化进程不断推进，深化经济领域合作已成各国共识。与会外国政要普遍认为，本届年会主题恰逢其时，非常具有现实意义。柬埔寨首相洪森表示，为了进一步发展亚洲共同体和亚洲经济，亚洲必须要加快区域一体化建设，有效发掘货物、商品和劳动力自由流动的潜力，这将帮助亚洲继续发挥作为世界生产中心和全球主要市场的作用。

推进亚洲经济一体化、亚洲命运共同体等事关亚洲未来。柬埔寨战略研究所主席兼联合创始人坤潘在接受记者采访时表示，地区乃至世界范围内的政商界精英聚首博鳌亚洲论坛，共同讨论一些对世界经济有重要影响、意义重大的话题，有助于地区经济的更好发展，"我认为亚洲地区的领导人在引领经济发展、应对金融危机、克服经济下行压力方面贡献非常突出。"

当前亚洲各国正面临经济下行压力较大、安全问题复杂、非传统安全挑战增多等突出问题。越是在地区发展困难的时刻，各国越需要在友好传统中汲取经验，从共同追求中凝聚智慧，让亚洲共识发扬光大。"亚洲的增长不能是狭隘的增长，亚洲的崛起不能靠粗放型发展，亚洲的振兴不能寄于脆弱的结构。"尼泊尔总理奥利说，我们有责任齐心协力，确保机会共享，均衡分配利益，我们要确保亚洲的崛起能够实现强劲的增长和包容的发展。

促进全球共同发展

博鳌亚洲论坛成立15年来，在助力亚洲发展的同时，也实现了自我发展，并逐渐发展成为兼具亚洲特色和全球影响力的高端交流合作平台。从全球经济治理到全球气候治理，从"论坛理事会展望世界经济"到"国际产能合作：凝聚全球经济增长新动力"，从"金砖合作"到"转型中的G20"，有关全球话题依然是论坛关注的焦点。

巴基斯坦计划与发展部部长阿赫桑·伊克巴尔是一位老朋友。记者在主会场外再次见到他时，他高兴地说："今年是我第一次参加博鳌亚洲论坛年会，在参会的过程中，我能够感受到中国看世界的视角、中国发展的趋势以及世界对中国的关注。希望中巴经济走廊能够吸纳世界经济发展潜能，使巴基斯坦全方位受益，并且惠及周边乃至世界。"

去年亚洲发展中国家经济增速达到6.5%，对世界经济增长贡献率为44%，亚洲各国进一步激发内生动力和活力，将为亚洲，也为世界经济复苏发挥更大作用。世界各国需要深化合作、同舟共济，加强宏观政策协调，共同反对各种形式的贸易保护主义，采取更多的增长友好型政策，避免一些国家政策调整产生外溢效应。在谈到结构性改革时，巴基斯坦前总理阿齐兹在会上表示，结构性改革对于发达国家和发展中国家而言都是要做的，需要根据改革时间、深度及范围决定做什么，考虑短期的同时，也要有长期的愿景，最关键的原则是要让市场能够实现最大的潜力。

中国已成为世界第二大经济体，如何在国际舞台上展现大国形象，不仅关系到中国自身的发展，也关系到国际社会共同的利益。中国推动设立的金砖国家开发银行就是实实在在作出的贡献。金砖国家新开发银行副行长莱斯利·马斯多普在分论坛上表示，金砖国家新开发银行具有速度优势、可持续性和本地资本市场开发三大特色。所有的开发银行都是以美元计价的，而金砖国家开发银行却有灵活性，它可以以美元和本币两种货币进行发债。福田康夫表示，中国现在致力于大规模供给侧改革，希望中国的改革能够取得很好的效果，要实现长期的经济增长，需要大力推动创业和创新。现在世界各国正在大力推动创业精神、企业家精神以及创新精神，以此作为改革的重要支柱。

分享中国发展红利

中国仍然是世界经济的重要动力源。在世界经济复苏乏力的背景下，通过继续深化各领域改革和开放，中国经济保持中高速增长、迈向中高端水平，这同样也是亚洲的机遇、世界的机遇。"中国的增长虽然在放缓，但是它的质量在提高，中国也在进行转型，经济变得更加平衡，这对于中国和世界来说都是更好的消息。"国际货币基金组织副总裁朱民指出，中国经济已经具有相当的体量，贸易和投资的一点点变化，都会对它的伙伴产生很大的影响。当中国经济实现了再平衡的时候，可以帮助世界经济取得更加平衡的状态。

中国地处亚洲，中国的发展应该首先惠及亚洲国家，中国市场的逐步开放首先应该面向亚洲国家。亚洲基础设施投资银行、丝路基金服务亚洲发展中国家，优先支持地区互联互通、产能合作等项目，让地区人民共享融合发展的红利。未来5年，中国进口商品会超过10万亿美元，对外投资将超过6 000亿美元。对此，中国国际贸易促进委员会会长姜增伟对记者表示，在世界经济一体化的大环境下，一国的建设要想满足自身的发展需求，必须通过资源的相互利用来实现。"中国的发展为其他国家带来了机遇，带来了共同繁荣，同时也为中国营造了良好的周边环境。"

亚洲的振兴，不能有人掉队。中国与亚洲的发展休戚与共，"一带一路"倡议的应运而生，成为中国与地区国家及区域组织发展战略对接的重要平台。瑞士远景智库主席、达沃斯论坛组织者弗兰克-于尔根·里希特对记者表示，"一带一路"倡议无疑将提升中国与亚洲其他国家与地区的经济合作水平，不仅是能源方面的合作，而且还将囊括其他经济领域以及文化领域，"'一带一路'倡议通过陆路将亚洲联系在一起，也通过海路将包括东非在内的诸多地区连接起来。这意味着不仅是该地区的企业家将会得到新的发展机遇，很多身处内陆的普通人也将受益。"

世界正在加速进入"亚太世纪",亚洲是世界和平发展的重要力量,是世界经济增长的重要引擎,也是世界文明进步的重要推动者。2016年是博鳌亚洲论坛第15次年会,这个中国南方的小渔村,与亚洲的快速发展共同成长,成为能够代表亚洲的世界性论坛。亚洲各国将携手并进,共创充满活力的美好新未来。

图3.3

第四单元

中非合作论坛

图4.1

【教学目标】

☆ 知识目标

了解中非合作论坛成立的背景、论坛成员、论坛主要活动、中非合作论坛的经贸成果

理解论坛宗旨、运行机制、论坛特点

掌握中非合作论坛的成功经验及其重大意义

☆ 能力目标

能分析与阐释中非合作论坛的意义和影响

能概括总结中非合作论坛的成功经验。

☆ 素质目标

具备独立思考的能力

具备良好的自主学习能力

具有良好的心理自我调控和自我管理能力

【知识链接】

中非关系

中非关系指中华人民共和国与非洲各国之间的对外合作关系。中国和非洲有着浓厚的传统友谊和良好的合作关系，经受住了时间和国际风云变幻的考验，堪称发展中国家间关系的典范，并在新形势下得到进一步巩固和加强。

中国和非洲友谊源远流长，基础坚实。中非有着相似的历史遭遇，在争取民族解放的斗争中始终相互同情、相互支持，结下了深厚的友谊。

中华人民共和国成立和非洲国家独立开创了中非关系新纪元。半个多世纪以来，双方政治关系密切，高层互访不断，人员往来频繁，经贸关系发展迅速，其他领域的合作富有成效，在国际事务中的磋商与协调日益加强。中国向非洲国家提供了力所能及的援助，非洲国家也给予中国诸多有力的支持。

真诚友好、平等互利、团结合作、共同发展是中非交往与合作的原则，也是中非关系长盛不衰的动力。

【案例陈述】

一、中非合作论坛成立的背景

进入21世纪，维护和平、谋求稳定、促进发展成为各国人民的共同愿望。为进一步加强中非在新形势下的友好合作，共同应对经济全球化挑战，促进共同发展，根据部分非洲国家的建议，中国政府倡议于2000年10月10—12日在北京召开中非合作论坛—北京2000年部长级会议，中非合作论坛正式成立。

二、论坛宗旨

平等磋商、增进了解、扩大共识、加强友谊、促进合作。

三、论坛成员

中国、与中国建交的49个非洲国家：阿尔及利亚、安哥拉、贝宁、博茨瓦纳、布隆迪、喀麦隆、佛得角、中非、乍得、刚果（布）、科摩罗、科特迪瓦、刚果（金）、吉布提、埃及、赤道几内亚、厄立特里亚、埃塞俄比亚、加蓬、加纳、几内亚、几内亚比绍、肯尼亚、莱索托、利比里亚、利比亚、马达加斯加、马拉维、马里、毛里塔尼亚、毛里求斯、摩洛哥、莫桑比克、纳米比亚、尼日尔、尼日利亚、卢旺达、塞内加尔、塞舌尔、塞拉利昂、索马里、南非、苏丹、坦桑尼亚、多哥、突尼斯、乌干达、赞比亚、津巴布韦。

四、会议机制

中非合作论坛第一届部长级会议上通过的《中非经济和社会发展合作纲领》中规定，中非双方同意建立后续机制，定期评估后续行动的落实情况。2001年7月，中非合作论坛部长级磋商会在赞比亚首都卢萨卡举行，讨论并通过了《中非合作论坛后续机制程序》。2002年4月，后续机制程序正式生效。中非合作论坛后续机制建立在3个级别上：部长级会议每3年举行一届；高官级后续会议及为部长级会议作准备的高官预备会分别在部长级会议前一年及前数日各举行一次；非洲驻华使节与中方后续行动委员会秘书处每年至少举行两次会议。部长级会议及其高官会轮流在中国和非洲国家举行。中国和会议承办国分别担任主席国和共同主席国，共同主持会议并牵头落实会议成果。部长级会议由外长和负责对外合作或财经事务的部长参加，高官会由各国主管部门的司局级或相当级别的官员参加。

2006年，中非领导人在中非合作论坛北京峰会暨第三届部长级会议上一致同意建立中非外长级定期政治对话机制，每届部长级会议次年在联合国大会期间举行。2007年9月26日，中非外长在纽约举行了首次政治磋商。

五、成立后续行动委员会

第一届部长级会议后，中方即成立了后续行动委员会。部分非洲国家也建立了相应后续机制。

中非合作论坛中方后续行动委员会目前包括27家成员单位，分别是：外交部、商务部、财政部、中共中央对外联络部、国家发展改革委员会、教育部、科学技术部、国土资源部、交通部、信息产业部、农业部、文化部、卫生部、中国人民银行、海关总署、国家税务总局、国家质检总局、国家环保总局、国家民航总局、国家广电总局、国家旅游局、国务院新闻办、共青团中央、中国国际贸易促进委员会、中国银行、中国进出口银行、北京市人民政府。

《中非经济和社会发展合作纲领》规定：双方同意在各个级别上建立联合后续机制，在这一机制下，3年后举行部长级会议，评估纲领的实施情况；两年后举行高官会议；定期举行驻华使节会议。高官级会议和部长级会议将在中非合作论坛的框架内，在中国和非洲轮流举行。

2001年7月，中非双方在赞比亚首都卢萨卡举行部长级磋商会，讨论了《中非合作论坛后续机制程序》；2002年4月，《中非合作论坛后续机制程序》正式生效，论坛机制走向规范化。2002年11月，双方在埃塞俄比亚首都亚的斯亚贝巴举行了论坛第二届高官会。

非洲国家驻华使团与中方后续行动委员会秘书处为落实论坛后续行动开展了富有成效的合作。

六、论坛特点

中非合作论坛是中国与非洲友好国家建立的集体磋商与对话平台，是南南合作范畴内发展中国家之间的合作机制。其特点是"务实合作：以加强磋商、扩大合作为宗旨，重在合作；平等互利：政治对话与经贸合作并举，目的是彼此促进，共同发展"。

七、历届论坛部长级会议

自2000年以来，中非合作论坛已相继举行了五届部长级会议。

1. 第一届部长级会议

2000年10月10—12日，中非合作论坛第一届部长级会议在北京举行，中国和44个非洲国家的80余名部长、17个国际和地区组织的代表及部分中非企业界人士出席会议。时任中国国家主席江泽民和国务院总理朱镕基分别出席开幕式和闭幕式并发表讲话；非洲统一组织（非洲联盟前身）"三驾马车"，即前任主席阿尔及利亚总统布特弗利卡、现任主席多哥总统埃亚德马、候任主席赞比亚总统奇卢巴以及坦桑尼亚总统姆卡帕出席开幕式并讲话；非统秘书长萨利姆在闭幕式上致辞。会议议题是：面向21世纪应如何推动建立国际政治经济新秩序，如何在新形势下进一步加强中非在经贸领域的合作。

会议通过了《中非合作论坛北京宣言》和《中非经济和社会发展合作纲领》，为中国与非洲国家发展长期稳定、平等互利的新型伙伴关系确定了方向。中国政府宣布将减免非洲重债穷国和最不发达国家100亿元人民币债务；提供专项资金，支持和鼓励有实力、有信誉的中国企业到非洲投资，开展互利合作；设立"非洲人力资源开发基金"，帮助非洲国家培训专业人才等。会议期间还举办了中非投资与贸易、中国与非洲国家改革经验交流、消除贫困与农业可持续发展、科技与卫生合作等4个专题研讨会。

2. 第二届部长级会议

2003年12月15—16日，中非合作论坛第二届部长级会议在埃塞俄比亚首都亚的斯亚贝巴举行，中国和44个非洲国家的70多名部长及部分国际和地区组织的代表参加会议。中国国务院总理温家宝和埃塞俄比亚总理梅莱斯，其他非洲国家6位总统、3位副总统、两位总理、1位议长，非洲联盟委员会主席科纳雷、联合国秘书长代表出席开幕式并发表讲话。会议主题为"务实合作、面向行动"。会议回顾了第一届部长级会议后续行动落实情况，通过了《中非合作论坛—亚的斯亚贝巴行动计划（2004—2006年）》。中国政府宣布，将在中非合作论坛框架下继续增加对非援助；加强中非人力资源开发合作，3年内为非洲培养、培训1万名各类人才；开放市场，给予非洲部分最不发达国家部分输华商品免关税待遇；扩大旅游合作，给予埃塞俄比亚、肯尼亚、坦桑尼亚、赞比亚、毛里求斯、塞舌尔、津巴布韦、突尼斯8国"中国公民自费出国旅游目的地"地位；加强文化和民间交流，于2004年举办"中非青年联欢节"和"中华文化非洲行"等活动。会议期间举办了第一届中非企业家大会和中非友好合作成果展。

3. 第三届部长级会议

2006年是新中国同非洲国家开启外交关系50周年，为进一步提升中非合作水平，中非双方商定举行中非合作论坛北京峰会暨第三届部长级会议。

2006年11月3日，中非合作论坛第三届部长级会议在北京召开，为北京峰会召开作最后的准备。中国和48个非洲国家的外交部长、负责国际经济合作事务的部长和代表出席了会议，24个国际和地区组织的代表作为观察员列席了会议开幕式。会议审议了中方关于论坛第二届部长级会议后续行动落实情况的报告，通过了《中非合作论坛北京峰会宣言》草案和《中非合作论坛—

北京行动计划（2007—2009年）》草案。会议还决定2009年在埃及召开论坛第四届部长级会议。

11月4—5日，中非合作论坛北京峰会隆重举行，会议主题为"友谊、和平、合作、发展"。中国国家主席胡锦涛和非洲35位国家元首、6位政府首脑、1位副总统、6位高级代表以及非洲联盟委员会主席出席。中国国务院总理温家宝与33位非洲国家领导人共同出席了与中非工商界代表高层对话会。24个国际和地区组织派观察员列席峰会有关活动。会议通过了《中非合作论坛北京峰会宣言》和《中非合作论坛—北京行动计划（2007—2009年）》，决定建立和发展政治上平等互信、经济上合作共赢、文化上交流互鉴的中非新型战略伙伴关系。胡锦涛主席代表中国政府宣布了旨在加强中非务实合作、支持非洲国家发展的8项政策措施。①扩大对非洲援助规模，到2009年使对非洲国家的援助规模比2006年增加1倍。②今后3年内向非洲国家提供30亿美元的优惠贷款和20亿美元的优惠出口买方信贷。③为鼓励和支持中国企业到非洲投资，设立中非发展基金，基金总额逐步达到50亿美元。④为支持非洲国家联合自强和一体化进程，援助建设非洲联盟会议中心。⑤免除同中国有外交关系的所有非洲重债穷国和最不发达国家截至2005年年底到期的政府无息贷款债务。⑥进一步向非洲开放市场，把同中国有外交关系的30个非洲最不发达国家输华商品零关税待遇受惠商品由190个税目扩大到440多个。⑦今后3年内在非洲国家建立3～5个境外经济贸易合作区。⑧今后3年内为非洲培训培养15 000名各类人才；向非洲派遣100名高级农业技术专家；在非洲建立10个有特色的农业技术示范中心；为非洲援助30所医院，并提供3亿元人民币无偿援款帮助非洲防治疟疾，用于提供青蒿素药品及设立30个抗疟中心；向非洲派遣300名青年志愿者；为非洲援助100所农村学校；在2009年之前，向非洲留学生提供中国政府奖学金名额由目前的每年2 000人次增加到4 000人次。

峰会期间举办了第二届中非企业家大会、中非合作论坛6周年成果展、非洲艺术精品展、非洲国家钱币和邮票展及峰会纪念邮票首发式等活动，中国—非洲联合工商会宣布成立。

第一、二届部长级会议成果已全面落实，2006年北京峰会的后续行动进展顺利。

2008年10月18—19日，中非合作论坛第六届高官会在埃及开罗召开，中非双方对北京峰会后续行动落实情况进行了中期评估，并一致同意于2009

年第四季度在埃及沙姆沙伊赫举行中非合作论坛第四届部长级会议，全面评估北京峰会成果落实情况并对未来 3 年中非合作进行规划。

图 4.2

4.第四届部长级会议

2009 年 11 月 8—9 日，中非合作论坛第四届部长级会议在埃及沙姆沙伊赫举行。会议的主题为"深化中非新型战略伙伴关系，谋求可持续发展"。会议通过了《中非合作论坛沙姆沙伊赫宣言》和《中非合作论坛—沙姆沙伊赫行动计划（2010—2012）》，明确了未来 3 年中非合作的方向。

5.第五届部长级会议

2012 年 7 月 19—20 日，中非合作论坛第五届部长级会议在北京举行。会议通过了《中非合作论坛第五届部长级会议北京宣言》和《中非合作论坛第五届部长级会议北京行动计划（2013—2015）》两个成果文件，为未来 3 年中非各领域合作绘制了美好蓝图。

八、中非合作论坛的经贸硕果

中非合作论坛顺应了双方在新形势下发展长期稳定的友好合作关系的需要，开启了中非关系的新纪元。

1. 双边经贸合作机制日趋完善

截至 2006 年底，中国与 36 个非洲国家成立了联委会，与 41 个非洲国家的贸易协定正在执行中，与 8 个非洲国家签订了避免双重征税协定，与 28 个国家签订了投资保护协定，18 个国家承认中国的市场经济地位。

2. 贸易实现突破性增长，中国成为非洲第三大贸易伙伴

2000 年中非贸易突破 100 亿美元，2005 年达到 397.5 亿美元，实现 5 年翻两番的目标。2006 年达到 555 亿美元，同比增长 40%，其中出口 267 亿美元，同比增长 43%；进口 288 亿美元，同比增长 37%；中国贸易逆差 20.8 亿美元。中非合作论坛北京峰会期间，温家宝总理在中非领导人与工商界代表高层对话会上宣布，争取到 2010 年中非贸易达到 1 000 亿美元。1994 —2004 年 10 年间中非贸易额年均增长 27%，2005—2010 年只要保持 23% 以上的增长速度就可以顺利实现这一目标。

3. 经济合作规模不断扩大，领域不断拓宽，形式日趋多样

对非直接投资从 2003 年的 0.75 亿美元增加到 2006 年的 5.2 亿美元，年均增长 90 .7%。截至 2006 年年底，对非直接投资累计 25.6 亿美元。承包劳务营业额从 2000 年的 13 亿美元增加到 2006 年的 95.5 亿美元，年均增长 39 .4%。截至 2006 年年底，中国企业在非承包劳务累计合同额达 703.3 亿美元，其中，完成营业额 385.9 亿美元，年末在非承包劳务人员 9.5 万人，非洲已经成为中国仅次于亚洲的海外承包市场。2006 年签约的尼日利亚铁路现代化项目（83 亿美元）和阿尔及利亚东西高速公路项目（63 亿美元）是迄今我国最大的两个海外承包项目。

4. 对非援助成效显著

论坛成立以来，中国继续在力所能及的范围内向非洲国家提供各类援助，在加大力度的同时，积极探索和完善了培训、免债、紧急救灾等新方式和新途径。截至 2006 年年底，中国在非洲开展了 800 多个援建和合作项目。包括为非洲国家建成了 2 000 多千米的铁路、3 000 多千米的公路、30 个体育场馆、20 所学校、43 所医院等。举世闻名的坦赞铁路、毛里塔尼亚的友谊港、埃塞俄比亚的环城公路、马里体育场等项目都已成为中非友谊的标志。同时，中国还加大了对非洲的人道主义救灾援助。如 2004 年年底印度洋海啸给非洲东

部地区造成较大损失，中国随即向肯尼亚、索马里和塞舌尔提供了现汇和物资援助。根据中非合作论坛第一届部长级会议上作出的承诺，中国与 31 个非洲国家签署了免债议定书，免除到期债务 158 笔，总额约人民币 109 亿元，得到非洲国家和国际社会广泛赞誉。

5. 对非免关税顺利实施

在 2003 年的第二届部长级会议上，温家宝代表中国政府宣布，对与中国建交的非洲最不发达国家部分输华商品给予免关税待遇。截至 2006 年年底，已有 28 个国家的 194 个税目的商品享受免关税待遇。根据中国海关统计，2005 年中国从非洲进口应受惠商品 3.8 亿美元，同比增长 87.8%，超过同期中国从非洲进口增幅 56 个百分点。

6. 对非培训进一步加强

为进一步做好对非洲人力资源开发工作，商务部牵头成立了"对外人员资源开发合作部际协调机制"。整合培训资源，扩大培训成果。1998—2003 年，中国共为非洲培训 2 000 人，2004—2006 年已经培训 1.1 万人。

综上所述，中非合作论坛是一个中国同非洲国家之间开展集体对话、交流治国理政经验、增进相互信任、进行务实合作的重要平台和有效机制。

图 4.3

【案例评析】

中非合作论坛的成功经验及重大意义分析

经过15年的合作实践，中非双方正在建构一种全球治理新方案、新理念、新路径、新模式，在改善中非双方普通老百姓生活的同时，也在创造一个和谐、安全、富裕的新世界。

2000年前后，当西方对非洲感到绝望的时候，中非双方领导人决定建立一个共同发展的合作论坛，形成一种新的合作体制机制来解决中非双方面临的发展问题。在过去15年里，中非人民将自己对发展的理解和期待倾注在这一论坛上，让论坛成为谋求合作与发展的平台。作为中国的政治朋友和发展伙伴，今天的中非关系已经成为发展中国家合作共赢的成功典范，为解决全球发展问题、安全问题、治理问题提供一种极有价值的新方案，提供一些新的智慧与新的原则，对推进国际合作机制创新与理念变革作出了巨大贡献：

第一，中非合作论坛这一成功模式，将中非合作的行为规范化、系统化、常态化、精细化，并在实践中逐渐完善、逐渐改革及逐渐拓展。

第二，中非合作论坛借用中国经济发展的5年规划体制，采取3年一届的论坛模式，将中国国内发展的重视规划、重视政府与民间力量结合的经验推广到国际合作中来，形成了国际合作的新模式。

第三，每届中非合作论坛都将宏观战略规划与具体项目落实相结合，前后之间既有承接性，又有变革性，凸显了中非合作的稳定性、连续性与务实性。

第四，中非合作论坛充分发挥了中非双方的积极性，将中央政府、地方政府、企业、民间组织与民间、国企与私企、NGO与社会民众的积极性都调动起来，形成了不同层面的合作模式。

第五，中非合作论坛形成了中国与非洲国家、非洲次区域组织的不同层面的合作形态，既是中国与非洲整个大陆的合作，又是中国与每一个非洲国家的合作。

第六，中非合作论坛涉及世界人口的1/3，让中非许多普通人都实实在在地受益。

第七，中非合作论坛推动了国际对非合作，世界上许多国家效仿中国建立了对非合作论坛，提高了非洲在全世界的地位。

第八，中非合作论坛所提倡的平等相待、互利互惠、共同繁荣等原则，影响了非洲与其他国家交往的方式，有助于优化非洲国际合作的环境。

图 4.4

【单元思考与训练】

1. 你如何看待中非合作论坛及中非关系？

2. 请搜集南南合作的文献资料，围绕其成立背景、历史沿革、合作形式、合作目的、合作成果、世界影响等方面展开讨论，并与中非合作论坛作比较，分析它们的异同。

3. 请以小组为单位，每组以 6 人为宜，根据所搜集的资料制作 PPT，每组选派 1 名代表在课堂上进行展示。

【拓展阅读】

中非合作论坛约堡峰会：具有里程碑意义的历史性盛会

2015/12/30

新华网约翰内斯堡 12 月 6 日电（记者袁炳忠　徐剑　梅袁卿）　中非合作论坛约翰内斯堡峰会于 4—5 日在南非举行。本次峰会是继北京峰会之后的第二次中非峰会，也是首次在非洲大陆举行的中非峰会。

中国国家主席习近平在峰会上全面阐述了中国对非关系政策理念，宣布未来3年中国对非合作重大举措，提出把中非关系提升为全面战略合作伙伴关系。为推进中非全面战略合作伙伴关系建设，宣布中方将在未来3年同非方重点实施"十大合作计划"。

分析人士认为，本次约翰内斯堡峰会不仅成果丰富，而且反响积极，是中非关系史上的里程碑，为中非合作向更广更深层次迈进打下了坚实基础。

成果丰富

本次中非合作论坛峰会的主题是"中非携手并进：合作共赢、共同发展"。中非双方在友好务实的氛围中，紧紧围绕会议主题，就深化中非传统友谊、促进务实合作、谋求共同发展等重大议题进行了富有成果的讨论。

5日，习近平主席和南非总统祖马共同主持峰会全体会议。会议一致同意将中非关系提升为全面战略合作伙伴关系，通过了《中非合作论坛约翰内斯堡峰会宣言》和《中非合作论坛—约翰内斯堡行动计划（2016—2018）》，决心共同致力于做强和夯实政治上平等互信、经济上合作共赢、文明上交流互鉴、安全上守望相助、国际事务中团结协作"五大支柱"。

在4日举行的峰会开幕式上，习近平主席发表题为《开启中非合作共赢、共同发展的新时代》的致辞，表示中方愿在未来3年内同非方重点实施"十大合作计划"，涉及工业化、农业现代化、基础设施、金融、绿色发展、贸易和投资便利化、减贫惠民、公共卫生、人文、和平与安全10个方面。为确保"十大合作计划"顺利实施，中方决定提供总额600亿美元的资金支持。

外交部长王毅指出，"十大合作计划"着眼于解决非洲人民最为关心的就业、温饱和健康三大民生问题，着眼于破解基础设施滞后、人才不足、资金短缺三大发展瓶颈。"十大合作计划"的实施，将有助于将中非传统友好进一步转化为互利合作的动力，有利于非洲的自然与人力资源尽快形成经济发展的实力。

王毅表示，"十大合作计划"构成《中非合作论坛—约翰内斯堡行动计划（2016—2018）》的精华，是今后一个时期中国对非合作的全方位蓝图，标志着中非关系将跨上一个大台阶，进入一个新时期。

此外，习近平主席在约翰内斯堡与非洲多国领导人举行了双边和集体会见，出席了中非领导人与工商界代表高层对话会暨第五届中非企业家大会闭幕式并发表题为《携手共进，谱写中非合作新篇章》的重要讲话，就进一步加强中非友好合作提出 5 点建议。

峰会期间，习近平主席还出席了中非合作论坛 15 周年成果图片展开幕式和中非装备制造业展开幕式，并和南非总统祖马，非盟轮值主席、津巴布韦总统穆加贝共同为两个展览剪彩。

王毅表示，此次峰会取得圆满成功，是名副其实的、具有里程碑意义的历史性盛会。

反响积极

在峰会开幕式上，南非总统祖马、穆加贝总统、非盟委员会主席恩科萨扎娜·德拉米尼 - 祖马分别致辞。他们盛赞中非传统友谊和合作成果，高度评价了习近平主席关于深化中非合作的重要举措，热烈欢迎中方宣布的促进中非合作措施，支持把中非关系提升为全面战略合作伙伴关系，表示愿同中方携手并肩，共同开创中非关系更加光明的未来。

中国社科院西亚非洲研究所主任贺文萍表示，中国之前与南非、埃及、尼日利亚等非洲大国建立战略伙伴关系，而现在与整个非洲的关系定位为全面战略合作伙伴关系，说明非洲在中国对外关系中的权重进一步提升。中非宣布建立全面战略合作伙伴关系，表明双方希望将合作拓展到各领域，并提出了政治、经贸、人文、国际事务等范畴的具体合作内容。

津巴布韦经济学家关扬亚说，中国在经济结构调整的时候，加强与非洲合作正当其时。中国的产能输出与非洲对基础设施以及工业化的强烈需求恰好契合，抓住中国转型机遇，非洲国家将可以实现向往已久的工业化梦想。

美国约翰霍普金斯大学教授、长年致力于中非关系研究的黛博拉·布罗蒂加姆说，中国在非洲"能力建设"方面的新举措，如设立一批区域职业教育中心和若干能力建设学院，为非洲培训 20 万名职业技术人才，支持非洲国家建设 5 所交通大学等举措有望达到"授人以渔"的目标。

中国社科院世界经济与政治研究所助理研究员刘玮表示，中国将推动非洲发展从援助主导向自主发展升级。中国将通过基础设施、农业和医疗卫生援助合作以及人力资源教育培训，帮助非洲建立起自主的工业体系、构建粮食安全保障体系和公共卫生防控体系，使其获得自主可持续发展的能力。

迈向新时代

分析人士认为，首次在非洲大陆举办的这一峰会，对中非关系发展具有承前启后、继往开来的里程碑意义。

中国驻南非大使田学军表示，本次峰会将注定成为一次历史性盛会，不仅因为论坛峰会首次在非洲大陆举行，而且峰会将有力地推动中非关系全面深化升级。

非盟委员会副主席伊拉斯塔斯·姆文查说，习近平主席的致辞振奋人心，回应了非洲的关切。其中最引人注目的是中方宣布的未来非中"十大合作计划"及为确保计划顺利实施中方决定向非方提供资金支持，相信这些举措将会把中非合作推向一个新的高度。

中国国际问题研究院院长苏格表示："中非经贸合作为双方各自经济发展和民生福祉改善提供了有力支撑，成为南南合作的典范。中国不仅有条件、有能力通过互利合作助推非洲加快工业化进程，更有意愿支持非洲实现自主可持续发展。非洲国家则越来越把中国视为最为重要和可靠的合作伙伴。"

图4.5

第五单元

世界互联网大会

图 5.1

【教学目标】

☆ 知识目标
了解峰会的背景
了解历届峰会情况以及峰会的主要成果
掌握峰会的作用与意义
认识乌镇举办世界互联网大会的优势
☆ 能力目标
能分析与阐释峰会的作用与意义
能分析概括乌镇举办世界互联网大会的优势
☆ 素质目标
具备分析问题并解决问题的能力
具备与他人合作、交流与协商的能力
具备良好的自主学习能力
具备心理自我调控和自我管理的能力

【知识链接】

乌 镇

乌镇隶属于浙江省嘉兴市桐乡市，西临湖州市，北界江苏苏州市吴江区，地处江南水乡。

乌镇原以市河为界，分为乌青二镇，河西为乌镇，属湖州府乌程县；河东为青镇，属嘉兴府桐乡县。新中国成立后，市河以西的乌镇划归桐乡县，才统称为乌镇。全镇辖13个社区居委会和18个行政村。陆上交通有贯穿镇区的县级公路姚震线，与省道盐湖公路、国道320公路、318公路、沪杭高速公路相衔接。

乌镇是典型的中国江南地区水乡古镇，有"鱼米之乡、丝绸之府"之称。乌镇具有6 000余年悠久历史，是江南六大古镇之一。1991年被评为浙江省历史文化名城，1999年开始古镇保护和旅游开发工程。2014年11月19日起，乌镇成为世界互联网大会永久会址。

【案例陈述】

世界互联网大会（World Internet Conference）是由中华人民共和国倡导并举办的世界性互联网盛会，旨在搭建中国与世界互联互通的国际平台和国际互联网共享共治的中国平台，让各国在争议中求共识，在共识中谋合作，在合作中创共赢。

一、会议背景

互联网的出现与发展，不过是短短几十年间的事。但是，它对世界的影响却是深远的、不可预测的、不容忽视的。互联网不仅涉及网络文化传播、经济创新发展、数字经济整合乃至互联网技术标准、互联网治理等前沿热点问题，而且直接关联着小到普通人的福祉，大到国家政体的安全稳定、健康发展。如今，"互联网+"元素已经融入了政治生活、经济建设、生态文明、精神风貌以及日常生活、文化传承、交通旅游、医疗健康等领域的方方面面。

网络的本质在于互联，信息的价值在于互通。只有加强信息基础设施建设，铺就信息畅通之路，不断缩小不同国家、地区、人群间的信息鸿沟，才能让信息资源充分流通。

同样，互联网的快速发展也给世界带来了困惑和灾难。从个别国家利用互联网搞的"颜色革命"到遭到"恐怖暴力"袭击，互联网技术的日新月异也让世界各国防不胜防，尝尽了苦头，不敢有丝毫懈怠的心理和行为。这是因为无论世界上哪一个国家都不能轻视互联网的影响力、推动力和破坏力。它需要全球、全人类一切爱好和平的国家和人民真正团结起来，充分利用互联网这个平台与邪恶、反人类、暴恐势力不断斗争，才能最终战胜一切恶势力，维护世界的和平与安定，维护世界的长治久安。

二、主办单位

大会由中华人民共和国国家互联网信息办公室和浙江省人民政府共同主办，由浙江省网信办、浙江省经信委、桐乡市政府和中国互联网络信息中心联合承办。

三、会议标志

世界互联网大会的标志采用图形与文字相结合的方式呈现，整体效果稳重而富有现代气息。标志图形取大会中文全称中的"互"一字，以点明互联网的主题。"互"字中心由 8 个圆形交织而成，寓意互联网信息的纵横交错。圆形的色彩叠加，描绘出互联网中信息的缤纷色彩。同时，叠加所形成的晶格，形同于水乡乌镇中楼阁的窗纹，蕴含世界互联网大会举办地的地域特点。"互"的上下两笔以书法来表现，赋予标志以空间上的视觉张力感。标志整体形似眼睛，意指会议中见识的拓展。标志的主色调为蓝色，一种互联网惯用的专属颜色。紫、绿、黄、橙、红的加入突显标志的灵动。灰色主要运用于文字部分，使标志拥有经典沉稳的视觉效果。

世界互联网大会
World Internet Conference
乌镇峰会·Wuzhen Summit

图 5.2

四、历届大会

1.第一届世界互联网大会

首届世界互联网大会于 2014 年 11 月 19—21 日在中国浙江桐乡乌镇西栅景区召开。这是中国举办的规模最大、层次最高的互联网大会，也是世界互联网领域一次盛况空前的高峰会议。

1)大会主题：互联互通·共享共治

2)大会日程

11 月 18 日

00：00—24：00　嘉宾、记者注册报到

11 月 19 日

09：00—11：00　分论坛：互联网新媒体

13：30—15：30　分论坛：互联网创造未来：共建在线地球村

13：30—15：30　分论坛：连接未来·智慧共享——移动互联让生活更美好

15：45—16：45　开幕式

17：00—18：30　高峰对话：互联互通·共享共治

18：30—20：00　晚餐会

11 月 20 日

09：00—12：00　分论坛：跨境电子商务和全球经济一体化

09：00—11：00　分论坛：加强国际合作　共同打击网络恐怖主义

12：00—13：30　CEO 午餐会

13：30—17：30　分论坛：网络安全和国际合作

14：00—16：00　分论坛：互联网与金融：促进金融创新和经济发展

14：00—16：00　分论坛：互联网与政府：公共服务创新

16：30—18：00　浙江信息经济论坛

11 月 21 日

07：30—08：30　早餐会

09：00—11：00　分论坛：革新与未来：构建全球互联网治理生态系统

09：45—11：00　网络安全高层圆桌会议：构建和平安全开放共赢的网络空间

11：30—12：00　闭幕式

12：00—14：00　午餐会

14：00—22：00　各界嘉宾记者考察乌镇旅游建设

11月22日

全天欢送各界嘉宾记者返程

3）大会特点

（1）第一次由中国举办世界互联网盛会

中国接入国际互联网20年来，由中国倡导并举办世界互联网大会，这还是第一次。当前，全球新一轮信息革命已经来临，2014年，全球网民达30亿，人类全面进入互联网时代。中国作为最大的发展中国家，拥有最多网民，占世界网民的1/5，理应为世界搭建一个具有广泛代表性的开放平台。大会设置了8大板块、13个分论坛，涵盖网络空间各领域的重大问题、关键问题。

（2）第一次汇集全球网络界领军人物共商发展大计

与会嘉宾代表来自全世界近100个国家和地区共1 000余人，既有国际政要，也有领军人物；既有ICANN总裁法迪等国际机构负责人，也有互联网之父等顶级专家学者；既有发达国家代表，也有发展中国家代表；既有微软、三星、高通等国际网络巨头，也有阿里巴巴、百度、腾讯和三大电信运营商等中国著名企业负责人。他们的交流切磋、广泛合作，必将为国际互联网发展贡献智慧和力量。

（3）第一次全景展示中国互联网发展理念和成果

经过20年的发展，中国已拥有6.3亿网民，12亿手机用户，5亿微博、微信用户，每天信息发送量超过200亿条。全球互联网公司十强，中国占了4家，中国已成为名副其实的互联网大国。大会将举办中国互联网发展主题展览，全面阐释中国互联网的发展理念，全景展现中国互联网的发展成果，全方位展示中国网络企业的发展成就。

（4）第一次以千年古镇命名世界网络峰会

大会将永久会址确定在中国历史文化名镇——乌镇，旨在让最先进的世界文明成果与最悠久的中华文化交流融合，让现代信息文明与传统历史文明交相辉映。

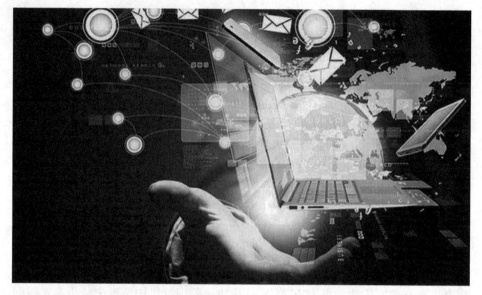

图 5.3

2. 第二届世界互联网大会

第二届世界互联网大会于 2015 年 12 月 16—18 日在浙江省桐乡市乌镇举行。

1）会议主题

第二届世界互联网大会以"互联互通·共享共治——共建网络空间命运共同体"为主题，围绕全球互联网治理、网络安全、互联网与可持续发展、互联网知识产权保护、技术创新以及互联网哲学等诸多议题进行探讨交流。

2）会议日程

12 月 16 日

10：00—11：30　大会开幕式

13：30—16：00　"互联网+"论坛："互联网金融创新与发展"议题

13：30—16：00　"数字丝路·合作共赢"论坛："信息基础设施共建"议题

14：00—17：00　"网络安全"论坛

14：00—18：00　"协同　开放　共享　共赢——海峡两岸暨香港、澳门互联网发展"论坛

16：00—18：00　"互联网文化与传播"论坛："中美大学生共话互联网梦想"议题

16：00—18：30 "数字丝路·合作共赢"论坛："资源整合模式创新"议题

21：00—23：30 "互联网文化与传播"论坛："《对话》：网聚正能量　传播善动力"议题

12 月 17 日

08：30—11：30　"数字中国"论坛："行观天下·智慧城市"议题

08：30—12：00　"互联网文化与传播"论坛："互联网时代的文化传承与创新"议题

09：00—11：30　"互联网创新"论坛："互联网创新与可持续发展"议题

09：00—11：30　网络安全高层闭门圆桌会议

09：00—12：00　"互联网创新"论坛："互联网创新与经济发展"议题

13：00—15：30　"互联网+"论坛："智能制造转型与升级"议题

14：00—17：00　"互联网创新"论坛："互联网创新与知识产权保护"议题

14：00—17：30　"互联网创新"论坛："互联网创新与初创企业成长"议题

14：00—18：30　"数字中国"论坛："乌镇论道·数字中国"议题

14：30—16：00　"互联网文化与传播"论坛："中国文化网络传播"议题

15：30—19：00　"互联网文化与传播"论坛："《对话》：互联网名人的哲学思考"议题

12 月 18 日

08:00--10:00："互联网技术与标准"论坛："技术与标准促进互联网发展"议题

09:00--11:30："互联网技术与标准"论坛："万物互联驱动产业变革"议题

09:30--12:00：网络空间治理论坛

10:00--12:00："互联网技术与标准"论坛："可信赖的云计算与大数据"议题

14:00-15:00：大会闭幕式

3）会议嘉宾

①习近平亲自出席大会并发表主旨演讲。

②8位外国领导人：俄罗斯总理梅德韦杰夫、巴基斯坦总理谢里夫、哈萨克斯坦总理马西莫夫、吉尔吉斯斯坦总理萨里耶夫、塔吉克斯坦总理拉苏尔佐达等。

③来自阿富汗、阿塞拜疆、巴勒斯坦、韩国、吉尔吉斯斯坦、柬埔寨、老挝、马尔代夫、孟加拉国、尼泊尔、叙利亚、伊朗、阿盟、阿尔及利亚、布隆迪、赤道几内亚、几内亚、几内亚比绍、莱索托、马拉维、毛里求斯、纳米比亚、尼日尔、苏丹、索马里、乌干达、俄罗斯、黑山、马其顿、巴巴多斯、哥斯达黎加、古巴、哥伦比亚、智利、基里巴斯、密克罗尼西亚、瑙鲁、萨摩亚、图瓦卢等50多个国家的部长级官员出席大会。

④数百名来自世界知名互联网企业的负责人参会，其中美国最多，达100多人，其中重要的互联网企业悉数到场，包括苹果、高通、甲骨文、思科、微软、IBM、英特尔，脸谱、亚马逊等。汤森路透、彭博等媒体，红杉资本沈南鹏、IDG熊晓鸽、CBC宽带资本、美银美林集团、软银、布莱尔资本等金融机构和风险投资机构企业负责人出席大会。中国的中国移动、中国电信、中国联通、百度、阿里巴巴、腾讯、京东、小米、奇虎360、联想、海尔、中兴、华为、娃哈哈、吉利等企业负责人参加了这次互联网大会。

⑤工信部、科技部、教育部、财政部、广电总局、工商总局、团中央、知识产权局等10多个部委部长也出席了大会。

⑥14个国家和地区的108家媒体的700多名记者报名参加大会报道，包括美联社、法新社、俄罗斯塔斯社、日本读卖新闻、日本NHK电视台等26家境外媒体的82名外国记者，港澳8家媒体的17名记者，台湾6家媒体的10名记者，以及人民日报、新华社等中央和部分省市记者600多人。

4）会议特点

（1）规模更大

有2 000多名嘉宾与会，中外嘉宾比例约各占50%，其中有8位外国领导人、近50位外国部长级官员，包括俄罗斯总理梅德韦杰夫、巴基斯坦总理谢里夫、哈萨克斯坦总理马西莫夫、吉尔吉斯斯坦总理萨里耶夫、塔吉克斯坦总理拉苏尔佐达等。

（2）代表更广泛

嘉宾来自全世界五大洲120多个国家和地区，包括20多个国际组织的负

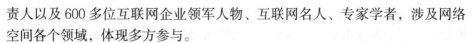

责人以及 600 多位互联网企业领军人物、互联网名人、专家学者，涉及网络空间各个领域，体现多方参与。

（3）内容更丰富

除了开幕式、闭幕式以外，还设置了 10 场论坛、22 个议题，涉及网络文化传播、互联网创新发展、数字经济合作、互联网技术标准、互联网治理等前沿热点问题。大会新设了"互联网之光"博览会，充分展示中外互联网发展前沿技术和最新成果。

（4）会议更"智慧"

作为世界互联网大会永久举办地的乌镇，在互联网发展大潮的驱动下，不仅自然环境更加优美、人文特色更加鲜明，而且网络化、智能化的水平全面提升。乌镇互联网医院智慧养老、智慧政务、创客空间蓬勃发展。此次大会开发了专用 APP，建立了会务云系统，实现了 4G 网络、无线 Wifi 的全覆盖，会议服务全智能，互联网体验全时空。

（5）设高咨委

在第二届世界互联网大会上，世界互联网大会组委会秘书处高级别专家咨询委员会正式成立，并举行了高咨委首次会议。会议通过了高咨委章程，确定了高咨委联合主席为马云和法迪·切哈德。

高咨委委员由组委会秘书处邀请产生。首届高咨委委员共 31 名，会议确定中国网络空间研究院领衔专家李欲晓担任高咨委秘书长。

五、大会意义

世界互联网峰会不仅搭建了两个平台：中国与世界互联互通的国际平台、国际互联网共享共治的中国平台；取得了四大成果：发挥了中国作为互联网大国应有的责任和担当；凝聚了共识，推动了合作；让各国增进了了解与互信，促进了共享共治；吸引了全球目光，国内外舆论高度关注；发出了九点倡议：促进网络空间互联互通、尊重各国网络主权、共同维护网络安全、联合开展网络反恐、推动网络技术发展、大力发展互联网经济、广泛传播正能量、关爱青少年健康成长以及推动网络空间共享共治，而且将浙江乌镇作为世界互联网大会的永久会址，每年举办一届，具有深远的现实意义和历史意义。除了这一系列会议成果，首届世界互联网大会更标志着我国对互联网的发展与管理已由过去的被动接招转变为如今的主动出击。

互联网接入我国已20年了，相对宽松的政策和比较滞后的管理手段使其在中国大地上发展迅猛，不仅深刻地改变着经济社会的发展方向，而且也改变着数亿人的工作和生活方式。但有一种现象必须警惕，那就是互联网在推动我国经济社会发展和为人们工作生活带来便利的同时，其"双刃剑"作用异常明显，出现了很多不容忽视的社会问题。比如：网络虚假信息和恶意炒作、网络淫秽色情和低俗信息、网络诈骗和赌博、网络非法公关和网络渗透等，既影响互联网健康有序发展，危害着国家安全，又损害着人民群众的利益，影响着社会稳定。

截至2015年6月底，我国已有6.32亿网民，占世界网民数量的1/5，是名副其实的互联网大国，但互联网大国并非就是互联网强国。没有网络的安全就没有国家的安全，没有信息化就没有现代化。党的十八大以来，党和国家采取了一系列措施加强互联网的发展与管理，牢牢掌握主动权和话语权，彻底改变了过去的被动局面。面对复杂的国际环境和瞬息万变的发展现实，我们必须抓住机遇，主动出击，不再被其他国家制订的网络规则牵着鼻子走。世界互联网大会的召开，不仅达到了预期的目的，而且将逐步改变世界互联网建设与发展格局，让中国可以在国际舞台上响亮地发出自己的声音。

【案例评析】
乌镇举办世界互联网大会的优势分析

优势一：密集的大巴、高铁班次直达乌镇

每天半小时滚动发车的大巴、高铁，直达乌镇的高速，带来全国甚至世界的游客。

2012年，乌镇位列全国单个景点综合营收之首。去年，乌镇景区游客达569万人次，其中，境外游客达20.97万人次。旺季时，景区每天接待的游客超过10万人次。

2015年，游客数继续攀升。1—10月，乌镇景区的游客约603万人次，其中，境外游客的比例增长11%。

优势二："乌镇模式"获联合国专家好评

以旧修旧、以旧修故。这是乌镇在1999年开发东栅之初时就定下的保护宗旨。这一模式，第二年就被联合国教科文组织的特评专家阿兰·马兰诺斯誉为古镇保护的"乌镇模式"。

优势三：古镇曾作为历史文化遗产频频亮相国际舞台

世界互联网大会并非乌镇第一次在国际舞台上亮相。2001年，乌镇被录入世界历史文化遗产预备清单。同年，乌镇成为上海APEC会议高官的参观地。

2008年，中法文化遗产保护论坛在乌镇西栅召开。2012年，乌镇作为中国唯一代表出席比利时布鲁日"21世纪世界文化遗产名城"论坛。

2013年，中欧城市博览会在北京举行，乌镇是全国唯一一个参展的乡镇。同年，乌镇举办第一届国际戏剧节。

2015年的国际戏剧节刚刚结束，100余个演出节目中，有过半演出团队来自国外。尽管加入了国际元素，但丝毫没有与古镇文化产生违和感。文化，一直是乌镇的魅力所在。

优势四：小镇早已具备互联网基因

正是互联网给了乌镇联通世界的通道。

2012年前，"80后"小呆在乌镇西栅景区外的环河路上开了一家家庭旅馆。七成客人来自淘宝、艺龙、去哪儿等网络平台。

2012年前，乌镇西栅67号民宿"默默的家"也开始了网络营销，微博、美团、糯米、大众点评上都有它的身影。

和默默的家一样，乌镇不少商铺已时髦地启用支付宝钱包"条码支付"功能，用红外扫描枪扫描顾客手机上支付宝钱包里的"付款码"，就能完成支付。

其实，早在2003年，乌镇西栅开发之初，就埋下了宽带网线。现在，游客可以通过乌镇旅游预订网站了解景区住宿、票务、套餐、特产等一系列信息，还可以在PC端和手机端实现网络订购。

另外，游客还能在天猫"乌镇旅游旗舰店"上一键预订酒店、门票、美食、旅行套餐、特产、纪念品等。

不仅如此，乌镇景区、乌镇镇区主干道上，已全部实现无线网络全覆盖。打开网页收发邮件查询信息，网速非常流畅。

【单元思考与训练】

1.结合实际，谈一谈互联网给我们的生活带来了哪些改变。

2.请搜集"全球移动互联网大会"的文献资料，围绕其基本概况、发展现状、发展趋势、作用影响及其运作机制等方面展开讨论，分析其与"世界互联网大会"的异同。

3. 请以小组为单位，每组以 6 人为宜，根据所搜集的资料制作 PPT，每组选派 1 名代表在课堂上进行展示。

图 5.4

【拓展阅读】

办世界互联网大会的为什么是中国？

2015 年 12 月 16 日，第二届世界互联网大会在浙江省乌镇开幕。中国国家主席习近平出席开幕式并发表了主旨演讲，阐述了互联网治理应坚持的四大原则，并进而提出了构建网络空间共同体的 5 点主张。

国家主席首次出席并发表主旨演讲，很好地证明了世界互联网大会在中国所受到的重视和地位。而与会嘉宾的人数和分量——2 000 多名中外嘉宾，包括多位外国领导人、近 50 位外国部长级官员——则证明了"世界互联网大会"的名副其实。这个大会不仅是中国的，也是世界的，在互联网领域将产生不容忽视的影响。

在理解这届互联网大会的主旨和习近平讲话内涵之前，有必要问一个更基础的问题，为什么举办方会是中国？为什么全球互联网领域的顶尖人物愿意来中国？答案可能有很多，但比较客观的一个，是中国互联网发展的成就确实无法忽视。在全球范围内看，中国互联网业的发展都居于领先地位，在一些领域甚至足以抗衡美国。实力不代表一切，但实力可以带来话语权，实力背后的对互联网的认识、管理经验，则具有天然的吸引力。

互联网业有很强的虚拟色彩，但互联网业的成就不会凭空而生，还是要建基于现实经济。在中国互联网高速发展的背后，则是中国改革开放后几十年的持续发展。国力的增长让中国在国际具备相当的号召力和影响力，也确保了中国有资格、有能力持续举办这样的世界级盛会。因此，这是互联网领域的世界大会，但其意义和影响可能远远超出互联网领域。

如何用好互联网，是中国从接入互联网那一天起就在不断摸索研究的问题。20多年来，互联网深刻改变了中国。中国的网民数量高居全球第一，网站数、域名数均排名前列。更重要的是，互联网对中国政治、经济、文化等诸多领域，都产生了巨大影响。中国互联网业的发展和中国经济的发展一样，走过了一条让世界印象深刻的"中国道路"。

被中国互联网发展所验证的"中国道路"，是否适用于世界互联网治理，当然需要世界层面的交流沟通，这也是举办世界互联网大会的重要意义。第二届世界互联网大会的主题是"互联互通·共享共治——构建网络空间命运共同体"，这正是中国经验和中国认识的凝练表达。

习近平主席的主旨演讲，对主题进行了更深入的阐释。习近平提出的为打造命运共同体的5点主张，从基础设施建设到文化交流共享，从网络经济创新发展到保障网络安全，再到构建互联网治理体系，既有中国过去所走道路的经验支持，又有层层递进的内在逻辑支撑。这是为全球互联网共享共治开出的"中国药方"，很重要的特征是包容开放，"大家商量着办"。

如习近平主席演讲中所言，"互联网虽然是无形的，但运用互联网的人们都是有形的，互联网是人类的共同家园。"在"有形"的人们的运用下，当下互联网治理不可避免带有现实世界的弊病。在以邻为壑的传统博弈思维下，一些国家内部乃至国与国之间网络监听、网络攻击、网络恐怖主义活动等频频上演，这对全球互联网治理体系的变革提出了急迫需求。

世界互联网大会是中国搭建的一个平台，也是中国参与互联网治理体系变革的诚意展现。尽管互联网诞生已有几十年，但对于人类来说仍有太多的未知，"如何用好互联网"依旧有太多需要摸索的空间。好的中国经验值得分享，当然中国也需要汲取其他国家的经验智慧。唯有中国和世界真正的互联互通、共享共治，才有可能实现互联网让生活更美好的梦想。

图 5.5

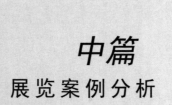

中篇
展览案例分析

第六单元

世界休闲博览会

图 6.1

【教学目标】

☆ 知识目标
了解休闲产业
理解休闲产业对人类发展的意义
认识休闲时代的到来
掌握休闲的概念以及休闲产业发展的战略意义
☆ 能力目标
能分析与阐释休闲产业发展的战略意义
能分析总结杭州举办世界休闲博览会的优势条件
☆ 素质目标
具备良好的自主学习能力
具备良好的适应社会的能力
具有良好的心理自我调控和自我管理的能力

【知识链接】

中国特色休闲城市

☆中国最佳休闲城市

杭州、成都、南宁、宁波、烟台、苏州、秦皇岛、黄山、柳州、常德。

☆中国特色休闲城市

北京，文化休闲之都；上海，时尚休闲之都；宜春，养生休闲之都；景德镇，陶瓷休闲之都；厦门，浪漫休闲之都；台州，山水休闲之都；三亚，滨海休闲之都；六盘水，避暑休闲之都；洛阳，宜居休闲之都；泉州，花园休闲之都。

☆中国休闲小城

江苏常熟、浙江普陀、浙江天台、安徽郎溪、安徽歙县、新疆泽普、重庆开县、四川郫县、辽宁宽甸、山东蓬莱。

【案例陈述】

世界休闲博览会是世界休闲组织从 1988 年开始举办的一个博览会。世界休闲组织（World Leisure Org.）又称为世界休闲与娱乐协会（World Leisure and Recreation Association），成立于 1952 年，一般简称为"世界休闲（World Leisure）"，是具有联合国咨询地位的国际非政府组织，与联合国教科文组织和有关国家、地区的官方、非官方机构有着良好的合作、互动关系。

一、休闲的概念

休闲是指从职业工作的紧张状态中超脱出来，使个体能够以自己喜好的、感兴趣的方式去休息、放松和消遣，积极地、自发地参加社会活动和自由地安排个人生活状态的总称。其本质就是从事职业活动以外的恢复身心、发展自我、充实精神的生活体验。休闲的最大特点是它的人文性、文化性、社会性、创造性，它对提高人的生活质量和生命质量，对人的自由和全面发展具有十分重要的意义。旅游休闲、娱乐休闲、运动休闲、度假休闲、文化休闲等丰富多样的休闲生活方式，对促进社会进步、经济发展具有十分重要的作用。

二、休闲产业

休闲产业一般包括国家公园、旅游景区、娱乐度假、会展博览、运动健身、文化传播、宾馆饭店、餐饮服务、交通旅行、社区服务、博物馆、文化馆、体育馆、影剧院以及由此连带的产业群。休闲产业不仅包括物质产品的生产，而且也为人的精神生活提供食粮。在21世纪，休闲产业的地位将不断加强，休闲对拉动经济、扩大内需和促进国际经济和文化交流的作用会越来越明显，人们的休闲观念将发生根本变化，休闲从业人员将占整个社会劳动力的绝大多数。

三、休闲对人类发展的意义

随着知识经济时代的来临，未来社会将以史无前例的速度发生变化，休闲将成为人类生活的重要组成部分。据美国国家休闲研究院主席杰弗瑞·戈比教授预测：休闲、娱乐活动、旅游业将成为下一个经济大潮，并席卷世界各地。专门提供休闲的产业将主导劳务市场，在美国的国民生产总值中将占有一半的份额，新技术的应用和其他一些趋势，可以让人们把生命中1/3以上的时间和金钱用于休闲，休闲经济在促进国民经济和人类发展中意义重大。

四、认识休闲时代的到来

据国际休闲研究权威人士预测，2015年前后，发达国家将进入"休闲时代"，先进的发展中国家将紧随其后。中国休闲经济和休闲产业起步较晚，但发展很快。据世界旅游组织预测：2020年，中国旅游业年接待国际旅游者人数将达1.37亿人次，创汇1 000亿美元，将成为世界旅游第一强国。经济发达的沿海城市将率先进入休闲时代。

五、2006杭州世界休闲博览会

1.申办过程

世界休闲博览会的标准由世界休闲组织提出，主要包括目标、主题、活动项目安排、组织机构设置、财务计划和风险管理、市场营销计划、土地、设施和交通安排、当地政府的支持与承诺、世界休闲博览会遗产等。同时对申办城市提出要求，包括会展组织、场馆设施、接待设施、会议设施、财务预算等，除此还要考虑其举办世界休闲博览会的能力以及来自各个方面的支持，包括职业人士和志愿者、财政支持和官方支持等。申请报告必须提前3年提交给世界休闲组织，并严格按照世界休闲组织的要求进行编写。

世界休闲博览会申办工作始于2000年7月香港举行的世界娱乐博览会，到2001年7月，中外专家小组基本完成《杭州世界休闲博览会可行性研究报告》。

2001年11月13—15日，国家旅游局和杭州市政府联合主办2001中国休闲经济国际论坛，杭州正式向世界休闲组织提出申办2006世界休闲博览会。

2001年11月27日，杭州市政府、萧山区政府和宋城集团联合成立了世界休闲博览会申办领导小组，下设办公室，具体负责2006世界休闲博览会申办工作。

2002年初杭州分别向浙江省政府（转报国务院）和世界休闲组织提交了《2006世界休闲博览会申办报告》。

2002年4月，国务院将浙江省转报的请示报告批转给中国国际贸易促进会会同国家外经贸部、外交部、财政部、国家旅游局、国家体育总局等六部委研究。

2002年5月，世界休闲组织代表团和杭州世界休闲博览会申办领导小组就杭州申办事项举行联合工作会议，会后根据世界休闲组织提出的要求，于6月30日规定期限前递交了《申办补充报告》。

2002年8月1日，国务院副总理钱其琛、国务委员吴仪在中国国际贸易促进会上报的《浙江省人民政府转报杭州市人民政府关于申办2006世界休闲博览大会的请示》上分别作出批示，同意杭州举办2006世界休闲大会及相关活动。

2002年8月10日，根据中国官方的认可，世界休闲组织理事会通过投票表决，多数票同意杭州为2006世界休闲博览会的举办城市。

2002年11月8日，世界休闲组织与杭州世界休闲博览会领导小组就双方联合举办世界休闲博览会有关事项达成一致意见，并签署《2006世界休闲博览会和世界休闲大会协议备忘录》，标志着世界休闲博览会正式落户杭州。

2. 2006杭州世界休闲博览会的主题

2006杭州世界休闲博览会的主题为：休闲——改变人类生活

通过举办2006杭州世界休闲博览会，引进先进的休闲理念，倡导健康的休闲方式，推动和繁荣休闲产业，提高城市的休闲服务水平，丰富人们的休闲体验，享受更加美好的生活。

3. 休博会举办时间

举办时间为 2006 年 4 月 22 日（周六）—10 月 22 日（周日），历时半年之久。

4. 休博会举办方针

政府主办、企业主体、市场运作、社会参与、实现共赢。

5. 休博会举办地点

2006 世界休闲博览会举办地点为萧山的杭州世界休闲博览园、杭州世界休闲风情园、杭州主要会展场馆和休闲活动场所。

6. 休博会主要内容

2006 杭州世界休闲博览会由世界休闲组织、浙江省政府、杭州市政府及国家有关部委联合举办，主要内容包括杭州世界休闲博览园和世界休闲风情园展示、世界休闲用品博览会、世界休闲大会、世界休闲峰会、世界休闲奖评选、休闲管理培训及西湖国际狂欢节等，融休闲、旅游、娱乐、会议、展览、大型活动为一体，被誉为 21 世纪初中国三大国际盛会之一。

图 6.2

六、举办世界休闲博览会的意义

举办世界休闲博览会意义深远，有利于促进中国休闲经济、休闲产业的发展，特别是有利于促进杭州休闲旅游事业的发展，有利于提升杭州旅游城市、休闲之都的国际化水平。

1. 举办世界休闲博览会是中国旅游产业促进社会发展的需要

旅游是中国的新兴产业，是对社会的贡献率越来越高的外向型经济产业。随着 21 世纪信息经济时代的到来，现代科技的高速发展和全球经济一体化，使世界各国之间的交流与联系更为便捷、频繁。旅游作为对外开放的窗口、国际民间交往的纽带和文化经济交流的桥梁，其强大的综合促进功能和外向型的产业优势日益受到世界各国的重视。在 21 世纪，中国将进一步扩大对外开放，力求经济全面发展，旅游业将随着中国经济的发展而长期保持旺盛的势头。在这样的时代背景下，中国旅游业将进一步追求社会贡献率，进一步扩大产业对社会经济的促进与关联带动作用。

2. 举办世界休闲博览会是中国旅游产业结构调整的需要

中国旅游业经过 30 年来的发展，已经完成由事业接待向经济产业的转化，已经成为国民经济的重要产业。但是，在产业的内部结构中，休闲度假产品和旅游装备产业十分薄弱。根据统计，世界上休闲与旅游设备每年订货量高达 130 亿美元，我国这方面的生产能力和创汇能力还处于初始阶段。为了建设世界旅游强国，中国休闲旅游产品和旅游装备生产体系亟待加强，为此我国需要向世界发达国家学习，需要引进资金与先进技术。举办世界休闲博览会不仅为我国提供了发展商机，而且提供了一个极好的技术交流与信息交流平台，是我国缩短与发达国家的差距、切入世界旅游设备产销体系和休闲度假体系的重要契机。

3. 举办世界休闲博览会是中国旅游产品结构调整的需要

据世界旅游组织预测，到 2020 年，中国将成为世界第一旅游强国，年接待国际旅游者将达 1.37 亿人次，创汇 1 000 亿美元。为了实现这一目标，中国旅游业的产品结构将进行战略调整，将着力提高海外旅游者在中国的重游率和平均逗留时间。为此，要积极引导国际旅游消费由过去的观光旅游向休闲度假方向转化。休闲旅游产品的国际化将成为当前中国旅游业的迫切任务。

自 1992 年国务院批准建设 11 个国家旅游度假区以来，我国已建设了 270 余个省市级旅游度假区和近千个娱乐休闲主题公园。在国家实行双休日和延长法定假日以后，假日经济兴起，大大刺激了休闲产品的开发，进入新世纪以来，中国的休闲娱乐旅游已有了很大的发展。但是从总体上看，我国的休闲娱乐产品水平还不高，还不能进入国际休闲旅游的主流消费市场。为此，我国急需向世界宣传中国休闲旅游产品，急需了解国际休闲旅游的发展信息，亟须调整和研制符合国际市场需求的休闲旅游产品。举办世界休闲博览会，不仅能展示我国改革开放 30 多年来休闲旅游产品的成就，扩大我国休闲产品的世界知名度，而且为中国研究国际休闲市场信息，实现休闲产品结构调整具有重要作用。

4. 举办世界休闲博览会是建设浙江旅游强省的需要

浙江是中国的旅游大省。2020 年中国要成为世界第一旅游强国，浙江等旅游大省责无旁贷。为此，到 2020 年，浙江的年接待国际旅游者需从 2000 年的 112 万人次上升到 330 万人次，增长两倍；外汇收入由 5.1 亿美元上升至 22 亿美元，翻两番。要实现这一目标，需要大幅度延长海外游客在浙江的逗留时间，需要有更为广泛的国际休闲市场。浙江省气候温和，交通发达，发展休闲旅游具有良好的区位条件。

举办世界休闲博览会能使浙江获得世界休闲组织、国际娱乐与主题公园协会（IAAPA）和其他相关旅游协会组织的支持，使浙江的休闲度假产品迅速进入国际市场，这是浙江寻求旅游发展与国际接轨的重要途径，也是浙江建设旅游强省的战略需要。

5. 举办世界休闲博览会是浙江社会经济发展的需要

浙江社会经济活跃，民营经济发达，是中国的经济大省。从总体发展水平看，浙江目前已进入工业化的中期阶段，民营企业成为社会经济发展的重要力量。2000 年浙江经济总量居全国第四位，出口贸易居全国第三位，税收增幅居全国之冠。近几年来，随着社会经济的发展，越来越多的民营企业向旅游产业发展。仅 2000 年全省民营企业完成旅游的投资额即超过 30 亿元人民币。旅游成为新一轮经济投资热点。为了提高投资回报率，浙江新一轮经济投资更加注重技术含量和市场拥有量。大批的投资商着手休闲旅游和旅游装备生产，并力求向国际标准靠拢。民营企业进入旅游产业后，急于了解国际行情，扩大国际交往，寻找国际生产合作和发展商机。举办世界休闲博览会正是顺应了浙江新一轮社会经济的发展需要，能促进并推动浙江的旅游业、加工业与国际接轨。

6. 举办世界休闲博览会是杭州加快建设国际旅游城市的需要

杭州自 1982 年被国务院批准为国际风景旅游城市以后，全市的产业结构和城市规划均以此进行了调整。2001 年初，杭州市区扩大到萧山、余杭，杭州城市发展空间进一步扩大，成为中国最大的省会城市之一。在市委市政府的重视与支持下，杭州的国际接待能力、国际知名度和国际城市形象已有了很大提高。

世界休闲博览会是一个比西湖博览会和其他国际活动更为宏大、更有国际影响的特大型活动，因此对杭州的市容环境、基础配套、市民素质和城市功能等提出了更高要求，通过举办世界休闲博览会可以大大促进杭州的城市建设，同时也为加速杭州的国际化和社会经济发展带来巨大回报。

图 6.3

【案例评析】

杭州举办世界休闲博览会的优势条件分析

世界休闲博览会和相关会展活动举办时间长、展示内容广、游客流量大。按照总体要求，举办世界休闲博览会必须符合以下条件：

①展位设施。不少于 3 000 个国际标准展位和 50 万 m² 以上室外展览场地，室外展场要有水面、地形要有起伏，能满足山地和水上娱乐设备的展示要求。

②接待能力。展区周边的依托城市要有接待过夜旅游者 8 万人次以上的能力，拥有不少于 4 万间以上中高星级客房，并有适合海外旅游者的国际商务、电子服务设备；展区内要有接待日流量 8 万～10 万人次以上的供水、就餐、厕所、急救等设施和足够的空间。

③交通条件。展区要有接待日流量 8 万人次以上的交通运输能力，展区内有参展专用交通车道、停车场和足够的集散空间；展区所在城市和周边城市要有海外直航的国际航空港。

杭州是中国最早开放的城市之一，从世界上已举办过休闲、娱乐博览会的城市看，对照举办世界休闲博览会的基本条件，杭州具备举办世界休闲博览会的良好基础。

1.杭州交通便利，环境优美，具备举办国际特大型博览会的自然条件

杭州地处中国东南沿海，是浙江省会城市，毗邻中国最大的城市上海，距上海仅 180 km。现辖上城、下城、西湖、拱墅、江干、滨江、萧山、余杭 8 个区和临安、富阳、桐庐、建德、淳安 5 个县（市），土地面积 1.66 万 km²，2000 年年末人口为 621.58 万人。杭州地处亚热带季风气候区，四季分明，气候温和，光照充足，雨量充沛，植被丰富，年平均气温为 16.2 ℃，平均最热月气温 28.4 ℃，平均最冷月气温 4.2 ℃，自然条件优越，适合人们四季游玩，是人们出行旅游、休闲度假的首选地之一。杭州交通便利，民航、铁路、公路、水路网线四通八达。杭州通往各地级市的交通均在 4 小时以内。杭州通省外的高速公路有沪杭甬、苏沪杭和浙闽环海高速公路。通往省外的铁路有浙赣、杭宣（安徽宣城）、浙闽铁路等。杭州的机场中，萧山国际机场、宁波机场和温州机场已有通往香港、澳门的航班和通往汉城、曼谷等的包机航线，全省民航运力 2000 年已达 360 万人次。有通往全国各地的 89 条航线近 600 个航班。与杭州毗邻的上海是中国最大的国际航空港之一，2000 年民航运力达 1 200 万人次。来杭州的海外游客中有 50% 以上来自上海机场。

2.杭州经济发展成就显著，具备举办世界休闲博览会的物质基础

实行改革开放30多年来，杭州社会经济面貌发生了巨大变化，随着人民生活的改善，杭州的休闲旅游业也得到了迅猛发展，发达的休闲旅游事业走在了全国的前列。杭州人杰地灵，经济发展较快，是中国最富裕的城市之一。据统计，2000年，杭州国内生产总值1 380亿元，人均国内生产总值2.3万元，经济总量列中国131个大中城市第8位，副省级城市第3位，省会城市第2位，全市接待海外旅游者约70万人次，旅游外汇收入2.9亿美元，接待国内旅游者2 250万人次，国内旅游收入190亿元，旅游总收入占国内生产总值的15.5%，比全国平均水平高出10个多百分点，旅游收入在国民经济中真正起到了支柱产业的作用。中国经济的持续稳定发展，使杭州城市的经济实力显著增强，从而为成功举办世界休闲博览会奠定了坚实的物质基础。

3.杭州城市风光秀丽，具备举办世界休闲博览会的旅游资源优势

杭州是中国历史文化名城，中国七大古都之一。早在1982年，杭州就被国务院命名为"国际风景旅游城市"，杭州作为浙江省的省会城市，更是在旅游资源方面有着得天独厚的优势，国家级风景名胜区——西湖位于杭州的城市中心，同时拥有两个国家级风景名胜区，5个国家森林公园，两个国家级自然保护区，1个国家级旅游度假区，"西湖十景""西湖新十景"等美丽风光，有着深厚的文化沉淀，千百年来让无数古今中外的游客为之倾倒。"三面云山一面城"的杭州，因其西湖天生丽质、风光秀美，800多年前意大利旅行家马克·波罗就称其为"世界上最美丽华贵的城市"。在中国自古有"上有天堂、下有苏杭"之说，因此杭州又被誉为"人间天堂"，2001年10月被联合国人居中心认定为最适合人类居住的城市，2002年9月又荣获联合国人居中心"人居环境改善最高奖"，成为世界上9个获此殊荣的城市之一。随着杭州宋城、杭州乐园、山里人家、未来世界等一大批休闲娱乐主题公园的相继建成，杭州旅游已经开始向"西湖观光、宋城怀古、杭州乐园度假"的大旅游格局转变，西湖自然景观和休闲主题公园结合得更加紧密，拓宽了杭州休闲旅游的大空间、大舞台。

4.杭州会展经济发达，具备举办世界休闲博览会的会展场馆设施

改革开放30多年来，杭州会展经济也得到了迅速发展，特别是时隔70年后举办的2000年中国杭州西湖博览会，在2000年10月20日—11月10日的20天时间里，共安排了39个项目。其中会展23个，会议7个，活动9个，参加人数达573.7万人次，总成交额69.6亿元，门票收入1 471.8万元，西博

会期间共设展位7 034个，共有30多个国家和地区的2 500多家客商前来参展，会展活动取得了圆满成功。2001年杭州西湖博览会也成功举办。目前杭州已有一定的会展场馆设施，拥有酒店客房6万间，会展场馆12万 m²，室外会展场地20万 m²，初步具备主办、承办国际大型会议、展览的能力。杭州乐园二期世界休闲博览园总建筑面积超过50万 m²，完全具备主办、承办国际A1级特大型会议展览的能力。

5.各级政府部门的大力支持，为举办世界休闲博览会提供了可靠保证

杭州申办世界休闲博览会的倡议，得到了国家旅游局和浙江省委、省政府，杭州市委、市政府的高度重视。杭州申办世界休闲博览会的工作获得了各级政府和旅游部门的强有力支持，为成功举办世界休闲博览会提供了可靠保证。

【单元思考与训练】

1.中国著名的休闲博览会有哪些？各自的特色和亮点是什么？
2.请搜集青岛世界休闲产品博览会的信息资料，围绕其基本概况、发展现状、意义和作用等展开讨论，并与杭州世界休闲博览会进行比较，分析其异同。
3.请以小组为单位，每组以6人为宜，根据所搜集的资料制作PPT，每组选派1名代表在课堂上进行展示。

【拓展阅读】

文化休闲产业：城市经济发展的新动力

文化休闲经济是近年来国际社会对人类自身活动与经济现象的一个定义，其内容包括旅游、文化、体育、科技等。休闲经济的发展是与人们日益增多的休闲时间相伴而生的，这种休闲经济带动了国民经济的发展。但文化休闲不是简单的休息，也不是传统意义上的旅游、参观、体育活动，又不是单纯的政治教育，而是把传统的游玩、体育锻炼、参观等活动同文化、知识的传播、科普教育等结合起来，形成丰富多彩的主题休闲活动。它要求在休闲娱乐过程中，用喜闻乐见的形式向人们潜移默化地施加科学精神和人文精神的影响，使人们在休闲中得到身体的放松和精神的升华。

城市文化休闲产业及其对城市经济的作用

城市休闲产业是与城市休闲观念的形成、休闲活动的开展相联系的供给和消费需求的总和，是所有为城市休闲主体观念的形成、休闲活动的开展提供商品和服务的行业总和。城市文化休闲产业则是城市休闲产业的一部分，主要包括影视业、音像制品业、艺术表演业、文化教育业等行业在内的以满足人们休闲、娱乐等精神需求为主的产业。城市文化休闲产业的重要内容是民俗"生活流"，原汁原味的民俗风情、地域食品、特色工艺等，是构成民俗"生活流"的物质基础。只有拥有"生活流"的城市，才是真正有旅游魅力和旅游价值的地方。留住"生活流"的城市，更是留存民族文化、民族精神的城市。故城市文化休闲产业的生产发展应该紧密围绕城市民俗"生活流"进行。

近年来，城市文化休闲产业对经济的拉动作用日益显现，其作为发展城市经济不可缺少的产业，对优化城市产业结构、增进社会协调、改善人文居住环境、激发城市活力、促进服务业发展具有不可替代的作用。

结合本地实际做大文化休闲产业

当前，各级党委、政府都把发展文化产业放在突出位置，不少地方把发展文化休闲产业作为重要内容提到议事日程，在开发、挖掘、整合民俗、人文、自然景观、生态农业等旅游资源，推动"吃、住、行、游、购、娱"六要素互动，拉长旅游产业链条，带动相关产业发展等方面作出了规划。怎样尽快建立、完善和发展本地的文化休闲产业？怎样留住本地的民俗"生活流"，使其发挥更大的社会效益和经济效益？笔者借鉴各地经验，提出以下构想和建议。

1. 在"卖"上树观念，创造"卖文化"的大环境

文化产品只有作为社会化的产品推出去，才有生命力。因此，发展文化休闲产业，很重要的一点就是使文化产品大众化、平民化，让吃、住、行、游、购、娱等要素跟文化体系的各构成要素相关联。

文化产业是以满足人的精神需要为根本的创意产业。马克思说过，闲暇时间"是社会成员自身全面发展所需要的时间"。休闲的本质和价值在于提升每个人的精神世界和文化世界。一年当中，我们有100多天是法定休息日，有"五一""十一""春节"假，还有漫长的夜生活时间，加之人的寿命越来越长，退休以后休闲时间增多，这些都大大增加了文化消费的需求。要满足这一不断增长的消费需求，必须源源不断地创造包括民俗风情、地域食品、特色工艺等在内的文化产品。换个角度来讲，这一不断增长的文化消费需求，

也为各地发展文化产业提供了千载难逢的市场机遇。

北方交通大学旅游管理系教授王衍用说过这样一段话："如果把一个城市比作一个企业的话，那么，市委书记是董事长，市长是总经理。"推而言之，宣传部长就是公关部长，文化局长、旅游局长就是营销部主任，他们是一起"卖城市""卖文化""卖旅游"的。在这方面，各地"卖点"很多。可以说，"卖文化"的资本丰厚，取之不尽，用之不竭。只要坚定树立"卖文化"的观念，就能卖出好价钱，卖出蓬勃发展、欣欣向荣的好局面。而在所卖的东西里面，民俗"生活流"是一个重要的部分。济南市历下区靠泉文化凸显商业价值，第三产业产值已占总产值的74.6%，周边店铺一年销售额超过40亿元人民币。是传统的泉文化赋予了它今天的商业价值，也是"卖文化"使它具有了勃勃的生机。其实，泉文化本身就是一项产业，加以挖掘底蕴、投资改造、延续文脉，使其历久弥新，将其建设成集观泉、购物、休闲于一体的民俗旅游区，就打造出了"金街"，也就有了"卖点"。类似事例还有不少，像淄博市打出了"齐国故都、聊斋故里、足球之乡、陶瓷名城"的响亮品牌，做好旅游文章，很有借鉴意义。浙江绍兴打名人牌，苏州杭州打名胜牌，都取得了不俗的业绩。

但是，从大面上看，我们也不能不承认，尽管我们的文化厚重，"卖点"很多，但营销渠道还不够畅通，销售平台还不够宏大，尤其是我们的民俗"生活流"还得不到应有的保护和流通，我们的文化休闲产业仍然是一座亟待开发的"钻石矿"。因此，要发展文化休闲产业，必须树立"经营城市"的观念，营造"卖文化"的新理念，创造产业发展的大环境。

2. 在"造"上下功夫，打造休闲旅游平台

文化休闲产业的"卖点"在于地方特色，而民俗"生活流"所体现的文化内涵正是地方特色。因此，进一步加大对民俗"生活流"的挖掘、整理、完善、提高，使之更加适应社会形势，适应市场需求，将大幅度地增加文化休闲产业的厚度和内容。这就要求我们必须采取多种途径，为包括民俗"生活流"在内的各类资源进入休闲产业行列打造平台，创造载体。

(1) 整合和保护

要建立和发展文化休闲产业，必须对文化休闲资源进行整合和保护。在整合文化休闲资源的过程中，应坚持延续历史文脉与塑造现代活力有机统一。对历史文化名人精神资源的利用，对民间艺术价值的整合利用，对民俗文化底蕴的现实利用，都应该提到发展文化休闲产业的重要议事日程。可以采取

领导、专家、艺人、群众相结合的办法进行，科学性、长远性、可操作性论证，形成创意—制作—营销的完整产业链，进而由"制造"向"创造"转变。在产业体系上，要按照文化产业的发展规律，从整合发展、规模发展、可持续发展的要求出发，不断拓展文化休闲产业的内涵和外延。一家一户作坊式的生产永远形不成产业链。上海市虹口区的经验是："以市场需求为产业目标，以整合资源为产业基础，以激活创意为产业驱动，以集团运作为产业模式，提倡高品位的文化休闲生活，占据城市文化休闲产业的制高点。"在整合发展中，还应注意科学保护和开发。既要原则性保护，尽量保护体现地方文化特色的文化资源；又要开发性保护，将能产生市场效应、有较大开发价值的资源，制定规划，以开发促保护；还要实行战略性保护，将目前尚无力开发，但成规模、能呼应、有特点、有整体概念的文化资源保护下来，作为文化休闲产业发展的储备资源，为文化休闲产业在形态和功能方面的升级提供持续支撑。

(2) 开发和利用

文化休闲资源是城市文化休闲产业的重要基础。不论是历史文化资源还是城市文化资源，都必须和市场要素、资金要素、机制要素和运作要素结合起来，才能转化成文化休闲产业资源，实现文化休闲资源的市场价值。近几年来，各地在"搭文化台，唱经济戏"方面成效明显，已经基本具备了形成文化休闲产业的条件，像潍坊国际风筝会，就是一个成功的范例。现在关键是开发利用，形成链条，发挥效益。这方面，各地都有可投资开发利用的景点、场所、文化旅游线，可以引入"仁者乐山，智者乐水，游者乐景，识者乐文，健者乐娱，思者乐人"的理念，打造形成几条休闲旅游线。再以山东潍坊市为例，所辖的青州、诸城、高密、寒亭等县市，都以凸现历史人文为重点，纷纷大搞文化休闲产业，但又分别立足实际，发挥优势，体现了自身的民俗"生活流"特点。

利用现有条件，开发、利用民俗"生活流"，也是发展文化休闲产业的一条重要途径。比如，可以充分利用场馆、景点，增添内容，吸引游客，有规划地把公园搞成一个可玩、可吃、可表演、可居住的公园。可以搞特色展览、民俗风情展示、歌舞表演等，增加民俗景点、民艺展销、文物展出，推出有地方特色的旅游纪念品、工艺品、食品。可以规划设计民俗特色一条街、传统食品一条街、时尚商品一条街、传统工艺一条街，尽可能形成规模。文化与时尚结合，才能转化成商品卖出去，这是挖掘文化旅游资源的根本目的。

还应特别注意在旧城改造中要留住民俗"生活流",这是传统文化的根脉,要有延续性。天津、济南等城市,在旧城改造中设法留住民俗"生活流"的做法,就很值得借鉴和推广。

(3)政策引导和市场运作

没有政府引导,就不能整合,机制问题就解决不了;没有市场运作,就形不成产业,形不成规模。经验证明,部门性的管理要成为一个区域性的政府管理,才能整合资源,形成合力。体制理顺了,民营经济才能钟情于文化休闲产业,这是文化休闲产业与民俗"生活流"最具活力的因素。有实力的企业,如果工作做得好,认识到位,就会被吸纳到文化休闲旅游投资者的行列,这是发展文化休闲产业的希望所在。做好了民俗旅游文章,不仅能成就一个企业,更能成就一个城市。从长远看,文化产业发展不是用景点来拉动消费,而是用特色地域文化消费来拉动景点。因此,发展文化产业应在休闲内容、休闲品位、休闲产品上发力,要与时尚和旅游紧密结合起来。现在,半日交通圈内的城市都在做休闲文章,面对休闲时代的到来,既要顺应这种需求,还要体现自身特色。

3.在"炒"上做文章,创造良好的外部环境

发展文化休闲产业,已是大势所趋,各地都在下功夫,就看谁抢得先机,争取主动。有再好的资源,"藏在深山人未识""抱着金子不发光"也无济于事。这就离不开一个"炒"字。这个"炒",仅有媒体还不够,要全民参与。就是要把我们的文化资源优势介绍出去,只有介绍出去了,才能引来消费者。即使在本区域内,也有一个宣传、推介、认识的过程。否则,再好的东西,在眼皮底下,人们也不会动心,不会享受,又何谈掏钱消费?

要"卖"文化,首先要"炒"文化。从某种意义上说,"炒"也是一种生产力。炒得好,就能出效益,就能引外资。

"炒"要有正确的舆论导向。有力有度,有张有弛。可以各种媒体多管齐下,一齐发力,遍地开花;也可以集中优势兵力,专题运作,各个击破,一举成功;还可以循序渐进,厚积薄发,潜移默化。这些,都需要有党委、政府的定向把舵,在导向上不出偏差。

"炒"要有平台。要有多层次、多领域的平台。这些平台需要争取,需要打造。比如,专题讲座、专题论坛、名家论证、高层次的"智囊团"支招等。高科技和人文、艺术、民俗的结合将为文化休闲产业的发展开辟新的天地,文化产业和信息产业的相互结合是一种内在的长远的需求,因此,打造信息

平台，利用网络技术把丰富灿烂的民族民间文化、休闲文化传播到海内外，吸引消费者，是一条重要途径。

"炒"要在扬弃上做文章。该褒扬的要猛炒、爆炒、炒热、炒香，如前景可观的文化休闲产业、民俗民间文化旅游线等。该舍弃的一定不能模棱两可或推波助澜。应该旗帜鲜明，立场坚定。在推进文化一体化的时代背景下，丰富独特的历史文化资源将为城市发展提供重要的动力支撑。在注重文化资源的保护和继承发展过程中，要特别提防只重视城市物质改善，一味追求现代时髦而忽视城市文化内涵的构建，失去文脉和特性。因此，"炒"文化既要讲政治，又要讲艺术。既要有领导把关，又要有专家参与，才不至于留下遗憾，甚至帮倒忙，"炒不熟鸡蛋反倒把锅炸了"。

当今，随着我国人民物质生活水平的日益提高，文化休闲产业正在以势不可当之势在各地兴起，如何抓住契机，充分利用地域文化资源，结合民俗"生活流"，大力发展文化休闲产业，促成城市经济新的增长点，人们正拭目以待。

图6.4

第七单元
中国国际数码互动娱乐展览会

图 7.1

【教学目标】

☆ 知识目标
了解中国国际数码互动娱乐展览会的概况、展览会
组织机构、展品范围、历届展会情况、展会活动
认识展会的作用
掌握展会的成功经验
认识中国游戏产业的发展趋势
☆ 能力目标
能分析和阐释展会的作用与意义
能分析、总结展会的成功经验
☆ 素质目标
具备良好的自主学习能力
具备良好的适应社会的能力
具有良好的心理自我调控和自我管理能力

【知识链接】

全球游戏界四大展会

每年夏季，全球都会有各类型的游戏展会，而被誉为全球四大游戏展会的分别为美国的电子娱乐展览（又称 E3）、德国科隆国际游戏展（又称GC）、日本东京电玩展（简称 TGS）和中国国际数码互动娱乐展览会（简称CJ）。

美国的电子娱乐展览（E3）

E3 展会最初的定位为主机游戏。20 年过去，手游火热的今天，E3 展出的游戏一直都以主机游戏为主。E3 一般在每年 5 月的第三周在美国洛杉矶的洛杉矶会展中心举办，为期一周。很多电子游戏的开发者会在展会上展示他们即将上市的游戏，或者发布即将面世的硬件产品，其中的 1/5 是从未向公众展示过的。和其他展会不同的是，E3 是专业人士参展最多、影响力最大的展会。

科隆国际游戏展（GC）

科隆国际游戏展是世界上最大的电子游戏市场之一，欧洲最大、最权威、最专业的综合性互动式游戏软件、信息软件和硬件设备展览。科隆国际游戏展（GAMESCom）由创办于 2002 年的原莱比锡游戏展发展而来，2009 年起正式移师科隆，是德国唯一一个集中了游戏软件、硬件、娱乐设备、信息软件和设备的大型国际展会。每年都有大批软硬件厂商参加展览。

东京电玩展（TGS）

东京电玩展是亚洲最大的游戏展览会，始办于 1996 年，是规模仅次于美国 E3 游戏展的全球第二大游戏展会。东京电玩展的内容以各类游戏机及其娱乐软体以及游戏周边产品为主。

ChinaJoy（CJ）

ChinaJoy 中国国际数码互动娱乐展览会是继日本东京电玩展之后的又一同类型互动娱乐大展。此展会由中国政府相关行业主管部门支持举办的行业盛会，意在逐步加强中国国内电子娱乐产品行业管理，积极规范电子和网络出版物市场，严厉打击盗版及非法复制行为。进一步支持、鼓励正当经营和正版电子娱乐产品的生产、销售。为推动中国电子娱乐产品市场的健康、有序发展提供宣传的平台。

【案例陈述】

一、中国国际数码互动娱乐展览会介绍

中国国际数码互动娱乐展览会是由中华人民共和国新闻出版广电总局、中华人民共和国科学技术部、中华人民共和国工业和信息化部、国家体育总局、中国国际贸易促进委员会、中华人民共和国国家版权局和上海市人民政府共同主办，中国出版工作者协会游戏出版物工作委员会、上海市新闻出版局和北京汉威信恒展览有限公司承办的国际著名数码互动娱乐大展，展览会的国内支持单位包括中华人民共和国教育部、中国共产主义青年团中央委员会、中国关心下一代工作委员会、中国出版工作者协会、中国互联网协会、中国青少年网络协会、中国软件行业协会、中国版权保护中心、中国共产主义青年团上海市委员会、上海市通信管理局、中国电信集团公司和中国国际经济技术合作咨询公司。同时，国外数码互动娱乐产业相关行业协会组织，如国际游戏开发商协会（IGDA）、欧洲互动软件联盟（ISFE）、日本计算机娱乐软件协会（CESA）、美国娱乐软件协会（ESA），都积极地从不同角度、不同方面支持此项活动。

中国国际数码互动娱乐展览会是继日本东京电玩展之后的又一同类型互动娱乐大展。此展会由中国政府相关行业主管部门支持举办的行业盛会，意在逐步加强中国国内电子娱乐产品行业管理，积极规范电子和网络出版物市场，严厉打击盗版及非法复制行为。进一步支持、鼓励正当经营和正版电子娱乐产品的生产、销售。为推动中国电子娱乐产品市场的健康、有序发展提供宣传的平台。在促进中外优秀电子娱乐产品贸易、学术交流的同时，展览会组委会希望通过此项活动来协助国家政府部门共同引导青少年健康使用电子和网络游戏出版产品，鼓励国民参与抵制盗版电子出版物，使国内企业制作的具有中国特色的优秀电子娱乐产品在全国乃至国际范围内得以推广，在国际上树立中国电子出版物知识产权保护的新形象，让世界了解中国。展览会在展示新产品、传播新技术的同时，也能成为中国政府机构传达产业政策、获取市场信息、了解产业发展状况以及吸收国内外企业意见、建议的窗口。为中国数码互动娱乐产业的健康、规范和快速发展起到积极的作用。

展览会每年都会吸引来自日本、韩国、欧洲、美洲、东南亚各国，以及中国内地、中国台湾、中国香港从事数码互动娱乐业的厂家汇聚在上海。历

届中国国际数码互动娱乐展览会充分展示国际最前沿的数码互动娱乐产品和技术，同时，全球产业界的专业人士也会针对中国数码互动娱乐产业的现状及未来发展趋势各抒己见。

展览会组委会希望所有参展的国内外企业都能够最大限度地从中国国际数码互动娱乐展览会中获利，达到预期的目的。参展商针对自身的公司发展、营销策略，利用组委会提供的各项服务来达成市场宣传、技术交流、寻求合作等诸多方面的参展目的。

二、展览会组织机构

主办单位：中华人民共和国新闻出版广电总局、中华人民共和国科学技术部、中华人民共和国工业和信息化部、中国国家体育总局、中国国际贸易促进委员会、中华人民共和国国家版权局、上海市人民政府；承办单位：中国出版工作者协会游戏出版物工作委员会、上海市新闻出版局、北京汉威信恒展览有限公司；协办单位：上海市浦东新区人民政府；支持单位：中华人民共和国教育部、中国共产主义青年团中央委员会、中国关心下一代工作委员会、中国出版工作者协会、中国互联网协会、中国青少年网络协会、中国软件行业协会、中国版权保护中心、中国电信集团、中国国际经济技术合作咨询公司、中国共产主义青年团上海市委员会、上海市通信管理局、欧洲互动娱乐软件协会（ISFE）、日本计算机娱乐供应商协会（CESA）、韩国游戏产业开发院（KGDI）、韩国游戏机制造商协会（KAMMA）

三、展品范围

在线娱乐与宽带娱乐产业的开发、研制及销售；娱乐软件的开发、研制及销售；服务器及硬件设备的研发及销售；图形图像及辅助设计研讨会。

四、历届展会情况

1.第十三届

时间：2015年7月30日—8月2日，地点：上海新国际博览中心。本届展会以"让快乐更简单"为主题，继续秉承扶持民族游戏产业、促进国际交流合作、推动支持知识产权保护以及引领健康消费观念的宗旨。来自全球30多个国家和地区的700余家企业参展。

近年来，中国游戏出版产业持续快速发展，根据产业调查，2014年中国游戏产业收入总体达到1 144.8亿元，比2013年增长了37.7%。2015年1—6月，中国游戏市场实际销售收入达到605.1亿元，同比增长21.9%。作为中国最大的游戏展会，ChinaJoy也被许多业内人士视为中国游戏出版产业发展风向标。相比2014年ChinaJoy的"400余家企业、1 000余款游戏产品参展"，时隔一年，2015年ChinaJoy吸引了全球近30个国家的700余家企业参展，参展游戏突破3 500款，成为历年中规模最大的一届。

中国国际数码互动娱乐产业高峰论坛、世界移动游戏大会等产业论坛也同期举行，来自世界各地的知名游戏人相聚中国，探讨游戏产业未来的发展。

2.第十二届

时间：2014年7月31日—8月3日，地点：中国上海新国际博览中心。主办方将2014年的ChinaJoy定位为面向产业新形势迎接新机遇的产业盛会。为此，ChinaJoy主办方在2014年推出"次世代游戏机及家庭数字娱乐产品展览会""世界移动游戏大会及展览会""中国国际动漫及衍生品授权展览会"等与ChinaJoy同期举办的系列展览会，从而形成一个由多个展会、会议共同组成的全业态产业交流和展示平台。

ChinaJoy展览会内容包括网络游戏、单机游戏、网页游戏以及数码互动娱乐硬件产品等包括游族网络在内的厂商参与，并根据游戏玩家和专业观众的参展需求分为"B2C互动娱乐展示区"和"B2B综合商务洽谈区"。

B2C互动娱乐展示区是面向公众开放的综合性互动娱乐主题展示区，是中国国际数码互动娱乐展览会中最受游戏动漫爱好者关注和欢迎的展区，是游戏企业直接与广大游戏玩家群体互动与展示的最佳平台。

3.第十一届

时间：2013年7月25—28日，地点：上海新国际博览中心。作为全球数码互动娱乐领域最具影响力的盛会，本届ChinaJoy主要由展览会、中国国际数码互动娱乐产业高峰论坛（CDEC）、中国游戏商务大会（CGBC）、中国游戏开发者大会（CGDC）、世界移动游戏大会（WMGC）以及丰富的大型活动组成，涵盖了专业展览、互动展示、产业会议、贸易交流、公众活动等多个领域。

作为每年夏季游戏界的狂欢盛事，"ChinaJoy"的规模每年都在刷新纪录：展览面积多了 5 000 m²，达到了空前的 75 000 m²；参展厂商 2012 年又增加了 100 余家，共计 450 家国内外厂商带着 700 余款各种游戏亮相，这个数字也比 2012 年多了 100 多款。观众人数超过 20 万。

本届中国国际数码互动娱乐产业高峰论坛（CDEC）从中国游戏商务大会中独立出来，以"琴、棋、书、画"作为四大主题板块，并跨界邀请了中国游戏产业代表性人物与影视界明星现场对话，纵谈游戏与影视之间的不解之缘。

开幕式上揭晓了中国游戏产业今年上半年度的产业报告，其中游戏用户增长 964 万人，占比仅为 2.9%，这表明中国游戏用户已经进入了饱和期，但各大游戏厂商对移动游戏的开发却方兴未艾。

基于游戏移动终端已经基本完成了普及过程，随之而来的就是利用这些终端对游戏用户碎片时间进行争夺的阶段。当前正处于高速发展、快速成长阶段的移动游戏领域在本届 ChinaJoy 表现出强劲的发展势头，本届移动游戏展区（WMGC）的展商数量和展示面积均空前扩大，腾讯、网易、盛大、巨人、完美世界、畅游、蜗牛、金山、游族、中国移动、中国电信、中国联通、触控科技等中国主流游戏企业几乎都在该领域谋求重大发展。本届高峰论坛的主办方也顺应产业发展趋势在大会中加大了移动元素，大会的主题与 ChinaJoy 一致，设定为"游戏演绎梦想，移动畅想未来"。

4. 第十届

时间：2012 年 7 月 26—29 日。地点：上海新国际博览中心。本届 ChinaJoy 共包含五大版块：BTC 展示区（ChinaJoy BTC）、BTB 综合商务洽谈区（ChinaJoy BTB）、第十届中国游戏商务大会（CGBC）、第五届中国游戏开发者大会（CGDC）和第三届中国游戏外包大会（CGOC）。

本届 ChinaJoy 吸引了中、美、日、德、韩等 20 余个国家和地区的 300 多家互联网娱乐企业参展，展出面积约为 7 万 m²，全球两万余名专业人士和超过 15 万名观众参观。

5. 第九届

时间：2011 年 7 月 28—31 日。地点：上海新国际博览中心。专业观众人数 10 660 人次。展览会开幕式经过主办方的精心策划显得尤为隆重，到会的政府各部门领导、国内外行业协会负责人、产业界各大公司高层人员以及国内外权威媒体均参加了此次展会的开幕式。出席开幕式的嘉宾共计350余名，分别来自政府行业归口管理部门、国内外行业协会组织、国内外著名游戏出版发行商、国内游戏运营和制作公司、游戏关联产业包括电信行业、移动通信行业、相关硬件生产厂商、金融和风险投资领域、互动娱乐经营场所、大众及专业传媒等诸多机构。由此可见，这些机构组织对数码互动娱乐产业的极大关注和对中国国际数码互动娱乐展览会的高度重视。此次大会获得上海市人民政府的大力支持，使中国国际数码互动娱乐展览会成为中国乃至国际上最权威的官方国际化大型活动。

在本届展会上，"中国创造"成为中心词之一。展会上，以盛大、游族网络、网易、腾讯、完美时空、巨人网络等为代表的以自主研发为核心竞争力的中国游戏企业，纷纷展示了自己原创开发的具有中国文化特色的网络游戏，盛大游戏、巨人网络、光宇在线等大型运营企业均在 ChinaJoy 展会上推广其各项联合运营和扶持计划，向中小型开发团队和工作室挥动"橄榄枝"。

第二届 CGOC 以"全球游戏外包新浪潮，叩响中国的声音"为主题，如何使游戏外包产业更健康有序发展，正是第二届中国游戏外包大会所希望传达的终极精神。作为中国自主举办的最大规模的游戏外包活动，海内外接发包企业本着合作共赢的态度均积极参与，这也使得 CGOC 真正成为接发包企业拓展商务契机和寻找海内外合作伙伴的最佳平台。CGOC 作为独创品牌活动，此后将每年与 ChinaJoy 同期举办，这也将成为中国自主举办的最大规模游戏外包盛会。CGOC2011 从两天扩展为 4 天，共分为高峰论坛、圆桌讨论、接发包配对见面会以及璀璨之夜晚宴 4 个环节。在高峰论坛上，开发出"大侠传"等优质网游的游族网络 CEO 林奇接受了新浪记者专访，表达了自己对网页游戏未来的看法，介绍了网页游戏的生存之道。

6. 第八届

第八届中国国际数码互动娱乐展览会即 ChinaJoy，于 2010 年 7 月 29 日—8 月 1 日在上海举办。ChinaJoy 是国际第三、国内第一的游戏展会，ChinaJoy 经过 7 年的发展，已经成为亚洲最大的游戏展会，不仅是中国游戏产业的盛会，同样也是玩家的盛会。

随着 ChinaJoy 在中国游戏产业中的关注度不断增加，展会成了各游戏厂商展示企业文化和产品特色的重要平台。2010 年第八届 ChinaJoy 展会参展企业在展会的搭建和布置方面增加投入，为保证参展商获得最佳的搭建效果，也为保证展会现场各项工作有条不紊地顺利进行，组委会对各指定搭建商的资质进行了严格的规定。第八届 ChinaJoy 组委会依据招标文件的规定对所收到的有效标书进行了严格甄选，在对符合招标条件的投标企业进行了综合评分后，选取 15 家企业为首批指定搭建商。

7. 第七届

第七届 ChinaJoy 在上海开幕。来自日本、韩国和欧洲、美洲、东南亚各国以及中国内地、中国台湾、中国香港等国家和地区从事数码互动娱乐业的厂家汇聚在上海，共计 1 117 名记者到会对展会进行现场跟踪报道。展览会期间举办了中国国际数码互动娱乐产业高峰论坛、中国数码互动娱乐产业投资发展论坛、中国移动娱乐发展论坛、中国休闲游戏发展论坛、ChinaJoy 游戏动漫角色扮演嘉年华、"张江杯"ChinaJoy 电子竞技大赛、Miss ChinaJoy 青春风采大赛等诸多会议和大型活动。历届中国国际数码互动娱乐展览会充分展示国际最前沿的数码互动娱乐产品和技术，同时，全球产业界的专业人士也针对中国数码互动娱乐产业的现状及未来发展趋势各抒己见。

8. 第六届

第六届 ChinaJoy 于 2008 年 7 月 17—19 日在上海新国际博览中心举行。本届 ChinaJoy 在原先的基础上更进一步，展会面积达 3.5 万 m^2，来自中国、美国、日本、法国、加拿大、澳大利亚等国的 170 多家游戏企业参展，其中包括中国的盛大、网易、第九城市、巨人、久游网、完美时空、腾讯、金山、世纪天成、联众等知名企业，以及法国育碧公司、日本 SONY 公司、加拿大 Savannah 公司等。参展的产品涵盖了网络游戏、PC 游戏、电视游戏、手机游戏、街机游戏、掌机游戏等各类游戏产品，以及电信增值服务、数码消费类电子、游戏周边和动漫等。为推动游戏研发机构的发展和游戏产业技术积累的形成，展会还特别加强了"B2B 商务洽谈区"的展示功能，有多家国内外游戏企业的合作项目和新产品在此发布。

9. 第五届

第五届 ChinaJoy 于 2007 年 7 月 12—15 日在上海新国际博览中心举行。2007 动漫游戏角色扮演嘉年华（ChinaJoy Cosplay）继续在全国开设 8 个分赛区，与旅游卫视频道的《Cosplay总动员》栏目组合作,将比赛全程搬上电视荧屏。开设了面向个人的电视大赛和面向游戏厂商的厂商赛,与社团赛同期进行。使得更多的群体可以加入到这一顶级赛事中来。个人赛全国共有3 966名选手报名,最终50人进入决赛。决赛于2007年7月12—15日在上海新国际博览中心ChinaJoy展会上举行。共有来自全国的20组顶尖社团计600名选手参加了比赛。比赛期间有来自久游、世纪天成、征途等多家网游厂商演员的现场演出。经过4天的比赛,最终决出金、银、铜以及各单项奖11项,其中北京赛区获得了包括个人赛在内的8项大奖。本次比赛得到了来自全国上百家媒体的报道,最终的比赛结果赛后被评价为国内同类赛事中最高水平。

10. 第四届

第四届ChinaJoy于2006年7月20—30日在上海新国际博览中心举行。参展游戏有338款,观众达134 738人。PS3正式亮相。2006年ChinaJoy Cosplay嘉年华成功举办了全国范围的高水平Cosplay大赛,开创了中国全国范围内Cosplay大赛的先河,在国内外反响强烈,全国的动漫、游戏以及大众娱乐媒体争相报道。中国赛区在北京、上海、天津、重庆、成都、贵阳、武汉、长春设立了分赛区,参与比赛的Cosplay社团和游戏厂商近500家,演员逾8 000人,最终600人进入总决赛角逐6个奖项的桂冠,此次活动在全国范围内反响强烈,初步统计全国近40万动漫和游戏爱好者现场观摩,在历时半年的比赛过程中,参赛的游戏公司的游戏形象也最大程度地受到了关注。

11. 第三届

第三届ChinaJoy于2005年7月20—23日在上海新国际博览中心举行。第三届Cosplay大大超越了第一、二届的规模,在预赛阶段就进行了全国12个城市的Cosplay社团报名征集(北部地区:北京、天津;东南地区:上海、江苏、广东;西南地区:重庆、四川、贵州、广西、云南、湖北、湖南),并在北京、重庆、广州、上海4个城市举办了盛世空前的预赛。第三届ChinaJoy角色扮演嘉年华(Cosplay)在ChinaJoy展会现场的2号馆举行,为期3天,每天平均展示6个小时。

第三届ChinaJoy角色扮演嘉年华由ChinaJoy组委会主办,网易游戏频道及瑞丽时尚先锋杂志分别作为此次活动的独家网络媒体及首要时尚媒体进行协办。作为ChinaJoy展会最具有吸引力的配套活动,在展会现场受到动漫及游戏爱好者的热情关注，到场总人数高达 12 万人次之多。所有到场的媒体无一例外地前往 Cosplay 舞台进行拍摄及采访，近千家媒体争相进行了现场报道，更有网易游戏频道、欢腾网络、猫扑、上海文广等单位进行了视频直播报道。全国参赛选手共计 5 300 人，预赛观众人数达 3.6 万人，决赛观众人数达 12 万人。

12. 第二届

第二届 ChinaJoy 于 2004 年 10 月 5—7 日在上海新国际博览中心举行。作为 ChinaJoy 展会的最大配套活动，第二届 Cosplay 在第一届的基础上扩大了规模，除了组织参展厂商的表演之外，还吸纳了社会团体的表演。其中厂商部分共有来自 23 家展商 30 款游戏的约 200 个角色于展览会的前两天在 2 号馆的 Cosplay 特装舞台上进行了展示和表演，共 22 家游戏厂商参与了比赛。

因学校动漫社及社会团体报名人数众多，特增加了预选赛。预选赛宣传工作组在上海 9 所大学及上海黄浦区青少年活动中心进行了宣传及预赛，来自 35 个团体的约 300 个演员参加了比赛，其中 17 个团体获得了决赛资格。此次活动演出形式多种多样，有走秀、舞台剧和歌舞表演等。

据不完全统计，在现场观看表演的观众平均每天为 15 000 人左右，参加此次活动报道的媒体有 300 多家，其中网易游戏频道在其特别开辟的 Cosplay 专区进行了网上视频直播，上海文广游戏风云频道和东方卫视动漫情报栏目进行了实况录像，上海电视台新闻频道在 2004 年 10 月 7 日晚 6：30 的新闻中还特别报道了此次活动，互联网上一共有 50 300 个网页对此次活动进行了报道。

13. 第一届

第一届 ChinaJoy 于 2004 年 1 月 16—18 日在北京展览馆举行。2004 年初的首届 ChinaJoy Cosplay 嘉年华在北京展览馆与 ChinaJoy 展会同期举行。表演共进行了 3 天，每天分阶段平均展示两个小时，表演位置处于整个 ChinaJoy 最为明显的展区中间，共有 15 个游戏展商的 100 余个游戏角色参与了演出。展商精心制作的脚本和身着游戏服饰的模特是此项活动的最大亮点，也是各媒体争相采访拍照的焦点。平均每天观赏 Cosplay 表演的观众人数有 15 000 人左右。

五、展会活动

1.CoverCoser 封面大赛

作品要求：

①参赛作品内容健康，不涉及色情、暴力以及和国家法律相抵触的内容。

②大赛只接受数码摄影作品（电子文件形式），彩色、黑白不限。

③参赛者提交的作品，后期特效可以任意发挥。

④作品必须是提交者自行完成的作品，对其参赛作品的版权、著作权、肖像权负有全部的法律责任。如参赛者剽窃他人作品而产生法律纠纷，由参赛者承担法律责任，与主办单位无关。剽窃他人作品一经查实将立刻取消比赛资格。

⑤参赛选手默认大赛组委会有权在全球范围内拥有其图片版权，包括但不限于设计、宣传、出版、发行。

2.CosplayDV 大赛

参赛作品须知：

①参赛作品内容健康，不涉及色情、暴力以及和国家法律相抵触的内容。

②作品内容必须以 Cosplay 内容为前提（作品中有真人演员、真实的服装和道具），可以包含舞台剧、走秀及 MTV 等形式（包括 Cosplay 剧目表演、模仿及原创情节均可），作品风格不限（恶搞、言情、冒险、动作等），后期特效可以任意发挥，制作成 DV 格式后上传至活动官方网站参加比赛。

③如上传作品为原创作品的 Cosplay，须在作品说明中进行详细说明，包括作品原形的描述、大体剧情的介绍及原创意图等。

④DV 作品时间限制在 15 分钟左右，DV 作品的推荐格式为 AVI、MPG、WMV、RMVB；DV 作品大小请控制在 500 MB 内，推荐分辨率为 640×480。并请保留原文件以便获奖后需要。

⑤所有的 DV 作品必须是参赛者自行表演的，拥有独立的版权、著作权和肖像权。DV 作品如因参赛者剽窃他人的作品而产生的法律纠纷，由参赛者自行承担法律责任，与主办方无关。参赛者默认授权本大赛组委会在国际范围内代理作品版权。

⑥参赛作品可以是团体视频作品，也可以是个人视频作品，请在参赛报名阶段确认好自己作品的属性。报名人要对参赛作品负责，获奖作品的奖项

将颁发给报名人。

⑦为配合比赛，组委会有权对作品进行审核及对格式进行调整。

⑧大赛组委会对比赛规则保有最终修改权和解释权。

3.ChinaJoy Cosplay

ChinaJoy 动漫游戏角色扮演嘉年华（ChinaJoy Cosplay）作为有群众广泛参与的大型公共性文化活动，充分利用上海浦东新区独特的国际化区位优势和丰富的文化资源品质，在浦东新区各级政府的大力支持和帮助下，已快速发展为我国最大规模、最优品质、最具民族文化特色的动漫游戏角色扮演文化活动，深受全国青少年的喜爱。在国际同业中产生了广泛的具有我国浓郁文化特色的传播导向效应。

作为 ChinaJoy 配套的最大现场表演竞技文化活动，动漫游戏角色扮演嘉年华（ChinaJoy Cosplay）自 2004 年创立以来，2010 年已是第七届。从第三届开始在全国首次开设省（市）级分赛区，如今已发展至 10 个分赛区。

活动发展的目标是：创建 Cosplay 文化品牌，建立 Cosplay 在全国的认知度、美誉度；促进并积极推动我国在发展游戏产业进程中的文化建设；探索并丰富我国青少年与世界青少年间友好文化交流的新视角、新途径和新效果；努力培育和创新国际新产业文化的发展，积累并大胆总结具有我国特色的新兴产业文化模式。

4. 电子竞技

ChinaJoy 竞技游戏大赛已成为每年每位电子竞技玩家最为关注的赛事之一，每年展会期间现场比赛直播的网络视频点击均突破千万，热情的观众、专业的赛事、火爆的氛围，ChinaJoy 竞技游戏大赛吸引了众多世界电子竞技精英到场，兽王 Grubby、第五种族 Moon、人王 Sky 等众多高手纷纷在这里留下了骄人战绩，国内的顶级电子竞技团队 We 战队更是该赛事的常客，使得众多游戏及电子竞技爱好者大呼过瘾。

5.Miss ChinaJoy

Miss ChinaJoy 青春风采大赛旨在展示中国游戏产业蓬勃而散发青春活力的一面，ChinaJoy 展会期间，Miss ChinaJoy 的展台向来是广大现场观众趋之若鹜的场所，闪光灯不断，青春活力所散发出的美丽渗透到展馆的每一个角落，而无论是展前还是展后，秀色所引发的热潮更是在网络中久聚不散，并由此产生众多网络红人，构成展会中一道靓丽的风景线。

6. 金翎奖

年度优秀游戏评选大赛的"金翎奖"是由全国各地的广大游戏爱好者评选出的体现玩家心声的大众奖项，评选的结果具有客观代表性，将会产生巨大的市场导向性和影响力，这也正是众多国内外游戏公司和媒体高度关注评选结果的重要原因。"金翎奖"的颁发在鼓励游戏厂商不断为广大游戏爱好者推陈出新的同时，也反映出游戏玩家对游戏产品的认可程度，对游戏公司的产品质量和服务质量的评价。特别值得说明的是，金翎奖的评委就是来自全国 5 000 万热情的游戏玩家。一个最能真实显现广大玩家意志的"中国游戏排行榜"，为此"金翎奖"在游戏业内被誉为游戏"奥斯卡"。2009 年 11 月，陕西 U9 游久网获最佳游戏动漫网络媒体"金翎奖"。

图 7.2

六、展会作用

中国国际数码互动娱乐展览会是继日本东京电玩展之后的又一同类型互动娱乐大展。展览会在展示新产品、传播新技术的同时，也成为中国政府机构传达产业政策、获取市场信息、了解产业发展状况以及吸收国内外企业意见、建议的窗口，促进中外优秀电子娱乐产品贸易、学术交流的平台，为中国数码互动娱乐产业的健康、规范和快速发展起到了积极的作用。

【案例评析】

展会的成功经验分析

中国数码娱乐产业国际化交流平台已经成为国内外游戏企业了解行业管理政策的最重要窗口。

在上海，中国数码娱乐产业国际化交流平台作为国内外著名的数码互动娱乐产业活动，对上海市的会展经济同样产生了巨大的影响。据统计，中国数码娱乐产业国际化交流平台带动了上海浦东区域内的酒店业和餐饮业，仅住宿一项收入总额就在 3 500 万元左右；展会还刺激了展览装修行业、AV（音响和视频）租赁业的发展；对上海地区广告业的推动也非常明显，在组委会大量公众广告投放的带动下，众多参展公司也随即投入了大量的展品广告，广告投放形式包括地铁广告、公交广告、城市广告、平面媒体广告、网络媒体广告、电视／电台广告以及现场演出宣传等多种广告宣传形式，平均每家展商在展会前期和展期中的广告宣传费用在 80 万 ～ 100 万元。数据显示，中国数码娱乐产业国际化交流平台为上海城市经济带来的直接收入将近 1.5 亿元人民币。

如今，ChinaJoy 已经连续成功举办了 10 余年。展会的国际性、专业性和权威性得到了世界各地产业人士的高度认可，每年国际上诸多主流游戏出版发行公司均委派高层代表前往 ChinaJoy 进行市场考察。中外参展商的积极参与和国内外游戏企业高层对论坛会议活动的高度重视一直是 ChinaJoy 取得圆满成功的关键。

此外，展会的成功还得益于网页游戏的发展。首先是用户规模，这是一个非常庞大的市场，也是一个高速增长的市场。截至 2013 年上半年，中国的网页游戏用户已超过 2.1 亿，相对于 5.6 亿的网民已达到了一半。数据说明，潜在参展观众在急速增加。

随着办展经验的丰富，展会日趋成熟。如今，展会在展览规模、参展商及参展企业数量、质量等方面都相对提高，充分体现"展出精品，覆盖市场，服务优秀"的特色。

展会在宣传方面采用相对统一且又灵活多样的市场拓展手段和宣传手

段，最大限度地挖掘活动利润点，除正常的软硬性宣传外，还通过其他形式扩大宣传，用各种媒介资源，创办论坛，多媒体宣传，宣传力度比以往更大，也更为有效。

【单元思考与训练】

1.ChinaJoy 哪些活动最吸睛？

2.请搜集科隆国际游戏展的文献资料，围绕其发展历史、发展现状、运营模式等展开分析、讨论，并与 ChinaJoy 作比较，分析它们的异同。

3.请以小组为单位，每组以 6 人为宜，根据所搜集的资料制作 PPT，每组选派 1 名代表在课堂上进行展示。

【拓展阅读】

从政策利好看 2015 中国游戏产业的发展趋势

放眼近年来的中国经济，总体增速进一步减缓，稳定增长的新常态正式到来。国家经济环境的利好也带动文化产业发展迈进了新的篇章。国内游戏市场经过客户端游戏、网页游戏、手机游戏的 3 次潮流冲击，也逐渐发展成熟，成为全球游戏厂商关注的焦点。市场的繁荣与政策导向息息相关。2015 年，政策上的利好将为中国游戏产业带来新的灵感与激情，行业的新趋势也将为中国游戏人带来更多福利与机遇。

趋势 1：主机游戏开启家庭娱乐新篇章

去年 1 月，国家在上海自贸区正式解除了自 2000 年起长达 14 年的游戏机禁令，这一举措令广大玩家感受到了国内主机游戏新时代的到来。而在今年的 1 月 29 日，国务院发布了《关于推广中国（上海）自由贸易试验区可复制改革试点经验的通知》，该通知细则中表示，将允许内外资企业从事游戏游艺设备生产和销售。这一规定也预示着我国进一步放开游戏机及相关产品的生产销售业务。

不久前，李克强总理通过"证明你妈是你妈"的通俗比喻，强调了简政放权以及加快行政审批效率的改进意见。在游戏产业方面，国家新闻出版广电总局在对进口游戏的审批流程上也作出了诸多改进，以此提高进口游戏的过审效率。在 2015 年第一季度，Xbox One，PS4 共有数十款游戏通过审核:《水果忍者体感版》《最终幻想 X-2》《真·三国无双 7》等经典佳作赫然在目。审批机制的不断健全，也将为国内主机游戏的发展提供更强劲的动力。

趋势 2: 规范市场提升游戏产业硬实力

近年来，随着游戏产业的蓬勃发展，IP（Intellectual Property），也就是知识产权越来越受到国人的重视。《国家知识产权战略纲要》的颁布，代表国家在知识产权监管上的五年计划正式启动。国家对游戏产业知识产权监管的力度不断加强，正是为了激活国内游戏产业的自主创新能力，增强行业硬实力，实现从"中国制造"到"中国创造"过渡的当代发展理念。

此外，对于行业内部的低俗宣传、恶性竞争，国家新闻出版广电总局在年初也表示，政府主管部门将制订出台一系列相关行业标准，对游戏作品的审批和出版作进一步的规范管理。让国内游戏产业摆脱浮躁与混乱，将更多的精力投入到产品的创意和质量上来，无疑会对国内游戏产业的发展起到非常关键的促进作用。游戏产业的进一步规范，对玩家而言，也将收获更加和谐、健康的游戏环境。

趋势 3: 流量改革助手机网游走向巅峰

4G 网络对于移动游戏的推动作用雷声大，雨点小，其原因就在于 4G 网络有限的普及范围和高额的流量费用。今年 3 月，李克强总理就多次提及宽带提速和降低流量费的改革意见。工信部日前公布的网络提速降费总目标表示，到 2017 年年底，将实现 4G 全面覆盖城市和乡村、宽带平均接入速率达到 30 Mbps、流量平均资费水平大幅下降三大既定目标。

通过廉价的 4G 移动数据流量，以及高速的城市 WIFI 网络，移动游戏全国范围内的网络环境将会有质的飞跃，这也预示着移动游戏市场将进一步扩大。随着流量改革的不断推进，端游中的组队大副本、团竞 MOBA 游戏等"重联网"玩法也将在移动端大放异彩，手机网游将再次迎来新的风口。

根据国外分析机构的预测，中国游戏市场很有可能将在 1～2 年内彻底超越美国，成为全球第一大游戏市场，年利润将于 2018 年上涨至 328 亿美元。放眼国内游戏市场的未来，随着各项政策的逐步落地，中国游戏市场也将从主机游戏、端游、页游、手机游戏四大方向继续大步前迈。其中主机游戏凭借"泛娱乐"概念将逐渐占领中国家庭的客厅，而手机游戏借助手机网游市场的利好，将成为中国游戏产业的重要组成部分。在国家政策带动的行业新趋势下，国内游戏从业者如何顺势而为，取得更加辉煌的成绩。在今年的 7

月召开的 ChinaJoy 上，我们将一起见证。

图 7.3

第八单元

上海世博会

图8.1

【教学目标】

☆ 知识目标
了解上海世博会的申办历程、申办优势
了解上海世博会的举办目标
了解上海世博会的主题、会徽、吉祥物
了解上海世博会之最、了解上海世博会热门场馆
了解网上世博会
认识上海世博会的意义和影响
掌握上海世博会的成功经验
☆ 能力目标
能分析与阐释上海世博会的意义和影响
能概括总结上海世博会的成功经验
☆ 素质目标
具备独立思考的能力
具备良好的自主学习能力
具有良好的适应社会的能力
具有心理自我调控和自我管理的能力

【知识链接】

世博会

世界博览会（World Exposition，World's Fair），又称为国际博览会，简称世博会、世博，是由一个国家的政府主办，有多个国家或国际组织参加，以展现人类在社会、经济、文化、园艺和科技领域取得成就的国际性大型展览会。其特点是举办时间长、展出规模大、参展国家多、影响深远，对于扩大举办国及举办地的知名度具有非常积极的意义。举办世博会必须由主办国申请，经世博会的国际组织同意才得以进行。其宗旨是促进世界各国经济、文化、园艺和科学技术的交流和发展，使各个参展国都能够充分利用这个机会宣传自己，展示自己在不同领域里所取得的成就，以此扩大国际交往，提高本国的地位和声望。因此，有着160多年发展历史的世博会，被各国誉为世界经济、科学技术界的"奥林匹克"盛会。

【案例陈述】

中国2010年上海世界博览会是第41届世界博览会。于2010年5月1日—10月31日，在中国上海市举行。此次世博会也是由中国举办的首届世界博览会。

一、上海世博会申办历程

1999年12月8日，中国政府代表在国际展览局第126次代表大会上宣布，上海申办2010年世博会；2000年3月17日，中国政府成立了2010年上海世博会申办委员会；2000年6月27日，上海成立2010年上海世博会申办工作领导小组；2001年1月16日，中国2010年上海世博会申办徽标揭晓；2001年5月2日，中国向国际展览局递交举办2010年上海世博会申请函；2001年6月6日，上海市领导在国际展览局第129次成员国代表会议上发言，陈述了中国申办2010年上海世博会的理由、优势和举办能力；2001年7月，2010年上海世博会主题确定为"城市，让生活更美好"，即"Better City, Better Life"；2001年9月7日，2010年上海世博会申办口号和海报揭晓；2001年11月30日，中国代表团赴巴黎参加国际展览局第130次成员国代表会议，时任上海市市长徐匡迪作申办陈述；2002年1月30日，我国向国际展览局递交中国2010年上海世博会申办报告；2002年3月10日，国际展览局考察团就中国申办 2010 年上海世界博览会的工作进行为期 6 天的实地考察。2002 年 3 月 12 日，国际展览局考察团飞抵上海，开始对上海世博会规划选址地点等情况进行实地考察，并到周边地区杭州考察了一天；2002 年 7 月 2 日，中国代表团在国际展览局第 131 次代表大会上，时任国务委员吴仪、外交部长唐家璇、中国贸促会会长俞晓松作了半小时申办陈述；2002 年 12 月 3 日，中国代表团出席了国际展览局举行的第 132 次成员国代表大会，时任副总理李岚清、国务委员吴仪向大会作了申办陈述，之后，对 2010 年世博会举办地进行投票表决，中国获得 2010 年世博会举办权。

二、上海世博会申办成功的优势

1. 中国是最大的发展中国家

历次举办的世博会，包括 2000 年在德国汉诺威和 2005 年在日本爱知县举办的世博会，基本上都在发达国家举行。中国是全球最大的发展中国家。在中国举办世博会，不仅会对中国经济产生巨大推动，而且将增强发展中国家的申办信心，促进发展中国家特别是尚未加入国际展览局（BIE）的发展中国家积极参与，从而推动发展中国家和整个世界的经济发展与社会进步。

2. 快速发展和日益开放的中国经济

中国是世界上最大的经济转型国家，正在逐步从计划经济向市场经济、从传统农业国向新兴工业国、从封闭经济向开放经济转变，并已成为 WTO 的成员。中国经济的市场化和国际化，成为世界各国广泛关注的焦点。中国是世界上经济发展速度最快和增长潜力最大的国家之一。在过去的 20 年中，中国实际 GDP 总量增长了 6.3 倍，实际人均 GDP 增长了 5 倍，进出口贸易额增长了 12.4 倍，发展成就举世瞩目。同时，中国还是全球吸引外资最多的国家之一。预计未来 10 年，中国经济仍将以 7% 左右的高速度增长，成为最具吸引力的投资场所。2010 年，中国 GDP 总量达 19 万亿元，按当前汇率折算约合 2.2 万亿美元。在中国举办世博会将会使世界更加充分地了解中国，目睹中国的巨大变化，并可加速中国经济的市场化和开放化，中国将进一步参与到世界经济的发展中去。

3. 灿烂悠久的历史文明

中国是世界著名的文明古国，拥有 5 000 年的辉煌历史，是东方文明的主要代表。悠久的历史为中国留下了万里长城、秦始皇兵马俑、龙门石窟等众多的世界文化遗产，对各国人民具有很强的吸引力。古老而生机勃勃的中华文明将为世博会提供前所未有的、积淀深厚的文化内涵和巨大的文化影响力。

4. 丰富多彩的民族文化

中国有 56 个民族，每个民族都有其独特的历史和绚丽多彩的文化特色。汉族文化、彝族文化、藏族文化等不同特征的文化兼容并蓄，共同构成多姿多彩的中华文化。中国世博会承办地上海不仅是中国南北文化的交融地，而且是中国最具有东西方文化融合气息的城市。在中国上海举办世博会，将会使世界充分领略到中国文化的多样性和包容性，加强世界各民族的交流和沟通。同时，丰富多彩的民族文化也将为世博会增添光彩，增强世博会的吸引力。

三、上海世博会举办目标

①提高公众对"城市时代"中各种挑战的忧患意识，并提供可能的解决方案。

②促进对城市遗产的保护，使人们更加关注健康的城市发展。

③推广可持续的城市发展理念，成功实践和创新技术，寻求发展中国家可持续的城市发展模式。

④促进人类社会的交流融合和互相理解、互相尊重。

四、上海世博会主题

1. 世博会主题
城市，让生活更美好（Better City, Better Life）。

2. 世博会副主题
城市多元文化的融合；城市经济的繁荣；城市科技的创新；城市社区的重塑；城市和乡村的互动。

3. 世博会主题解析
和谐城市是上海世博会主题的精髓。和谐的理念蕴藏在中国古老文化之中。中华文化推崇人际之和、天人之和、身心之和。《礼记》在描绘"大同社会"时提出："大道之行也，天下为公，选贤与能，讲信修睦。"中国的先秦诸子也都在各自的著述中设想了和谐的社会。同时"和谐"也见诸西方先贤的理想。古希腊哲学家毕达哥拉斯系统地提出了和谐说，和谐包含着对立和统一。同一时期的另一位哲学家赫拉克利特进一步提出"看不见的和谐比看得到的和谐更美好"的主张。而在《理想国》和《法律篇》里，柏拉图也开始寻求"整个社会将获得非常和谐的发展，各个阶级将获得自然赋予他们的那一份幸福"的美好状态。

数百年来，人们对"和谐城市"模式的探讨从来没有停止过。从"乌托邦"到18世纪的"理想城市"，再到"田园都市"，一系列的理论、主张和模型无不在探索如何建立城市在空间上、秩序上、精神生活和物质吐纳上的平衡与和谐。自20世纪80年代以来，随着环境问题和发展问题的日趋严重，可持续发展的理念应运而生。各国城市政府提出的发展战略大多围绕如何重建人与城市、人与自然的和谐，最终达到与未来之间的和谐。由此可知，对"和谐生活"和"和谐城市"的追求和实践贯穿于人类社会的发展历史，并且正越来越彰显在人们为明天城市所描绘的蓝图之中。

建立"和谐城市"，是从根本上立足于人与自然、人与人、精神与物质和谐，在形式上体现为多文化的和谐共存、城市经济的和谐发展、科技时代的和谐生活、社区细胞的和谐运作以及城市和乡村的和谐互动。"和谐城市"的理念将为城市管理和城市规划提出更新的挑战，并将之引入更高的境界。

图 8.2

4.世博会副主题解析

（1）城市多元文化的融合

从发端之日起，城市就是由形形色色的人组成的。在城市发展过程中，军事、贸易和迁徙进一步推动了多元文化的碰撞和融合，也形成了每一座城市的独特气质。这种气质一方面基于一个城市的文化底蕴和创意产业；另一方面则集合了城市中各个社会群体和阶层的生活方式与价值取向。

世界各国的人们比以往任何时代都更为关注文化自由以及文化的识别性。全球化下的城市文化面临着来自多方的冲击。信息和人员的大量流动使得城市之中强势文化和弱势文化、异域文化和本土文化、移民文化和主流文化之间的碰撞达到了前所未有的程度。

多元文化同时意味着历史和未来的和谐。越来越多的城市管理者认识到，一个兼顾了历史和未来，促进多元文化和谐共存的文化战略，以及融合之中的个性，即鲜明的文化识别（cultural identification），是城市可持续发展中的重要一环。

（2）城市经济的繁荣

最早的城市是从集市发展而来的。城市经济发展的原动力是城市的集聚效应。在知识经济时代，创新和创业越来越成为城市经济可持续发展的核心动力。一个城市的创新能力基于其研究实力，但更多来源于人与人之间富有创造性的互动。创业能力固然和城市的财富有关，但其实更多地植根于鼓励创业的文化传统，而城市是否具备优质的工作和生活环境，具备吸引一流人才的能力，又直接关乎一个城市的经济前途。此外，良好的基础设施和完备的服务业，也是城市经济繁荣的必要条件。

毋庸讳言，城市经济发展与环境资源保护之间存在冲突。建立循环经济模式，已经成为实现可持续城市发展的重要策略。这种经济发展模式倡导减少生产中的资源利用（reduce）、产品反复多次使用（reuse）以及废弃物再利用（recycle）的3R原则，最终达到经济发展与环境的和谐。

（3）城市科技的创新

城市是人类科技创新的巨大舞台。城墙之内，各种创新要素汇聚交融，创新思想由于人们的密集沟通和互动而得以迸发。与此同时，城市的研发和生产设施又使得创新的火花快速转化为技术，进而变成造福人类的产品和服务。

20世纪以来，科技的突飞猛进令大规模城市化成为可能。同时，人们物质生活的丰富和提高在城市得到集中体现。科技大大改进了人类的日常生活，而这种物质生活也在人类的文化精神生活上刻下了深深的烙印。

（4）城市社区的重塑

社区是城市的"细胞"，是城市人通常生活的空间形式。健康的"细胞"才能造就健康和谐的城市。文化融合、经济繁荣，无不是以社区为基本单位实现的。

城市社区的建设和重塑一直是城市管理者面临的最直接的任务。如何才能让贫困社区从城市的社会地图上消失，曾经是城市发展史上最鲜明、最持久的困惑。当今时代，发达国家城市居民结构的变化和发展中国家城市人口的空前增长令这项任务更为繁重。联合国人居组织在其《千年宣言》中提出了建设"无贫民窟城市"的目标，力争在 2020 年使世界城市中的一亿贫民区内居民的生活获得重大改善。

在可持续发展的目标下，21 世纪城市社区的重塑意味着必须创造"均衡社区"，而"均衡社区"应该具有以下特征：合理的居民构成、合理的房屋所有权结构、完善的基础设施、宜人的居所环境、充分的就业和创业机会以及深厚的社会凝聚力。

（5）城市和乡村的互动

自城市诞生的那天起，城市和乡村在经济、社会和环境方面就是相互依存的。农村居民通过向城市销售产品谋生，而城市的繁荣也依靠了农村腹地的资源和需求。

城市的扩张给不可再生资源带来了巨大压力，城市规划的新思想、建筑和能源科技的运用可以最大限度地缓解这种压力。同时，大量农村人口的流入给城市管理提出了艰难的课题。一方面，城市社区的建设和改造将赋予城市化人口良好的生存环境；另一方面，小城市和集镇的建设，也能有效减轻大城市所承受的人口和就业压力。在全球化的冲击下，一些国家的农业地区丧失了竞争优势，良好的城乡互动能够帮助农民成功地转换经营、重谋生计，或者重塑农业生产结构，恢复农业的竞争力。如何协调在城乡间的人员流、资金流、商品流和信息流，与城乡能否和谐同步发展紧密相关。

全世界人口近一半生活在农村，发展中国家城乡间的差异促使有关国际组织呼吁充分利用农村和城市之间的互补作用和相互联系，在设法消除城市贫困的同时，努力消除农村贫困并改善农村生活条件。

图 8.3

五、上海世博会会徽

2010 年上海世博会会徽在 2004 年 11 月 29 日的"中国 2010 年上海世博会会徽揭晓仪式"上公布，会徽图案以汉字"世"为书法创意原型，并与数字"2010"巧妙组合，相得益彰，表达了中国人民举办一届属于世界的、多元文化融合的博览盛会的强烈愿望。

会徽图案从形象上看犹如一个三人合臂相拥，好似美满幸福、相携同乐的家庭，也可抽象为"你、我、他"的广义人类，对美好和谐的生活追求，表达了世博会"理解、沟通、欢聚、合作"的理念，突显出中国 2010 年上海世博会以人为本的积极追求。

会徽以绿色为主色调，富有生命的活力，增添了向上、升腾、明快的动感和意蕴，抒发了中国人民面向未来，追求可持续发展的创造激情。

图 8.4

六、上海世博会吉祥物

中国 2010 年上海世界博览会吉祥物于 2007 年 12 月 18 日 20 时揭晓。吉祥物由巫永坚设计，命名为"海宝（HAIBAO）"，即取"四海之宝"之意，主体为蓝色"人"字造型。

图 8.5

上海世博会吉祥物的设计，从"城市，让生活更美好"主题演绎的角度出发，创造性地选用了汉字的"人"作为创意点。而吉祥物的蓝色则表现了地球、梦想、海洋、未来、科技等元素，符合上海世博会"城市，让生活更美好"的主题。吉祥物整体形象结构简洁、信息单纯、便于记忆、易于传播。虽然只有一个，但通过动作演绎、服装变化，可以千变万化，形态各异，展现多种风采。"上善若水"，水是生命的源泉，吉祥物的主形态是水，它的颜色是海一样的蓝色，表明了中国融入世界、拥抱世界的崭新姿态。海宝体现了"人"对城市多元文化融合的理想；体现了"人"对经济繁荣、环境可持续发展建设的赞颂；体现了"人"对城市科技创新、对发展的无限可能的期盼；也体现了"人"

对城市社区重塑的心愿；还体现着"人"心中城市与乡村共同繁荣的愿景。海宝是对五彩缤纷生活的向往，对五光十色的生命的祝福，也是中国上海对来自五湖四海朋友的热情邀约。

以汉字的"人"作为核心创意，既反映了中国文化的特色，又呼应了上海世博会会徽的设计理念。在国际大型活动吉祥物设计中率先使用文字作为吉祥物设计的创意，是一次创新。

头发：像翻卷的海浪，显得活泼个性，点明了吉祥物出生地的区域特征与生命来源。

脸部：卡通化的简约表情，友好而充满自信。

眼睛：大大、圆圆的眼睛，对未来城市充满期待。

蓝色：充满包容性、想象力，象征充满发展希望和潜力的中国。

身体：圆润的身体，展示着和谐生活的美好感受，可爱而俏皮。

拳头：翘起拇指，是对全世界朋友的赞许和欢迎。

大脚：稳固地站立在地面上，成为热情张开的双臂的有力支撑，预示中国有能力、有信心办好世博会。

"人"字互相支撑的结构也揭示了美好生活要靠你我共创的理念。只有全世界的"人"相互支撑，人与自然、人与社会、人与人之间和谐相处，这样的城市才会让生活更加美好。

七、上海世博会之最

上海世博会已有 10 项纪录入选世界纪录协会世界之最：

①上海世博会的参展规模，共有 190 个国家、56 个国际组织参展。

②志愿者人数最多。园区共 79 965 名，其中国内其他省市区有 1 266 名，境外有 204 名。共分 13 批次向游客提供了 129 万班次 1 000 万小时约 4.6 亿人次的服务。

③正式参展方的自建馆，大约有 40 个国家和国际组织报名建设，其数量为历届之最。

④上海世博会主题馆屋面太阳能板面积达 3 万多平方米，雄伟壮观，是目前世界最大单体面积太阳能屋面。

⑤主题馆墙面入选中国世界纪录协会世界上面积最大的生态绿墙，该绿墙面积为 5 000 m²。

⑥投资286亿元，财政总预算达到3 000亿～4 000亿元。

⑦世界上保留园区内老建筑物最多的世博会园区。约有2万 m² 历史建筑得以保留。世博会博物馆与城市足迹馆都设在原江南造船厂的老建筑内。

⑧首次同步推出网上世博会。

⑨世界上单体量最大的公厕。

⑩世博会园区面积最大：园区在市中心占地5.29 km²。

八、热门场馆

中国馆自然是最受欢迎的展馆，世博开园第一天，共接待游客3万余人。外国场馆中的热门馆依次是瑞士、法国、德国、西班牙、日本、意大利、沙特阿拉伯、英国、韩国、美国。

1. 中国馆

展馆建筑外观以"东方之冠，鼎盛中华，天下粮仓，富庶百姓"为构思主题，表达中国文化的精神与气质。展馆的展示以"寻觅"为主线，带领参观者行走在"东方足迹""寻觅之旅""低碳行动"3个展区，在"寻觅"中发现并感悟"城市发展中的中华智慧"。

2. 瑞士馆

展馆由底层展厅营造的都市空间和馆顶的自然空间组成。观光缆车往返其间，给人以在城市和乡村之间悠游的身临其境的美好感受。整个建筑充分体现了城市和乡村相互依存、互惠共生的关系，强调人类、自然与科技的完美平衡。

3. 法国馆

展馆被一种新型混凝土材料制成的线网"包裹"，仿佛"漂浮"于地面上的"白色宫殿"，尽显未来色彩和水韵之美。馆内，美食带来的味觉、庭院带来的视觉、清水带来的触觉、香水带来的嗅觉以及老电影片段带来的听觉等感性元素，带领参观者体验法国的感性与魅力。

4. 德国馆

开放状的建筑外形轻盈而飘逸，似乎在向参观者们发出真挚的邀请。"严思""燕燕"——两位特殊的虚拟讲解员，陪伴每一位参观者穿行于各个展馆。穿越了一条充满典型德国都市画面的"动感隧道"后，参观者们便会踏入"和谐都市"内设计布置奇妙的体验空间。

5. 西班牙馆

展馆是一座复古而创新的"藤条篮子"建筑，外墙由藤条装饰，通过钢结构支架来支撑，呈现波浪起伏的流线型。阳光可透过藤条缝隙，洒落在展馆内部。展馆内设"起源""城市""孩子"三大展示空间。

6. 日本馆

展馆爱称"紫蚕岛"，馆外覆盖超轻的发电膜，采用特殊环境技术，是一幢"像生命体那样会呼吸、对环境友好的建筑"。馆内通过实景再现和影像技术，展现2020年的未来城市生活，介绍日中两国的文化渊源、与自然共生的日本人生活、充满活力和时尚的日本当代城市、为解决水资源和地球环境问题而开发的先进技术。

7. 意大利馆

展馆设计灵感来自上海的传统游戏"游戏棒"，由20个不规则、可自由组装的功能模块组合而成，代表意大利20个大区。整座展馆犹如一座微型意大利城市，充满弄堂、庭院、小径、广场等意大利传统城市元素。

8. 沙特馆

展馆形似一艘高悬于空中的"月亮船"，在地面和屋顶栽种枣椰树，形成一个树影婆娑、沙漠风情浓郁的空中花园。馆内介绍沙特阿拉伯地理、人口、历史、政治等内容，重点展示4种类型的城市：能源之城、绿之城、文化古城、新经济之城，揭示水、石油和知识是沙特阿拉伯城市发展的安身立命之本。

9. 英国馆

英国馆的设计是一个没有屋顶的开放式公园，展区核心"种子圣殿"外部生长有6万余根向各个方向伸展的触须。白天，触须会像光纤那样传导光线来提供内部照明，营造出现代感和震撼力兼具的空间；夜间，触须内置的光源可照亮整个建筑，使其光彩夺目。

10. 韩国馆

展馆外立面以立体化的韩文和五彩像素画装饰，以"沟通与融合"为元素，展现韩国风情。一层是按比例缩小的韩国首尔，通过影像展现"我的城市"。二层展示"我的生活"，用高科技手段演绎文化、科技、人性和自然；"我的梦想"展区展示未来技术，并预展 2012 年丽水世博会的美妙画卷。

11. 美国馆

展馆外观宛如一只展开双翅的雄鹰，欢迎远道而来的客人。展馆是未来美国城市的缩影，包括了清洁能源、绿色空间和屋顶花园等元素，通过多维模式和高科技手段，引领参观者在 4 个独特的展示空间踏上一段虚拟的美国之旅，讲述坚持不懈的创新以及社区建设的故事。

九、网上世博会

网上世博会是中国 2010 年上海世博会的重要组成部分，于 2010 年 5 月 1 日正式上线，是世博会的导引、补充与延伸。它是服务于 2010 年上海世博会的集推介、导引、展示、教育四大功能于一体的综合性、国际性的网上平台。世界博览会至今已有 150 多年历史，一直是以实体场馆的方式进行展览展示。上海世博会推出"网上世博会"项目，通过互联网新媒体与多种技术结合，把世博会最精彩的一面展现出来，以生动形象的方式推介世博会，吸引国内外游客前来参观。

网上世博会的组织者是上海世博会事务协调局。网上世博会的参与者范围是 2010 年上海世博会的全部参展者（包括官方参展者、非官方参展者、国内参展者）。网上世博会的内容是以 2010 年上海世博会内容为基础，以不同的方式和技术在互联网上进行展现。

"网上世博会"效果片显示：在 A 类馆，人们可以全方位了解展馆布局，点击鼠标进入具体展厅，了解展品设置；B 类馆增加了互动，人们可以以全景方式进行浏览；在 C 类馆，"游客"可以以第一人称，自由地在馆内行走、体验真实的展馆氛围。

"网上世博会"不仅包括推介、导览的功能，还能通过浏览交互式的手段介绍有关世博会的大量背景。此外，"网上直播"可以提供体验仿真、游戏互动和虚拟等手段，带领人们漫游世博园区，深入世博会展馆来体验感受，这是"网上世博会"最具特色的方面。

"和奥运会等大型活动相比，世博会具有场馆分布广、展示内容多、时间跨度大等特点，不可能像奥运会一样，通过电视直播的方式对现场进行连续的实况转播，吸引数十亿观众收看。在奥运会的全球影响当中，电视扮演了极其重要的角色。在新媒体时代，世博会如何应对？上海世博会对此的回应，就是推出'网上世博'的项目。"

十、上海世博会的意义和影响

2010 上海世博会的举办，不仅有利于上海经济持续快速增长，同时也成为推动中国经济增长的重要引擎。世博会素有"经济奥林匹克盛会"之称。举办世博会，不仅给参展国家带来发展的机遇，扩大国际交流和合作，促进经济的发展，而且给举办国家创造巨大的经济效益和社会效益，宣传和扩大举办国家的知名度和声誉，促进社会的繁荣和进步。

1. 为中国经济发展创造良好的外部环境

举办 2010 年世界博览会，对于进一步提高我国的国际形象和地位，促进我国经济发展具有重大的意义。中国是世界上经济发展速度最快和增长潜力最大的国家之一。中国经济的市场化和国际化日益成为世界各国关注的焦点。在过去的 20 年中，中国实际 GDP 总量增长了 6.3 倍，实际人均 GDP 增长了 5 倍，进出口贸易额增长了 12.4 倍，发展成就举世瞩目。同时，中国还是全球吸引外资最多的国家之一，预计未来 10 年，中国经济仍将以 7% 左右的高速度增长，成为最具吸引力的投资地。2010 年，中国 GDP 总量达 19 万亿元。承办 2010 年世界博览会，进一步提高了中国的国际声誉，使全世界进一步认识和了解上海，提高上海的现代化程度。在中国上海举办世博会能使世界更加充分地了解中国，目睹中国的巨大变化，并可加速中国经济的市场化和开放化，中国将进一步参与到世界经济的发展中去。

2. 对中国宏观经济各要素产生重要影响

(1) 带动固定资产投资增长

首先，为了办好世博会，需要进一步完善城市的基础设施。可以说，世博会使上海基础设施建设整整提前了 10 年，城市的面貌焕然一新。主办世博会，上海的航空、铁路、高速公路等交通基础设施得到大力的发展。另外，上海还投资 200 亿元人民币，进一步完善道路、交通、电信、供电、供水等基础设施，确保在世博会展览期间每日 30 万～40 万人次的外来游客住宿、饮食、交通、通信等需要，并投入巨资继续开发浦东、改造旧城区。

其次，2001 年年初，黄浦江两岸综合开发正式启动，上海世博会的选址正好处在这一规划区域内，通过举办世博会，带动这一地区的综合开发，把浦江两岸建设成为一个集综合服务、生态居住和旅游休闲于一体的新城区，为现代城市发展提供一个新的范例。

再次，通过世博会的举办，可以向世界各地的投资者展示上海的投资环境，提供良好的发展机遇。因此，上海举办世博会扩大了上海的知名度，为上海吸引国内外资金创造了更为有利的条件，从而有利于全社会投资的积极性，特别是非国有投资主体的投资积极性。

上海世博会的直接投资超过 30 亿美元，而由此带动的交通、商业、通信、旧区改造等延伸领域投资，可带动 5～10 倍的投资，上海举办世博会总投资规模在 3 500 亿～4 500 亿元人民币以上。

(2) 促进我国消费需求的扩大，形成新的消费热点

世界博览会涉及的产业链较长，对投入和产出的放大效应相当明显，研究表明，大型展览会本身的投入会衍生出相关产业约 10 倍的投资，除了主办者和参展商的直接商业收益外，其他相关产业获得的间接经济效益也相当可观。

上海举办 2010 年世界博览会，有利于促进消费需求的扩大。

首先，可以有效地带动中国旅游消费增长。一个城市如果举办大型博览会，城市的旅游业往往是最直接的受益者。德国汉诺威 2000 年世博会在 153 天的展期里就吸引了全世界 1 800 万人去参观。上海世博会作为一个极具魅力的旅游吸引体，吸引了国内外的旅游者纷至沓来，有超过 70% 的参观者做延伸旅游或周边旅游后参观了世博会，为上海及周边地区的旅游经营者创造了组合新产品的良好机遇。2010 年上海世博会的参观人数超过 7 000 万人次，创下了世博会 150 多年历史的最高纪录，对扩大世博会影响、促进国际

博览事业发展，其意义不言而喻。2010 年世博会在上海举行，上海旅游业的直接收入达 144.2 亿元人民币。

其次，有利于促进宾馆业、文化娱乐、服务等消费需求提高。根据世界旅游组织的测算，旅游业每增长直接收入 1 元，相关行业的收入就能增长 4.3 元。意大利热那亚博览会期间，旅游业所拉动的综合效益，相当于对其前期投资的 11 倍之多。2010 年，上海床位数增至 40 万张，旅馆业也获得了相当可观的经济收入。

（3）有效促进中国经济贸易的快速发展

上海举办世博会，对中国经济贸易的影响是双向的，一方面，举办世博会，为国外企业了解中国提供了良好的机遇，特别是通过举办这样一个大型活动，为大力宣传中国民族品牌提供了很好的机遇，从而有利于扩大中国产品出口，并有利于扩大中国与世界各国进行多方面的交流。另一方面，国内企业也可以通过上海举办世博会，了解国外发展最新动态，有利于吸引多方来客与中国进行经济贸易合作。

（4）为国内创造相当多的就业机会

由申博为引擎，以浦江开发为起点的一轮新的投资热潮，对上海经济将起到明显的拉动作用，从而创造了相当多的就业机会。在世博的作用下，综合实力的加强赋予了上海更大的优势。据有关专家测算，每增加 1 000 m² 展览面积，可创造近 100 个就业机会，1996 年汉诺威世博会就创造了 10 万个就业机会。上海世博会的成功举办，为上海带来了大量就业机会。同时，展会成功所引发的"会展经济"更是带来滚滚商流、物流、人流、资金流、信息流，其利润率高达 20% ～ 30%。

（5）促进中国金融业的发展

上海举办世博会有效地拉动了固定资产投资增长，扩大了国内消费需求，带动了中国经济贸易发展，这无疑为国内金融服务业发展创造了绝好的机遇，同时也对金融服务业提出了更高的要求。

一是上海举办世博会给国内外投资者提供了巨大商业机会，吸引了大量的国内外资金流入上海。

二是上海举办世博会有效地扩大了中国消费需求，旅游消费成为重要的热点，特别是众多国外客人来中国参观上海举办的世博会，基本上进行信用消费，这要求中国金融企业能最大限度地满足客人的多种金融服务要求。

3.对长江三角洲经济区产生拉动效应

长江三角洲是中国经济最发达的地区，而上海又是长江三角洲的龙头。因此，上海在长江三角洲及华东地区的领头羊地位对周边地区经济的拉动作用是显而易见的，世博会不仅对上海来说是一个难得的发展机遇，对长江三角洲影响也很巨大。

4.后续效益无法估量

除了直接、间接收益外，世博会后续的"黄金效应"更是无法估量。这可以参照历史上的经验：1970年日本大阪举办世博会后，经过连续10年的发展，逐步形成了关西经济带，并成为日本重要的经贸中心，促进了日本经济的增长；埃菲尔铁塔是1889年世博会给巴黎留下的"摇钱树"，让法国相关行业受益无穷。长江三角洲现在虽然是我国经济最发达地区之一，但离国际大都市距离尚远。上海世博会的成功举办，加快了长江三角洲一体化的步伐，可以预见，上海世博会的成功举办产生了显著的周边联动效应，带动华东，辐射到全国。

【案例评析】

上海世博会成功经验分析

1.政府的作为

2010上海世博会的推广和营销，离不开从中央政府到各级地方政府的领导和支持。政府发挥了行政引导和协调功能，通过授权、优惠政策以及相应的财政政策，支持和促进上海世博会的营销。同时通过市场化运作发挥各要素的效用。上海市已设立了世博集团来统筹世博会的筹备和举行。世博集团的国内推广事业部借助国内的分支机构或代理商，负责国内市场的推广和营销；国际部则针对海外市场，借助一定的代理机构，同时把我国驻外机构及外国驻华机构也纳入上海世博会的营销队伍中，通过营销主体无障碍地实现地域上的大市场营销。

2.世博会的战略营销模式分析

世博会的战略营销就是组织政府、国际团体、国内社会团体、行业协会等机构对世博会进行一种广泛意义上的探讨与研究，包括对整个世博会的运营进行具体的规划。这样，一方面是为世博会的举办集思广益；另一方面也从多维、立体的角度为世博会项目作推介。

（1）明确的营销主题定位："城市，让生活更美好"

截至 2010 年，世界人口的 55% 生活在城市，2025 年将达到 65%。随着城市人口的迅速增长，日趋严重的城市病正困扰着世界各地的城市居民。如何治理城市弊病，如何改善城市生活质量，如何创造更多的就业机会等问题是现代城市人所共同关心的。同时，一些城市发展的先进理念，如生态型城市、可持续发展城市、数字化城市等，也广受关注。2010 年上海世博会的主题"Better City, Better Life（城市，让生活更美好）"，正是全世界都在热切关注的话题，因此赢得了广泛的理解和支持。

（2）客源市场的预测与分析

2010 年上海世博会是一次参与人数多、沟通领域广、文化特色浓的世博会，总投资 450 亿元人民币，吸引了 7 000 多万人次前来参观。这充分表明了上海市举办世博会的信心和能力。另外，中国政府兑现了对经济实力较弱的发展中国家提供 1 亿美元的参展援助，采取各项措施降低了欠发达国家的参展费用，如设立专项基金、无偿提供展览场地、免费运输等。这样，也不断为上海吸引了更多的客源。由于中国申博成功，渴望了解上海世博会的人会越来越多，客源也不断增加。因此上海世博会尽早建立了动态的客源规模预测体系，进行了精确的人数预测和来源地预测，极大地促进了世博会的营销推广。

（3）细化及确定营销计划

研究全国各地公众与企业的特性，设计区域性的传播与推广方式，并予以细化，是未来 6 年的一项常态性工作。帮助公众和企业了解世博会，需经过长期的、多渠道的宣传。然而，在不同的筹办阶段，必须有所侧重。在上海世博会筹备期间，市场营销计划分为 3 个阶段：第一阶段是从 2003—2005 年，目标是让国际社会、国内外企业、民众进一步了解上海世博会；第二阶段是从 2005—2008 年，目标是推动招商、招展和引资工作；第三阶段是从 2008—2010 年，目标是吸引、组织更多的游客。在这 6 年中，各相关媒体除了日常的宣传外，还辟出了相对固定的版面和时段，形成稳定的传播渠道。

3. 上海世博会的战术营销模式分析

上海世博会的战术营销模式，主要是借助现代传媒和各种营销载体，进行及时、有效、多元、广泛的宣传，广泛推介世博会丰富多彩的内容、多样性的价格和个性化的服务，在国内外的民众中营造了巨大的声势，使得世博会项目深入人心，妇孺皆知。在定价上，上海世博会按照市场细分的原则，根据不同地域、年龄、收入的人群的行为特点和心理特点，把参观者分成不同种类，并根据其不同的需求启动不同的营销计划，制订个性化的价格。鉴于前几届世博会都存在亏损现象，在世博会项目的建设上，上海世博局和世博集团在规划和设计展览场地时，充分考虑其长远的用途，避免将来因世博会的结束而导致人流的骤降和场馆的闲置。

4.公众的参与

公众是世博会营销的对象，换句话说，营销的目的就是希望国内外公众的广泛参与。这里所说的公众既包括个人，也包括组织、团体。大众普及是世博品牌经营的市场基础，也是世博会营销最艰巨的一部分。2010上海世博会的传播与推广效果的考核标准可概括为"广泛性"：有多少人了解它、公众对它的关心程度、它与公众的关联度有多高、公众参与其中的意愿有多强，等等。在大众层面，不间断地宣传世博会的理念、意义和作用；及时发布上海世博会的各种信息；结合标志确定、场馆设计和施工等重要时间节点，掀起宣传热潮；设计和组织知识竞赛、有奖征文等互动式活动，调动各界关注和参与的热情；加强2005年在日本爱知县举行的世博会的宣传，这也是预热上海世博会的一个重要时机。在企业层面，借助媒体调动其参与国际化和商业性活动的热情。有针对性地进行专场、专题甚至点对点的推广，以实证和数据吸引他们加入世博品牌的开发与经营，变"要我参与"为"我要参与"。

【单元思考与训练】

1.谈谈上海世博会的中国特色。

2.请搜集意大利2015年米兰世界博览会的文献资料，围绕其举办背景、申办历程、会徽、吉祥物、展会主题、举办意义等展开讨论，并与上海世博会作比较，分析它们的异同。

3.请以小组为单位，每组以6人为宜，根据所搜集的资料制作PPT，每组选派1名代表在课堂上进行展示。

【拓展阅读】

上海世博的"发展中"意义

新华网北京10月27日电（记者　丁宜）　为期半年的上海世博会即将落下大幕。这是百年世博史上首次在发展中国家举办的盛会，对推动发展中世界的科技人文创新、促进发达国家与发展中国家相互交流、推动人类社会共同进步具有前所未有的意义。

回顾注册类世博会的"历史版图",欧洲、北美和极个别的亚洲发达国家曾经"密集"举办世博会,而亚、非、拉众多发展中国家几乎没有世博会的足迹。如今,在世界上最大的发展中国家——中国首次举办注册类世博会,表明世博会已不再是发达国家的专利,广大发展中国家同样有展示自我和分享文明成果的权利。

事实证明,上海世博会已成为世博史上发展中国家参与度最高的盛会,为广大发展中国家提供了充分亮相的舞台。朝鲜、阿富汗、一些非洲国家以及非盟等地区组织都是第一次参加世博会。建筑面积达 2.6 万 m² 的非洲联合馆,由非洲 42 个国家与非洲联盟共同组成,成为历届世博会参加国家最多、建设规模最大的非洲馆。正如上海世博局副局长周汉民所说,本届世博会是属于全世界的舞台。

除了充分展示自我,上海世博会还成为发展中国家了解世界最新文明成果、近距离接触各国文化、学习全球先进科学技术的平台。上海世博会以"城市"为主题,切合了广大发展中国家现代化、城市化的时代需求。从德国的"汉堡之家"到瑞典马尔默的"零排放"社区,从西班牙马德里的"公共廉租屋的创新试验"到英国伦敦的"零耗能住宅项目"……无论是在浦东的各国家馆,还是在浦西的城市最佳实践区,来自全球各地的多元文化和尖端科技成果"零距离"展现在参观者面前。

学习的过程也是交流的过程。发展中国家学习发达国家先进科技的同时,也促进了两者之间的相互交流。这不仅为以后的主办国提供了可借鉴的经验,也为世界各国平等相待、共同发展树立了榜样。

在世博会历史上,"中国元素"首次以前所未有的规模全方位展现。尤其在全球经济开始复苏但基础仍不稳固之时,中国在世博舞台上的亮相意义特殊,为提振和带动中国及周边区域,特别是发展中国家的经济作出了贡献:从盛会的筹办到举办,中国为发展中国家提供了 1 亿美元的援助;世博会期间,许多国家,特别是发展中国家,更是希望借助世博会加深与中国的经济合作;在墨西哥馆标志性的"风筝林"下,不仅有 4 000 m² 的展馆,还专门设立了一个举办各种经贸活动的商务中心;塞拉利昂、乌拉圭等国也将参与世博会看作其开拓商机的最佳方式……

此外,"中国元素"还为世博会和国际展览局的发展注入了动力。中国申博成功后的 7 年多时间内，国际展览局成员国的数量从 89 个增加至 156 个，新成员中绝大部分是发展中国家。继中国之后，摩洛哥、墨西哥、巴西等一批发展中国家也纷纷提出申办世博会。

"一切始于世博会"是一句经久不衰的名言，世博会是展示人类文明新成果的盛会，世博史也是一部近代世界经济、文化、科技的重大突破和发展史。探求人类可持续发展的方向，让广大发展中国家自信地展现自我，与发达国家共享人类文明成果，相互交流学习，共同推动世界文明进步，将成为上海世博会为国际社会留下的宝贵财富。

图 8.6

第九单元

广交会

图 9.1

【教学目标】

☆ 知识目标
了解广交会基本概况、组织单位、参展范围、往届广交会成交情况
熟悉广交会的经营策略
掌握广交会的成功经验
☆ 能力目标
能对广交会的成功经验与不足进行分析与总结
☆ 素质目标
具备独立思考的能力
具有获取新知识、新技能、新方法的能力
具有心理自我调控和自我管理的能力

【知识链接】

中国进出口商品交易会琶洲展馆介绍

琶洲国际会展中心位于赤岗琶洲岛。琶洲陆地面积 9.66 km²，北临珠江，与珠江新城、广州新技术产业开发区、赤岗领事馆区、长洲文化旅游风景区等城市重要发展区相邻。根据广州市城市建设规划，琶洲地区的发展目标定位为：以广州会展博览中心为核心，以会展博览、国际商务、信息交流、高新技术研发、旅游服务为主导，兼具高品质居住生活功能的 RBD（休闲商务区）型、生态型城市副中心。

展馆总建筑面积 110 万 m²，室内展厅总面积 33.8 万 m²，室外展场面积 4.36 万 m²。其中展馆 A 区室内展厅面积 13 万 m²，室外展场面积 3 万 m²；B 区室内展厅面积 12.8 万 m²，室外展场面积 1.36 万 m²；C 区室内展厅面积 8 万 m²。

2014 年 6 月 19 日，琶洲国际会展中心四期扩建规划通过，四期建设后，展览面积达 50 万 m²，超过德国汉诺威的 47 万 m²；整个琶洲地区会展面积达 66 万 m²，规模居世界第一。

展馆特点：

①琶洲展馆是目前亚洲规模最大、设施最先进、档次最高，能满足大型国际级商品交易会、大型贸易展览等需要的多功能、综合性、高标准的国际展览中心。展馆规模世界第三。在此办展，更能彰显展览的品位和档次。

②琶洲展馆是高科技、智能化、生态化完美结合的现代化建筑，按照国家 5A 智能化建筑标准进行设计，建设中大量应用国际高新科技，智能、通风、交通系统体现了世界先进水平；层高、地面负荷、电力供应可满足大型机械展、帆船展等各种对展馆条件要求苛刻的展览要求。

③单个展厅面积均在 1 万 m² 左右，且各馆门面设计合理，一、二层的 13 个展厅各有开阔的门面，多个展览可同时举办，互不干扰。展厅无柱空间大，利用率高，特装效果特别好。

④展馆周围建设有与会议和展览相关联的配套设施如酒店、写字楼、银行、商业服务、博物馆等，能充分满足客商的商旅要求。

⑤交通便利，设有地铁站台，东、西、南、北向均有城市干道。地铁八号线的新港东站和琶洲站直达展馆，乘坐八号线至万胜围站可换乘地铁四号

线。目前已有 137、229、262、304、564、582、B7 快线等多路公交车在其周边设立站点。

【案例陈述】

一、广交会基本概况

广交会即中国进出口商品交易会，英文名字为 Canton fair。创办于 1957 年春季，每年春秋两季在广州市海珠区阅江中路 382 号琶洲国际会展中心举办广交会，春季的开展时间为每年的 4 月 15 日—5 月 5 日，秋季的开展时间为每年的 10 月 15 日—11 月 4 日。

广交会由 48 个交易团组成，有数千家资信良好、实力雄厚的外贸公司、生产企业、科研院所、外商投资企业、独资企业、私营企业参展，是中国目前历史最长、层次最高、规模最大、商品种类最全、到会客商最多、成交效果最好的综合性国际贸易盛会，因此被称为"中国第一展"。

广交会的贸易方式灵活多样，除传统的看样成交外，还举办网上交易。广交会以出口贸易为主，也做进口生意，还可以开展多种形式的经济技术合作与交流，以及商检、保险、运输、广告、咨询等业务活动。每年春秋两季来自世界各地的客商云集广州，互通商情，增进友谊。

第一届广交会于 1957 年春季在广州开幕。参展国家和地区 19 个，展览面积 9 600 m²，参展客商 1 223 位，展出商品 12 000 多种，交易额 1 755 万美元。虽然第一届的成交额不是很高，可是加上秋季，两届的成交总额占全国创汇总额的 20%。从 1957 年到 1989 年，广交会 32 年才首次突破 100 亿美元。而从 1989 年到 2003 年成交额达到 200 亿美元，只用了 15 年。2004 年广交会的展览面积达到 55.5 万 m²，已达到世界单年期展览会面积的第二名。到 2011 年春季展会，展览面积 116 万 m²，展览数量 58 699 个，参展商 24 415 个，出口成交额 368.8 亿美元。

在广交会的创办初期，主要是以农副土特产为主。20 世纪 90 年代，机电产品、高新科技产品、高附加值产品和日用消费品逐步成为广交会的主导产品。到 2006 年机电占总比例的 40.3%，2005 年秋季参展的民营企业比例达

36.57%，非公有制企业已达到 70%，成为出口主力军，混合参展商为广交会的主要特色。从单一的出口交易会变成了进出口交易会。从 1957 年到 2011 年 54 年间，累计出口成交额约 8 892 亿美元，累计境外采购商约 572 万人，参展国家和地区数量增加 11 倍，参展客商数量增加 20 倍，布展面积增长 120 倍，出口成交额增加 2 100 倍。

首届广交会在广州中苏友好大厦举行。当时的展馆面积为 9 600 m²。1958 年 4 月，春季广交会迁至海珠广场西面侨光路中国出口商品陈列馆，展馆面积 13 000 m²。1959 年 10 月起，广交会再次迁移，迁至义路展馆，展馆面积 47 000 m²。1974—2008 年迁移至流花路展馆，展馆面积达 17 万 m²。2008 年 9 月，广交会搬迁到琶洲场馆，由原来的"二馆二期"改为"一馆三期"，展会时间也有所延长。琶洲展馆 A、B、C 三区总占地面积超过 80 万 m²，总建筑面积超过 110 万 m²，总展览面积 34 万 m²。

二、组织单位

主办单位：中华人民共和国商务部、广东省人民政府；承办单位：中国对外贸易中心。

组织机构："中国进出口商品交易会领导委员会"由中华人民共和国商务部、广东省人民政府、广州市人民政府、各交易团团长、各展馆馆长、有关部门领导共同组成。

三、参展范围

广交会分 3 期举行，每期都有不同的参展范围。

第一期：大型机械及设备、小型机械、自行车、摩托车、汽车配件、化工产品、五金、工具、车辆（户外）、工程机械（户外）、家用电器、电子消费品、电子电气产品、计算机及通信产品、照明产品、建筑及装饰材料、卫浴设备、进口展区。

第二期：餐厨用具、日用陶瓷、工艺陶瓷、家居装饰品、玻璃工艺品、家具、编织及藤铁工艺品、园林产品、铁石制品（户外）、家居用品、个人护理用具、浴室用品、钟表眼镜、玩具、礼品及赠品、节日用品、土特产品。

第三期：男女装、童装、内衣、运动服及休闲服、裘革皮羽绒及制品、服装饰物及配件、家用纺织品、纺织原料面料、地毯及挂毯、食品、医药及保健品、医疗器械、耗材、体育及旅游休闲用品、办公文具、鞋、箱包。

四、往届采购商到会统计

表 9.1

年　份	采购商人数 / 人		来自国家和地区 / 个	
	春　季	秋　季	春　季	秋　季
2015	184 801	177 544	216	213
2014	188 119	186 104	214	211
2013	202 766	189 646	211	212
2012	近 21 万	188 145	213	211
2011	207 103	209 175	209	210
2010	203 996	200 612	212	208
2009	165 436	188 170	209	212
2008	192 013	174 562	—	—
2007	206 749	189 500	211	213
2006	190 011	192 691	211	212
2005	195 464	177 000	210	210
2004	159 717	167 926	203	203
2003	23 128	150 485	167	201
2002	120 576	135 482	185	191
2001	111 886	101 382	181	176

五、广交会的经营策略

1. 综合性和专业化相结合

广交会在成立之初的定位是综合性的展会，综合性是广交会的一大优势。但是随着国际会展业逐渐向专业性发展，综合性变成了广交会的一个短处。为此，广交会结合综合性的优势和专业化的指向，经过广泛的市场调查，最后选择改变了展览形式——将广交会一分为二，从第 91 届开始，每届分两期举办。后来，随着展览规模的不断扩大，为了缓解供求矛盾，提高专业化水平，从 2008 年秋季第 104 届起，广交会又由每届两期举办拆分为 3 期举办：一期以机电产品为主；二期以日用消费品及礼品为主；三期以纺织服装、箱包及文体用品、医药保健及医疗用品、食品及土特产品等为主。这种方式解决了广交会展位不足的难题，满足了越来越多的企业参展需求，也提高了广交会的专业化水平。

2. 打造会展品牌

品牌是会展业发展的灵魂。广交会自 1957 年创办以来，已经有 50 多年的历史。广交会在几十年的发展中不断优化管理，完善服务，提高水平，改善环境，始终站在中国经济体制和外贸体制改革的前端，巩固自身优势，树立良好形象，成为中国会展业的一大会展品牌，并跻身于世界优秀会展的行列。在会展经济风起云涌的今天，广交会仍是一张最能吸引世界各地客商眼球的中国会展"名片"，是中国的外贸之窗。

3. 开辟网络交易渠道

电子商务方兴未艾，网上展览也已经为众多的展会所采用。会展本身具有集中性和实物性，但这也决定了其时空的有限性，即它是在某段时间在某地集中举行。但是开辟网上会展则可以突破这些限制，除了在会展举办期间作为主场的有力补充之外，它还可以提供全天候、跨地域、跨国界的会展环境，为各国贸易商提供一个丰富、开放、全息的信息交流场所。

广交会不断适应经济全球化和现代电子商务的发展趋势，把广交会办成商品交易和电子交易相结合，在世界上具有重要影响的高档次、高水平的现代化商品交易中心。2003 年春，第 93 届广交会加大了电子商务的建设，

"广交会网站""在线广交会""在线机电广交会"三大网站，共同承担起服务和促进"广交会"成交的使命，成为现场交易的重要补充，并被誉为"永不落幕的广交会"。

4. 多渠道的宣传推广

在会展业的经营发展过程中，信息传播和广告宣传是必不可少的，这样才能实现会展业的功能，提高会展的知名度，扩大会展的影响力。

首先，广交会充分发挥了招展函、会刊和会展网站的宣传作用。《广交会特刊》为参展商、采购商以及各行各业搭建了一个展示自我的舞台，一个寻求合作的场所，一个获取信息的渠道。作为官方媒体，为企业提供最权威的信息平台和第一手经贸资讯。另外，会展网站是外界了解会展最主要的宣传工具，其主要特点是信息容量大、传播范围广、更新快，所有关于展会的信息基本上都可以在会展网上找到。因此，广交会非常注重自身会展网站的建设，利用自身的会展网站为广交会作了良好的宣传。另外，广交会也在其他网站上发布一些视频广告去宣传自己。

其次，广交会善于利用新闻效应。广交会作为我国会展业的一大品牌，报纸、电台、电视会经常对其进行跟踪报道，这样就为其做了免费广告。

最后，广交会也通过新闻发布会、期刊、杂志和户外媒体的方式进行宣传推广。

5. 展会营销与旅游相结合

会展与旅游具有十分紧密的联系，会展参加者向来是旅游业的重要客源。

地处南亚热带的广州，山清水秀、四时花开，一派迷人的南国自然风光。而且广州市是有着2 800年历史的国家级历史文化名城，具有独特的岭南文化，旅游资源丰富。

广交会与广州的旅游资源紧密结合，通过旅游资源促进展会成功举办，也通过展会的举办推动旅游业的发展，实现了会展和旅游的双赢。

广交会通过良好的经营，不断调整、改革、创新,50多年来始终充满活力，并不断地发展强大。

【案例评析】

广交会的成功经验与存在的不足分析总结

1.成功经验

(1)展场面积不断扩大,展馆设备日趋先进

1957年春,首届广交会在原中苏友好大厦举办,当时的展馆面积仅为18 000 m²。经过3次迁址,目前达到17万 m²,是首届广交会展馆面积的近10倍。同时,展馆设备也不断完善,尤其是电脑在广交会的广泛使用,大大提高了工作效率。

从之前的流花路展馆到现在的琶洲场馆,由原来的"二馆二期"改为"一馆三期",展会时间也延长。琶洲展馆A,B,C三区总占地面积超过80万 m²,总建筑面积超过110万 m²。

(2)组展方式不断优化,展馆功能更加完善

除了先进的场馆设备,各类展馆还采用国际通用的导向系统,标志非常清晰。近几届广交会布展水平进一步提高,尤其是重点展区和保证性摊位的布展体现出系列化、专业化和规模化的特点,场馆功能不断完善,场馆效率得到很大提高,大大促进了出口成交。

(3)参展商品质量提高,商品结构不断优化

广交会的参展商品由最初的12 000余种逐届增加,目前已达10多万种,代表着全国各地区、各行业的名优新特产品和先进技术的同时,广交会的商品结构也日趋合理,不断优化。而今,工业品出口的比重已从1957年交易会创办时的20%上升到1999年的90%以上。商品结构变化最大的是机电产品和轻纺消费品。在第86届广交会中,出口成交额达127亿美元。其中机电产品成交4 318亿美元,占总成交额的34%,轻纺消费品成交6 069亿美元,占总成交额的48%。

(4)与会客商明显增多,客商结构明显改善

广交会创办初期,客商以我国香港、澳门地区和新加坡为主,所属国家和地区相对集中。其中首届广交会客商仅1 223人,来自19个国家和地区。随着广交会的不断发展,越来越多的国家和地区的客商前来参加广交会。在近几届广交会上,每届与会客商均逾7万人,其中2001年与会人数达到213 268万人。在数量增加的同时,客商来源结构也不断优化。在老客商稳

定不断增长的同时,新客商迅猛增长,尤其是欧美等地的优质客商增长十分迅速,比例不断上升。

(5)出口成交稳定增长,市场多元化战略取得成效

1957年第一届广交会交易额仅有1 755万美元。虽然第一届的成交额不是很高,可是加上秋季,两届的成交总额占全国创汇总额的20%。从1957年到1989年,广交会32年才首次突破100亿美元。而从1989年到2003年成交额达到200亿美元,只用了15年。到2011年春季展会,出口成交额368.8亿美元。从1957年到2011年54年间,累计出口成交额约8 892亿美元,出口成交额增加2 100倍。

2.不足之处

(1)广交会的定位问题

广交会在其50多年的历史上,一开始就在中国冲破国外外贸封锁上立下了汗马功劳,然而近几年国内会展经济蓬勃发展,广交会作为老牌交易会面临京、沪等地的大型、国际化的专业会展的冲击;同时,在经历了摊位炒卖、长虹退出广交会等新闻曝光的阵痛后,广交会的高层早在2011年的春交会上就表示,广交会面对众多蓬勃兴起的专业展会需要认真思考。对于广交会的定位问题,从2002年开始,广交会难解定位困局。专业展会群起围攻,家电巨头接连退出。在广交会经历了由传统产品交易到高新技术产品的角色转换之后,从2011年秋交会的第一期参展与成交的情况来看,传统产品的交易似有"东山再起"之势。但随着各路专业展对广交会的围攻,其"中国第一展"的地位面临挑战。

(2)知识产权未得到很好保护

在历届广交会中,政府对侵权行为屡禁不止,知识产权纠纷时有发生。

(3)参展商品结构有待调整

目前,我国出口商品结构较改革开放前有了根本性好转。但值得注意的是我国出口商品中,传统产品多而拳头产品较少,技术含量低的产品多而技术含量高的产品少,低附加价值的产品多而高附加价值的产品少。这种出口商品结构十分不利于我国产业结构的升级和产品结构的优化。

图 9.2

【单元思考与训练】

1.广交会的影响力正在遭遇挑战，症结何在？

2.请搜集华交会活动的文献资料，围绕其发展历史、发展现状、作用和影响、成功经验与存在的不足等方面展开讨论，并与广交会作比较，分析它们的异同。

3.请以小组为单位，每组以 6 人为宜，根据所搜集的资料制作 PPT，每组选派 1 名代表在课堂上进行展示。

【拓展阅读】

从广交会看"中国智造"趋势

"U+ 智慧生态圈"、手持洗衣机……琳琅满目的"智慧"产品与解决方案，成为第 117 届广交会的"亮点"。在激烈的市场竞争中，传统家电等产品与"互联网＋"结合，给使用者带来独一无二的客户体验，提高了产品附加值，拉长了产业链。

互联网＋客户体验成竞争着力点

着力客户体验，这在家电展区体现得较为充分。海尔大大的"U+智慧生态圈"标志，在展区入口就开始向往来的参会者诠释这一点。所谓的"U+智慧生态圈"，就是空气净化、美食、洗护、安全等日常家居用电设备与互联网技术融合，满足用户需求。

以用户的家居"安全"需求为例，海尔的 smart care 解决方案，将水管、门窗、热水器等可能危及日常安全的家用设备给予智能化设计，并通过 APP 将它们的开合功能集成起来，与用户手机互联，帮助用户实现远程控制。比如，家里水龙头忘关，厨房"水漫金山"了，用户会收到短信提醒，可以打开 APP 中的水龙头控制按钮远程关闭。这样的智能化产品，在展会现场比比皆是。

美的展馆负责人认为，未来企业的盈利点将不在硬件设备，而是利用互联网技术，为用户提供最优化的智能解决方案，在家电软件设计上寻找盈利点，"我们尝试以成本价销售设备，靠推出更能满足用户体验的收费软件来赢得利润"。

"以往我们谈到产品质量，关键词是耐用性、性价比，如今在生产水平上，我们不必担心这两点，而评价一款产品的高下，其是否能满足用户需求已成为最重要的衡量指标。你给用户的，正是他想要的，这是'中国制造'品质构成的一个必要因素，也是我们能否在竞争中取胜的关键。"海尔集团副总裁张庆福说。

机器"智能制造"替代人工劳力

"中国制造"智能化时代来临，强调企业转型升级，不只是在终端产品品质方面，生产环节的智能化也是企业不可回避的趋势，特别是在当前劳动力成本上升，人口红利逐渐消失的背景下，机械智能制造替代人工劳力，成为许多企业的选择。

"除了新研发的，尚未形成规模的产品生产，公司的其他生产线已全部实现自动化，包括仓储。"皇明太阳能股份有限公司市场部经理张鹏说。

据太阳雨美洲区域负责人薛洪伟介绍，业内大企业对真空管等成熟生产线已基本普及自动生产。

接受采访的多家外贸企业人员告诉记者，目前在推进"机器换人"。

"今年制造业成本压力大，企业每年有13%～15%的劳动力成本增长，如果企业不能转变生产方式，消化成本的增长，将很难适应成长。"广东新宝副总裁朱小梅说。

2012 年，浙江省提出"全面机器换人战略"，据估算，到 2017 年规模以上企业基本完成"机器换人"后，全省社会劳动生产率增幅将达到 40%。

企业全球全产业链布局

广交会展台上，海尔有一款"手持洗衣机"引人注目。这款洗衣机高17.6 cm，直径不到 5 cm，重量只有 200 g，洗涤一次所需水量为 10 mL，只需 30 s 就能将衣服上的污渍去掉。据了解，这个创意是由海尔日本的研发团队发起，联合东京的高校和一些研发机构共同研发完成的。

海尔在海外有 4 个、国内有 5 个研发中心，与全球用户实现信息交互，收取用户需求，同时对接各类研发资源，一起参与研发。在生产环节，海尔在全球有 7 个工业园、7 个工厂、10 个国际化协作工厂，目前在海外的生产能力可达 1 200 万台 / 年，覆盖 10 多个国家。

据介绍，得益于全球全产业链布局，海尔凭借 100 h 不化冻的冷柜，在经常停电的尼日利亚占据 44% 的市场份额；凭借适合学生使用的小冰箱，占据美国小冰箱领域的 1/3 市场份额；在欧洲市场，从 99 欧元（2004 年）的产品到 2 999 欧元的产品，实现从低端销售到高端销售的跨越。

"产业格局的变化，特别是信息技术的今天，我相信所有的产业，不只是家电，都面临重大转型，在这样的转型下，产业结构会发生根本的变化，产业会集中，这也为中国企业在世界市场中找到位置提供了可能性。"王悦纯说，"全球市场对中国产品的需求，当下呈现越来越大的趋势。"

同时应该看到，企业面临的全球环境越来越复杂，政治、经济、市场不平衡，用户需求的不同，特别是各个国家政策不同，给企业带来很多不确定的风险，在这样的背景下，企业最终走向全球全产业链的布局，是大势所趋。

图 9.3

第十单元
中国义乌国际小商品博览会

图 10.1

【教学目标】

☆ 知识目标
了解义博会的来历、义博会的主要内容、历届义博会的情况
熟悉义博会的服务理念
理解义博会的市场基础
熟悉中国会展经济的义乌模式
☆ 能力目标
能对义乌模式进行分析与总结
☆ 素质目标
具备独立思考的能力
具备与他人合作、交流和协商的能力
具备社交和沟通能力

【知识链接】

关于义乌

义乌古称"乌伤"，为中国浙江省金华市下辖县级市，金华义乌（浙中）、杭州（浙北）、宁波（浙东）、温州（浙南）并列浙江四大区域中心城市。义乌位于浙江省中部，地处金衢盆地东部，市境东、南、北三面群山环抱，义乌南北长 58.15 km，东西宽 44.41 km，面积 1 105 km²。

义乌建县于公元前 222 年，1988 年撤县建市，截至 2012 年年底，义乌户籍人口为 753 312 人，在义乌的少数民族有 99 146 人，共计 51 个民族成分，居民多属江浙民系，全市通行吴语。截至 2008 年，有宗教团体 3 个，各类宗教场所 80 处，教职人员 100 余人，信徒两万余人（不含佛教信徒）。先后出现了"初唐四杰"之一骆宾王、宋代名将宗泽、金元四大名医之一朱丹溪及现代教育家陈望道、文艺理论家冯雪峰、历史学家吴晗等历史名人。

义乌是中国首个也是唯一一个在县级市国家级综合改革试点，先后被授予中国国家卫生城市、国家环保模范城市、中国优秀旅游城市、国家园林城市、国家森林城市和浙江省文明示范市等荣誉称号。义乌国际商贸城被中国国家旅游局授予中国首个 AAAA 级购物旅游区。

义乌是中国内地六大强县（市）之一，人均收入水平、豪车密度在中国内地居首位，是中国最富裕的地区之一，在福布斯发布 2013 中国最富有 10 个县级市排名第一。义乌是全球最大的小商品集散中心，被联合国、世界银行等国际权威机构确定为世界第一大市场。

义乌是首批全国创建社会信用体系建设示范城市之一。

【案例陈述】

中国义乌国际小商品博览会简称"义博会"，创办于 1995 年，是唯一经国务院批准的日用消费品类国际性展览会。展会以"面向世界、服务全国"为宗旨，对扩大商品出口，提升小商品制造业，促进区域经济发展发挥了积极的推动作用，已成为目前国内最具规模、最有影响、最富成效的日用消费品展会，是国内由商务部举办的继广交会、华交会后的第三大展会，先后被评为 2002 年度中国会展业十大新闻事件、2003 年中国十大新兴展会、2004 年度政府主导型中国最佳展会、2005 年度中国管理水平最佳展览会、2006 年度中国十大最具影响力品牌展会。

一、义博会的来历

据说，早在清朝乾隆年间，义乌农民就开始了"鸡毛换糖"的经商活动。这也许就是义乌人有经济头脑的一个有力证据。义乌小商品市场的兴起已经有 20 年的历史。这 20 年也是义乌人在市场经济大潮中探索会展经济，打造会展区域城市的 20 年。同时也可以说是中国会展经济发展的一个缩影。从县级城市开始，义乌人敢为人先，率先开放小商品市场，产生了市场的先发效应。从"马路市场""草帽市场"开始，小商品城历经 5 次搬迁，8 次扩建，其中每一次搬迁和扩建都是在扩大市场、扩张产业的思路下开始的。他们并没有因为某一次搬迁和扩建而使小商品市场产生"空穴"，而是做到了产业、市场和会展的 3 个同步发展。另外，义乌市委、市政府为了促进小商品的产业联动，从小商品生产、开发、物流、行业管理到政府导向，实行产业链条一体化、一条龙服务，培育市场内部和外部的良好机制与环境。

建设国际小商品流通中心和国际性商贸城市，是义乌市发展城市建设的主要目标。正因为有了这条以会展经济辐射、带动、促进产业发展和城市建设的主线，才使义乌闻名海内外，并在发展中弥久不衰。

二、义博会主办单位

义博会为全国第三大展会。义博会由中华人民共和国商务部、浙江省人民政府、中国国际贸易促进委员会、中国轻工业联合会、中国商业联合会主办，由浙江省对外贸易经济合作厅、义乌市人民政府承办，支持单位是国家工商行政管理总局、中华全国工商业联合会、香港贸易发展局、大韩贸易投资振兴公社。

三、义博会主要内容

义博会的主要内容由贸易展览、会议论坛和文化活动三大板块组成，坚持以客商为中心，突出经贸功能，注重展会实效。

义博会会议论坛板块以"市场连通世界，创新引领未来"为主题，坚持政府推动与市场运作相结合，促进"会议经济"发展。做精做好每个专场会议，着力传播新知识、新观念。

义博会贸易展览板块以"商品之都，商机无限"为主题，以小商品贸易为核心，承借奥运会、世博会商机，开展贸易洽谈和经贸合作交流，突出展览贸易的经贸性、国际性、专业性和实效性。

义博会的文化活动板块以"义乌——非同凡响"为主题，精心设计、组织开展具有地方特色的文化活动，充分展示义乌新形象。采取多种形式，激发广大客商和群众参与热情，努力营造盛会氛围。

图 10.2

四、历届义博会情况介绍

首届义博会，当时名为"中国小商品城名优新博览会"于 1995 年 5 月 18—22 日盛大开幕。参展类别主要为日用百货、针织品。展区面积近 5 000 m²，展位 348 个。其中参展境外企业 16 家，广东、上海、福建三省参展企业 123 家，义乌知名企业 40 家。展区日均客流量在 20 万人次以上，实际成交额达 1.01 亿元。

第 2 届义博会于 1996 年 10 月 8—12 日举行。参展类别主要为百货、服装、食品、家具。参展商 448 家,展区规模 16 000 m²,日均客流量 50 万人次,总成交额 2.83 亿元。本届博览会得到当时国家的国内贸易部的大力支持,成为真正意义上的全国性展会,在规模、档次、外向度、影响方面都超过 1995 年。

第 3 届义博会于 1997 年 9 月 12—16 日在义乌宾王市场举行。参展类别主要为百货、食品、服装、皮革、机械。展区规模 20 000 m²,设港台馆、百货馆、服装馆、副食馆、服装机械展示厅、家具展示厅、皮革服装馆。实际参展企业达 547 家,来自国内 23 个省及 8 个国家和地区,其中广东、福建、上海企业 132 家,占总数的 24.1%。有 214 家企业第一次来义乌开拓市场,占总数的 20.8%。客流量达 80 万人次,总成交额 8.3 亿元,其中现货交易额 1.33 亿元,订单交易额 6.97 亿元,比上届博览会有较大幅度增长。

第 4 届义博会于 1998 年 10 月 28 日—11 月 1 日在义乌宾王市场举行。参展类别主要为百货、服装、副食等。主展馆 20 000 m²,整个展区面积达 50 万 m²。有来自国内 20 个省市和港澳台地区,以及日本、新加坡、韩国、德国、澳大利亚等国家的 673 家企业参加。总成交额 28.6 亿元,其中现货 6.9 亿元,订货交易 21.07 亿元。

第 5 届义博会于 1999 年 10 月 8—12 日在中国小商品展览中心隆重举行。参展类别包括百货、服装、副食、家具等。主展馆面积 3.3 万 m²,参展企业 1 300 多家,展位 1 100 个,分设轻工馆、百货馆、服装、副食馆、海外馆,在中国小商品城一、二期市场,针织市场、宾王市场、家电市场设立了 4 个主展区并在 23 条专业街设立了分展区,展期成交额 35.2 亿元。

第 6 届义博会于 2000 年 10 月 26—30 日在中国小商品展览中心举行。参展类别有百货、服装、饰品、副食、各类机械等。主展馆面积 3.3 万 m²,展位 1 300 个,共设工艺、玩具、文体、电子电器、日用品、政府组团及外商 7 个馆和 1 个室外机械展馆,并在各专业街和专业市场设立了若干分会场和展销区。有美国等 20 多个国家的外宾、外商和企业界人士近 500 人参加,136 个团组参展,成交额 38.56 亿元。

第 7 届义博会于 2001 年 10 月 22—26 日在中国小商品城会展中心举行。参展类别主要为工艺、文体、玩具、化妆品、家庭用品、日用五金、电子电器、针织服装、袜类、辅料等。来自全国 30 个省(市、区)和香港、台湾地区,以及美国、韩国、日本、澳大利亚等 27 个国家的 1 026 家企业参展,其中境外企业 150 多家。共设展位 1 405 个。

第 8 届义博会于 2002 年 10 月 22—26 日在义乌梅湖会展中心隆重举行。

参展类别为工艺、文体、玩具、化妆品、家庭用品、日用五金、电子电器、针织服装、袜类、辅料等。参展企业 1 100 多家，展位达 2 291 个。

　　第 9 届义博会于 2003 年 10 月 22—26 日在义乌梅湖会展中心隆重举行。参展类别为工艺、文体、玩具、化妆品、家庭用品、旅游休闲用品、日用五金、电子电器、钟表、皮具箱包、针织辅料。展会净面积达 60 000 ㎡，参展企业达 1 510 家（制造商占 80% 以上），专业采购商达 70 642 人，其中境外贸易商 10 212 人（来自 126 个国家和地区），展览成交额突破 62.2 亿元。

　　第 10 届义博会于 2004 年 10 月 22—26 日隆重举行。参展类别为工艺、文体、玩具、化妆品、家庭用品、旅游休闲用品、日用五金、电子电器、钟表、皮具箱包、针织辅料等。共设国际标准展位 3 000 个，吸引来自全国 26 个省（市、区）和香港、台湾地区，以及美国、韩国、日本、澳大利亚等 20 多个国家的 1 790 多家企业参展，其中境外企业占 20% 左右，知名企业和名牌产品的参展比例在 30% 以上。主展馆设 7 个展馆。

　　第 11 届义博会于 2005 年 10 月 22—26 日举行。参展企业 1 700 多家，国际标准展位 3 000 个，展览面积 80 000 ㎡。主展馆设 7 个展馆。

　　第 12 届义博会于 2006 年 10 月 22—26 日在义乌梅湖会展中心隆重举行。参展类别为饰品 / 配件、化妆洗涤、针织精品、工艺礼品、文教 / 办公用品、体育休闲用品、玩具、家居用品、针织鞋帽、箱包皮具、电子电器、日用五金、网络资讯。展会吸引来自全国 25 个省（市、区）和香港、台湾地区，以及美国、韩国、日本、澳大利亚等 20 多个国家的 2 200 多家企业参展，85% 以上为生产企业。设国际标准展位 4 000 个，展览面积 90 000 ㎡。展览成交额达 94.5 亿元，比上届增长 16.7%，其中外贸成交额 7.8 亿美元，占总成交额的 66%。据统计，到会专业采购商达 103 205 人，其中境外客商 16 056 人，比上届增长 12.5%，来自 161 个国家和地区，其中来自发达国家的客商占 50% 以上，接待境外贸易团队 79 个。在线义博会（网上义博会）点击量达 393 758 人次，比上届增长 13.7%，平均每天点击量近 8 万人次。

　　第 13 届义博会于 2007 年 10 月 22—26 日在义乌梅湖会展中心举行。参展类别为文教办公、针织鞋帽、箱包皮具、电子电器、工艺饰品、钟表眼镜、五金电器、玩具、礼品赠品、化妆洗涤、日用百货、体育休闲、汽车用品及配件、网络资讯。展会共设国际标准展位 4 500 个，展览面积 100 000 ㎡，吸引来自全国 27 个省（市、区）和香港、台湾地区，以及美国、韩国、日本、澳大利亚等 20 多个国家的 2 560 家企业参展，96% 以上为生产企业。展览成交额突破百亿元,达108.9亿元,比上届增长15.3%,其中外贸成交额9.8亿美元,占总成交额的67.5%。展馆到会专业客商共计110 156人,其中境外客商17 011人,比上届增长5.9%,来自172个国家和地区,其中来自发达国家的客商占60%以上,接待境外贸易团队85个。在线义博会点击量达436 924人次,比上届增长10.9%。

第14届义博会于2008年10月21—25日在义乌梅湖会展中心举行。参展类别为文化办公用品、体育娱乐用品、玩具、针织辅料/拉链、服装鞋帽、工艺礼品、工艺装饰、日用品、流行首饰、化妆美容用品、箱包皮具、五金机电、电子电器、汽车用品、服务贸易。展会共设国际标准展位4 500个,展览面积100 000 m²。来自全国25个省(市、区)和香港、台湾地区,以及美国、韩国、日本、澳大利亚等30个国家和地区的2 512家企业参展。展览成交额103.6亿元,与去年同比下降4.9%,其中外贸成交额9.49亿美元,同比下降3.2%,占总成交额的62.3%。展馆专业客商报到共105 198人,其中境外客商16 107人,同比下降5.3%,来自167个国家和地区,欧美国家客商占27%,同比上升4个百分点,接待境外贸易团队79个。

第15届义博会于2009年10月21—25日在中国义乌国际博览中心举行。参展类别为文化办公用品、体育娱乐用品、玩具、针织辅料/拉链、服装鞋帽、工艺品、日用品、流行首饰、化妆美容用品、箱包皮具、五金机电、电子电器、汽车用品、服务贸易、水晶及玻璃制品。展会共设国际标准展位5 000个,展览面积达120 000 m²,吸引来自全国31个省(市、区)和香港、台湾、澳门地区,以及法国、美国、澳大利亚、日本、韩国等30个国家的2 625家企业参展。展览成交额达115.43亿元,成交额比上届增长11.4%,其中外贸成交额为10.17亿美元,占总成交额的61.7%。境外客商来自157个国家和地区,亚洲客商仍占大多数(62%),比去年上升3个百分点;欧美发达国家客商共占17%,较去年下降5个百分点;非洲客商继续保持增长态势,较去年上升两个百分点;接待境外贸易团队79个。

第16届义博会于2010年10月21—25日在义乌国际博览中心隆重举行。展会共设国际标准展位5 000个,展览面积120 000 m²。吸引来自全国29个省(市、区)和香港、台湾、澳门地区,以及法国、美国、澳大利亚、日本、韩国等43个国家的2 621家企业参展。成交额127.67亿元,同比增长10.6%。其中,外贸成交额11.6亿美元,占总成交额的60.9%,同比增长14.1%。参展行业中成交额居前五位的分别是日用品、五金机电、工艺品、玩具、文化办公。主展馆共有来自 209 个国家（地区）的 134 393 名境内外采购商参会，同比增长 9.0%，其中境外客商 17 624 人，同比增长 0.8%。到会外商居前五位的国家（地区）分别是韩国、中国台湾、伊朗、巴基斯坦、印度。

第 17 届义博会于 2011 年 10 月 21—25 日在义乌国际博览中心举行。本届义博会共有来自 36 个国家（地区）的 3 050 家企业参展，设国际标准展位 6 500 个，同比增长 30%，展览规模再创历史新高，展览规模首度超过了华交会，在商务部主办的经贸类展会中列居第二。5 天展期共吸引了来自 208 个国家（地区）的 179 764 名境内外客商参会，同比增长 33.76%，其中境外客商 19 369 人，同比增长 9.9%，到会外商居前五位的国家（地区）是韩国、中国台湾、伊朗、印度、美国。本届展会实现成交额 157.52 亿元，同比增长 23.38%。其中，外贸成交额 14.86 亿美元，占总成交额的 60.2%，同比增长 28.13%。

第 18 届义博会于 2012 年 10 月 21—25 日在义乌梅湖会展中心举办。参展类别为五金、电子电器、工艺品、文化办公用品、体育及休闲用品、箱包及皮具、日用品、饰品及饰品配件、针纺织品、玩具及儿童用品。参展企业 2 892 家，设国际标准展位 6 000 个，展览面积 180 000 m²。成交额 163.4 亿元，比上届增长 3.73%，其中外贸成交额为 15.83 亿美元，占总成交额的 61.6%。有来自 206 个国家和地区的 193 552 名客商参会，同比增长 7.67%，其中境外客商 20 886 人，同比增长 7.83%。

第 19 届义博会于 2013 年 10 月 21—25 日在义乌国际博览中心举行。来自全国 30 个省（市、区）和香港、台湾、澳门地区以及美国、印度、伊拉克、澳大利亚、韩国等 59 个国家的 2 747 家企业参加了展会。展会成交额 166.15 亿元，同比增长 1.68%。其中，外贸成交额 16.96 亿美元，占总成交额的 62.1%，同比增长 7.16%。本届展会共吸引了来自 203 个国家和地区的 196 957 名客商参会，同比增长 1.76%，其中境外客商 22 201 人，同比增长 6.3%。

第 20 届义博会于 2014 年 10 月 21—25 日在中国义乌国际博览中心举行。有来自 22 个国家和地区的 2 529 家企业参展。共设有国际标准展位 4 500 个，实现成交额 170.74 亿元，同比增长 2.76%。其中，外贸成交额 17.5 亿美元，占总成交额的 62.73%，同比增长 3.21%。共吸引了来自 170 个国家和地区的 207 159 名客商参会，其中境外客商 23 835 人，到会境外客商数居前五位的国家是韩国、印度、巴基斯坦、埃及、俄罗斯。

五、义博会的服务理念

2002 年的义博会将"国际化"目标正式写进主题，这是"义博会"走向国际化、市场化的重要标志。本届"义博会"新闻会上，义乌市委书记楼国华说："'义博会'将遵循面向世界、服务全国的办展宗旨，坚持国际化标准、市场化运作、专业化组织，朝国际化、经贸性、实效性、优质性方向发展。"

第 8 届义博会坚持进出口企业优先、名牌产品优先，境外企业优先的原则。"三优"产品的参展，确保了义博会的金品牌。第 8 届义博会期间，除在中心展馆开展外，还在相关专业街设立展销区，促进展会内外市场的互动。同时把网上展会信息的及时发布与展会展览结合起来，提高展会的信息电子化，使之永不落幕。展会期间，一律实行标准展位，整齐划一。另外，在第 8 届义博会上，还召开了各种洽谈会、报告会、高峰会，以会兴展，以展促会。作为义乌的金品牌，义乌市在本届博览会举办之前，就引进展会主题的 CI 设计并及时注册，展会期间还举办大型演唱会、足球赛，营造展会的文化氛围。

依靠"兴商建市"发展起来的义乌市，深知市场服务的重要性。市委、市政府组织工商、税务等有关部门，专门开展店面租金调整工作，采取政府调控等措施降低经营成本。为了减少中间环节，降低商品价格，有关部门对市场内的同类商品实行划行归市，让经营户公平竞争。同时提升会展物流业水平，建立较为发达的联托运网络，全市已建立通达全国 250 多个城市乃至世界各地的航运、空运、铁路、公路网络。义乌市委、市政府还从增强服务意识，提高办事效率，改进工作作风入手，对外商的管理、居住、公司审批、出口报关、社会治安提供主动、快捷、优质的服务。

质量兴市，经营兴市，会展和市场的良性互动，诠释了会展和市场服务的新概念。得益于全新的治市思路，义乌才能创造中国区域会展城市快速发展的神话，"义博会"才能扎根于义乌而辐射世界。

六、义博会的市场基础

义乌，全球最大的小商品集散中心，连续 14 年获中国集贸市场之首，拥有市场经营面积 260 余万平方米，经营商位 5.8 万个，日贸易客流量超过 20 万人次，市场汇聚了 43 个行业 40 余万种小商品，成交额连续 15 年位居全国工业品批发市场榜首。

　　义乌市拥有酒店宾馆 2 000 余家，酒店用品经营单位 2 000 余户，从业人员 20 万余人，2006 年各类酒店用品、设备市场营业额达 100 多亿元，其中外贸销量占销售总量的 50% 以上，是义乌经济发展的重要支柱产业之一。

　　义乌是全国会展业的新星城市，义博会为全国第三大展会。2004 年，义乌被评为"中国最具发展潜力的会展城市"之一；2005 年，义乌被评为"2004年度中国十大最具魅力会展城市"之一；2006 年，义乌被评为"2005 年度中国（软件环境）最佳会展城市"；2007 年，义乌又被评为"2006 年度中国（宏观管理）最佳会展城市"，义博会被评为"2006 年度中国（参展效果）最佳展览会"，梅湖会展中心被评为"2006 年度中国（品牌推广）最佳场馆"。义乌，已成为国内外参展商和采购商聚集的焦点。

图 10.3

【案例评析】

义博会的成功经验

——中国会展经济的义乌模式分析

从 1995 年第 1 届义博会开始，义乌会展经济正式迈向了快速发展的道路，规模不断扩大。首先，展馆面积从 1995 年的 5 000 m² 增加到 2007 年的 10 万 m²，扩大了 20 倍。其次，从数量增长上看，义博会历年成交量一直呈增长态势。2007 年，义博会成交额达到 108.9 亿元人民币，仅次于广交会和华交会，成为中国第三大国际会展。再次，义博会的国际化程度较高，2007 年义博会外商人数 17 011 人，占专业客商数的 14.44%，来自 172 个国家和地区，其中来自发达国家的客商占 60% 以上，共接待境外贸易团队 85 个。

一、义乌会展模式的基本特征

经过 13 年的发展，如今义博会成为继广交会、上海华交会之后中国第三大国际会展，形成了独具特色的中国会展经济的义乌模式，其基本特征如下：

1.因地制宜

改革开放以来，义乌人始终秉持这一商业意识和义乌精神，从第一代露天市场—第二代棚架市场—第三代室内市场—第四代店门市场—第五代商城市场，小商品市场不断发展，以义博会为龙头的义乌会展业因地制宜，适者生存，不断发展。

2.集聚优势

义乌的优势，在于经过政府引导形成的产业优势，大批特色产业优势企业聚集形成浙江中部地区的经济高地。服装、袜业、饰品、拉链、毛纺、工艺品、制笔、印刷等各种优势产业成为义博会发展的基础，办好展会的要素包括市场和产业群。专业市场是产业升级的重要载体，义乌得益于产业集聚带来的市场群的力量：许多个产业优势派生出的专业市场集聚在一起，形成规模巨大的市场群，并辅以强大的服务和物流系统。这样，使每个市场可以分摊政府因投资市场带来的各种公共设施成本。正是这种产业集聚优势，使得义博会上各展区能够以浙江轻工制造业的产业基础为支撑。因此，义博会的采购是源头采购，减少了流通环节，成本比较低，这是对客商最大的吸引力。集聚了产业优势，使得义博会能够源源不断地以较低的成本为国内外客商提供优质的产品和服务。

3. 以展促贸

历届义博会，在一连串骄人的成交额背后，是一条条与国内外市场相连的贸易大通道。吸引国外买家，国际采购商数量大、参会目的明确、下单率高是义博会最成功之举。义博会始终抓住了外商组织工作这根主弦，因此，每年来义博会的外商目的都很明确。义博会强大的贸易辐射功能与国内外市场相呼应，使义乌在国内国际都有相当知名度。

同时，义乌会展业以义博会为龙头，带动文博会、消博会、五金会、化洗会等多个国际性专业展会共同发展，每个展会都是一个专业市场的风向标，以展促贸，推动义乌会展业和贸易互动发展。由中国商务部向全球发布的中国小商品贸易指数，使义乌小商品贸易像天气预报一样，天天对外公布，真正形成了中国义乌小商品贸易的全球化。

4. 和谐发展

义乌模式来源于小商品市场的先发优势，在政府的规范和引导下，市场机制的作用逐步扩展到会展活动的各个领域，切实降低了商品的要素流动成本，最终导致义乌全部经济活动，无论是商贸还是工业生产，都能以较低的成本运行，每年的义博会又有许多产品根据市场的需要不断创新，新颖时尚的各类产品又不断吸引来自世界各地的买家，创新使义博会年轻，富有活力，也推动了产业结构不断调整，加快了义乌会展经济快速健康的发展，拉动义乌整个社会的不断进步繁荣，促进整个社会经济、文化、治安和周边地区的和谐发展。

同时，会展经济驱动独特的城市化路径，使粗具规模的中等城市开始具有国际性商贸城市的特征，走上了国际性商贸城市的发展道路。对外开放程度日益提高，城市发展国际化步伐加快。义乌与世界212个国家和地区有经贸往来，来自100多个国家和地区的8 000多家外商常驻义乌采购小商品。有境外公司企业代表处760多家，外商开设账户8 400多个，义乌正成为国际采购商重要的源头采购基地。

此外，以义乌经济发展的辐射力覆盖整个浙江中部，推动浙中其他经济欠发达地区的发展。义乌已经成为浙江中部地区最大的经济驱动引擎，产生了极大的经济效应和辐射功能，推动中部地区经济发展。

二、义乌模式的生成机制

1. 政策倾斜形成合力

义博会的发展因为义乌的新兴产业而备受关注，政府的因势利导和国家的大力扶持，进一步推动了义乌会展的飞速发展。自2002年义博会成为商务部唯一批准的县级城市举办的国际化专业会展以来，商务部对义博会的重视，大大提升了义博会的影响力，加快了义博会的国际化进程。2006年商务部提议的"义乌指数"的颁布提升了义乌在中国小商品价格上的话语权，提高了义乌小商品市场整体的市场化程度以及在国际上的影响力。

2.组织有力的运行机构

义乌会展模式的成功，很大程度上得益于组织有能力的运作机构。义乌政府以及下属各相关部门，调动各方人力、物力和财力成立运行机构，协助义博会的成功举办。义博会的运作，融合了政府、义博会组委会、会展公司等各方机构的合理运行。首先，政府将举办义博会展馆等硬件建设在政策上加以扶持。其次，成立义博会组委会常设机构，负责义博会的推广宣传，招展招商，展前、展中、展后等服务工作。再次，培育专业展览公司办展，扩大与世界各地贸促机构的合作与交流。经过各方有能力的机构合理运作，以义博会为龙头的会展经济取得了非常显著的成就与效益。

3.适当资金的投入

为有效控制客商的交易成本，在硬件设施的建设上，义乌始终坚持政府投入，牢牢掌握定价机制。在市场经济深入人心的义乌，几乎所有行业都引进了民间资金，但政府还是每年拿出上百亿元资金进行基础建设，目的也是为了营造良好有序的经营环境。另外，面对国际客商越来越多的现实，义乌市政府每年都拿出1 000多万元人民币，用于培训经营者的英语、网络技术和国际贸易知识，从而提高他们与国际客商交易的能力。此外，义乌会展的发展也善于充分利用企业的投资，把展商组织起来，通过举办会展的方式使其得到迅速的膨胀与发展。此外，政府还设立专项会展业发展资金，对举办各类展会进行补助和奖励。

义乌会展的资金投资不是盲目的，而是根据市场需求和经济规律适当投入。义乌市政府对义博会的扶持资金由1998年投入1 000万元人民币用于组展、招商、宣传等，每年递减100万元人民币，直至2006年已经不再投入，义博会完全市场化运作，并取得盈利。

义博会的成功，很大程度上依托的是市场化和专业化特征鲜明的中国最大的小商品市场，依托组织创新的会展经济"义乌模式"，依托的是地方政府和国家的正确定位和因势利导。"因地制宜、集聚优势、以展促贸、和谐

发展"的会展经济义乌模式，探索出了一条中小城市如何利用自身资源成功
办展的道路。义博会的成功促进了贸易的发展，反过来又影响了义乌的经济，
给义乌经济的发展注入了新的活力，促成其走上了建设国际商贸城市的发展
道路，打破了仅靠市镇经济发展专业市场带来的瓶颈，找到了经济新的增长点。
义博会的发展也带动了周边地区的经济发展，使得整个浙江中部地区经济快
速发展。义博会的发展虽有自己鲜明的个性和区域特征，却也折射出了会展

图 10.4

业作为"城市面包"对区域经济产生的巨大影响。

【单元思考与训练】

　　1. 分析"义博会"品牌建设的主要方法有哪些。

　　2. "义博会"是否具有可复制性？中西部城市能否模仿"义博会"的模
式建设会展品牌？

　　3. 请以小组为单位采访当地 2 ~ 3 家会展企业，详细了解当地著名会展
活动的发展历史、发展现状、作用与意义、经济效益、成功经验与不足，并
制作成 PPT，每个学习小组选派 1 名代表在课堂上进行展示。

【拓展阅读】

"新玩法"为义博会增色添彩
发布日期：2015-09-28 信息来源：义博会组委会

　　想要了解第 21 届义博会的最新动态？想知道本届义博会的参展展品以及参展商有哪些？想随时随地和意向客户进行洽谈对接？9 月 20 日，由义博展览公司着力搭建的手机端"轻应用"——义博会微站火热上线。图文并茂、更新及时的义博会微站，将为本届义博会增色添彩。

　　"微站贴合当下用户的使用习惯，一键开启，操作简便。而且目前微站内容丰富，信息更新及时，是广大参展商、采购商以及市民朋友了解并玩转

图 10.5

第 21 届义博会的实用小助手。"昨日，义博展览公司市场部工作人员介绍。

　　义博会微站设置在"中国义乌国际小商品博览会"官方微信平台上，相比传统的 APP 系统，义博会微站无须下载安装，十分方便。用户只需关注义博会订阅号"chinayiwufair"进入公众号后，点击下方右侧的导航条"义博会微站"即可进入微站。

　　微站涵盖了展商查询、展品查询、观众登记、活动资讯、展位预订、商旅指南、推广合作和联系我们八大模块。在展品查询功能模块里，所有参展商品已经按照创新设计、电子电器、服务贸易、工艺品、日用品等12个类别进行分类排列，大大方便了用户寻找对口展品的途径；在观众登记模块，有意向参加义博会的采购商可在这一模块进行预登记，在义博会开展后可凭收到的条形码等信息在展会入口处领取证件入场；展位预订模块则为参展商的展位预订提供便利，只要按照提示详细填写相关信息，义博会主办方将第一时间与参展商取得联系。在活动资讯模块，用户可以在义博会期间全面了解所有论坛及相关活动的信息。此外，用户还可以通过商旅指南模块获取在义乌参展期间的吃、住、行及翻译、贸易服务。

　　义博会微站的设立，是本届义博会将线下的展会与O2O相结合的一次尝试，使集中在短时间内的展会延伸到更长的时间范围。义博展览公司工作人员介绍说：义博会微站是展会平台、交易平台和网络平台的一个互动。本届义博会的展品信息已全部上传至微站，将线下的展会搬到网络上同步进行。展会前，客商可即时搜索想要了解的参展商信息，在众多的品牌当中选择符合自己的品牌，安排好自己的逛展行程。即便线下的展会闭幕，线上的展会还可以继续进行，企业可以更新自己的新品和展示最新的技术。没有及时确定贸易采购的采购商可通过微站的"一键下单"功能进行在线意向留言，实现在线下单。"用户的留言会马上在后台显示，我们工作人员也将随即把用户意向留言以短信或邮件的形式帮助用户与参展商进行对接。"义博展览公司市场部工作人员说。

　　进行贸易采购的客商还将享受义博会"义展通外贸采购服务"的贵宾体验。微站上集结与义博会进行合作的外贸公司、物流公司等服务商的信息，让客商的贸易采购无后顾之忧。

　　据了解，义博会微站上线短短3天时间，后台已有用户意向留言数十条。义博展览公司负责人表示："义博会微站的上线，对展会本身是一种深加工，展会通过O2O形式加工后，实现了线上展会和线下展会的融会贯通，有助于推动义博会的转型升级。"

图 10. 6

图 10. 7

第十一单元
平遥国际摄影大展

图 11.1

【教学目标】

☆ 知识目标
了解中国平遥国际摄影大展基本概况
了解往届大展情况
了解平遥荷赛的基本情况
了解大展的经济效益
掌握平遥国际摄影大展的成功经验
理解平遥国际摄影大展对山西艺术的作用和影响
☆ 能力目标
能分析总结平遥国际摄影大展的成功经验
能对平遥国际摄影大展对山西艺术的作用和影响
进行阐释和分析
☆ 素质目标
具备良好的总结概括能力
具备良好的自主学习能力
具有良好的适应社会的能力
具有良好的心理自我调控和自我管理能力

【知识链接】

平遥古城简介

山西是华夏文明的重要发祥地之一，被誉为"中国古代建筑博物馆""中国古代艺术宝库"，已被列入国家重点的文物单位就有 119 处，居全国第一位。平遥是中国历史文化名城，是唯一一座列入世界文化遗产的中国汉民族古城。平遥古城的城墙始建于西周，至今已有近 3 000 年的历史，基本上保持明初城墙建筑的原貌。除了城墙外，整个古城由古城池、古街道、古建筑群组成，包括众多的票号、武馆、当铺、商店，还有 400 多处保存完好的古四合院民居。

【案例陈述】

一、中国平遥国际摄影大展简介

中国平遥国际摄影大展（PIP）始于 2001 年，由山西省委宣传部、山西省文化厅、山西省人民政府新闻办公室、晋中市人民政府、平遥县人民政府共同主办。每年举行一次，从 2001 年至 2015 年已经举行了 15 届。中国平遥国际摄影大展是一个具有中国传统文化特色的国际摄影展，按照国际惯例运行。每届大展都会有数百名中国和世界各地的优秀摄影师和摄影机构参展，来自世界各国各地的 10 多万专业摄影家和业余摄影爱好者前来观看展览和参加各项活动。马克·吕布（法国）、何奈·布里（法国）、塞巴斯蒂奥·萨尔加多（巴西）、苏珊·梅塞勒斯（美国）、马丁·帕尔（美国）、马丁·弗兰克（美国）、尤金·理查兹（美国）、卢卡斯·朱丽安（意大利）等诸多国际摄影大师都曾在平遥展出作品，马格南图片社、美国国家地理杂志社等、美国光圈基金会、法国《巴黎竞赛》、《PHOTO》杂志社、德国国家地理杂志社摄影机构也都在平遥举办过各种展览及活动。

平遥大展提倡多元化、国际化、专业化，各种题材、风格和表现手法的作品都可以在平遥展出，被誉为"国际摄影师展示自己的珍贵舞台"。除了摄影展览外，摄影大展还为参加者安排了幻灯演示会、优秀摄影作品评奖、优秀摄影画册评奖、影像短片展、摄影大师讲习班、摄影论坛等活动。

作为一个尊重历史，崇敬摄影先驱者的国际摄影节，平遥国际摄影大展通过多种方式向摄影前辈致敬。2003 年，组委会建立了"平遥国际摄影博物馆"，这也是中国第一个摄影博物馆。当年曾为中国新闻摄影的先驱沙飞先生和吴印咸先生塑像，展出并收藏他们的作品。2004 年，为世界风光摄影大师安塞尔·亚当斯和中国新闻摄影理论的先驱蒋齐生先生塑像，展出并收藏他们的作品。2005 年，为著名战地摄影家罗伯特·卡帕和中国台湾摄影家郎静山先生塑像，展出并收藏他们的作品。2011 年，平遥大展首次设立致敬展，用以向为中国摄影作出杰出贡献的摄影人致敬，已经先后通过展览朱宪民、顾棣、张祖道、袁毅平老摄影人的作品向他们表达敬意。

中国平遥国际摄影大展是中国十大著名节庆之一，荣获"IFEA 中国最具国际影响力十大节庆活动"奖，是当代摄影家最盛大的节日，是国际摄影艺术和中国摄影发展、引领各种摄影流派和顶级学术活动的重要展示平台。

二、主办机构

主办单位：中共山西省委宣传部，山西省文化厅，中共晋中市委，市人民政府；承办单位：山西省政府新闻办公室，中共晋中市委宣传部，中共平遥县委、县人民政府，太原新晋商联盟文化发展有限公司。

三、历届回顾

表 11.1

届　次	举办时间	大展主题	开展仪式举办地点
第一届	2001.09.20—09.30	开放·交流（Open·Communicate）	平遥县衙
第二届	2002.09.20—09.26	世纪·中国（Century·China）	平遥县衙
第三届	2003.09.16—09.22	生活·文化（Life·Culture）	平遥古城拱极门广场
第四届	2004.09.16—09.22	文明·发展（Civilization·Development）	平遥县衙
第五届	2005.09.16—09.22	和平·进步（Peace·Progress）	平遥县衙
第六届	2006.09.16—09.22	多元·和谐（Diversity·Harmony）	平遥县衙

续表

届　次	举办时间	大展主题	开展仪式举办地点
第七届	2007.09.19—09.25	合作·共赢 （Cooperation · Win-win）	平遥县衙
第八届	2008.09.19—09.25	奥运·大爱 （Olympics · Love）	平遥县衙
第九届	2009.09.19—09.25	生命·梦想 （Life · Dream）	平遥县衙
第十届	2010.09.19—09.25	信心·力量 （Confidence · Power）	平遥县衙
第十一届	2011.09.19—09.25	瞬间·永恒 （Momen · Eternity）	平遥古城迎薰门广场
第十二届	2012.09.19—09.25	回归·超越 （Regression · Surpassing）	平遥古城迎薰门广场
第十三届	2013.09.19—09.25	走向生活的影像 （Life in Photography）	平遥古城迎薰门广场
第十四届	2014.09.19—09.25	影像生活 梦想世界 （Life of Photography, World of Dream）	平遥古城迎薰门广场
第十五届	2015.09.19—09.25	守望家园 放飞梦想 （Home & Dream）	平遥古城站站前广场

1. 第一届 2001 中国平遥国际摄影大展

2001 年 9 月 20—30 日以"开放·交流"为主题，来自法国、美国、西班牙等 16 个国家和地区的 165 位摄影家和国内外摄影人士 40 000 人次参加了盛会。主要内容包括大型歌会、图片展览、高级摄影研讨班、幻灯晚会等。图片展览在 12 个展区展出 58 个风格不同的展览；图片交易共有 20 个项目达成协议；高级摄影班有 10 位国际著名摄影家亲自授课，参加人数近 200 人；大型歌会以"新大运·新山西"为主题，群星荟萃，场面宏大。整个摄影节内容丰富、创意新颖，产生了良好的社会效应。

2. 第二届 2002 中国平遥国际摄影大展

2002 年根据国家有关规定，平遥国际摄影节更名为平遥国际摄影大展，9 月 20—26 日在中国山西平遥古城举行，主题是"世纪·中国"。13 个国家的 203 位摄影家在此举行 94 个展览，展出作品 4 000 多幅。国际著名跨国公司阿尔卡特和欧莱雅倾情加盟。组委会分别在法国巴黎、意大利米兰和西班牙马德里举行了新闻发布会。摄影家和摄影机构图片交易协议达成 22 项。

同 2001 年相比，其特点如下：

一是国际性更强。从来宾和展览看，共有来自法国、美国、英国、西班牙、丹麦、俄罗斯、韩国、日本等 10 多个国家的 123 位摄影家参加了大展，注册人数比上年翻了一番，国内外展览共有 94 个，展出作品有 4 000 余幅；从招商引资看，两大著名跨国公司阿尔卡特公司和欧莱雅公司加盟大展，分别举办了"阿尔卡特中国摄影家画册奖"和"中国当代摄影师欧莱雅大奖"，同大展形成一种互动双赢的关系；从新闻发布看，大展组委会先后分别在法国巴黎、意大利米兰和西班牙马德里举行了新闻发布会。所有这些都表明大展的国际化程度在提高。

二是文化品位更高。主要表现在不少国际摄影界知名人物，还有法国驻华大使、西班牙驻华文化专员、国际著名导演唐季礼先生等参加了大展；不少国外摄影精品第一次亮相中国，而反映中国摄影最新探索和成就的观念摄影展和女摄影艺术家五人摄影展也引起了摄影界的广泛关注。

三是氛围更浓。以"三晋文明之光"为主题的开幕式文艺晚会品位高雅、异彩纷呈，加之系列民俗文化活动，使整个摄影大展自始至终洋溢着浓厚的喜庆、祥和气氛。

3. 第三届 2003 中国平遥国际摄影大展

第三届 2003 中国平遥国际摄影大展于 2003 年 9 月 16—22 日在中国山西平遥古城举行，主题为"生活·文化"。有 17 个国家和地区的 190 多个展览，参展作者 228 人，6 万多中外来宾出席了开幕式。观展总人数达 10 万多人次。首次举办中国建筑、风光、人像和纪实四大摄影论坛。本届摄影展内容多、亮点多，处处体现着平遥国际摄影大展的国际品位。平遥摄影博物馆为中国新闻摄影的先驱沙飞先生和吴印咸先生塑像，展出并收藏其作品，摄影家和摄影机构图片交易协议达成 34 项。2003 摄影大展来自美国、英国、法国等 16 个国家的 128 名外宾和中国近 20 个省市及香港特区的 3 480 名来宾直接参加了盛会。大展期间，观展总人数达 13 万人次，外宾 2 149 人，门票收入 127 万元，同期增长 188.76%。

摄影大展内容丰富，亮点更多，文化性越来越强。一是图片展览内容丰富。9 876 幅照片风格各异，分布在 22 个展场的 190 多个展览中。澳大利亚"土著人的生活"和 30 多个外国摄影展增添了摄影展的国际性。二是首次举办中国建筑、风光、人像和纪实四大摄影论坛，强化了大展的专业学术氛围，为中外专业摄影家的广泛交流和艺术理论的百花齐放、百家争鸣提供了交流鸣放的平台。三是创建中国第一个摄影博物馆——"平遥国际摄影博物馆"，在世界上第一次为摄影人树起了历史丰碑。四是文化庙会和面食展示活动形式多样，再现了丰厚的山西文化，对聚集大展人气，扩大大展影响起到了助推作用。2003 中国平遥国际摄影大展新增内容多、亮点多，处处蕴含着文化元素，传递着文化信息，感染着摄影家、感染着观众。观众与文化近距离接触，文化意识得到增强，文化素养得到提高，为传统文化与现代文化，东方文化与西方文化的交流、碰撞、融合搭建了平台。

4. 第四届 2004 中国平遥国际摄影大展

第四届 2004 中国平遥国际摄影大展于 2004 年 9 月 16—22 日在中国山西平遥古城举行，共有来自五大洲 23 个国家和地区的 426 位摄影家的不同风格、不同题材的 180 多个专业化摄影展览，展出作品 8 850 余幅。2004 年的主题全力体现的是"文明·发展"，重点展览以中国、印度、埃及、古巴比伦、秘鲁等文明古国为视点，展示人类文明发展的轨迹。围绕主题，摄影展览艺术风格多样，点面相互呼应。世界出版业著名的法国桦榭集团首次与组委会合作，共同举办"ELLE（中国）时装摄影大奖赛"活动；国际传媒集团香港凤凰卫视独家赞助，举办"凤凰卫视中国当代摄影师优秀摄影画册大奖赛"活动；中国移动电信倾情赞助，设立 2004 中国平遥国际摄影大展"'中国移动杯'优秀摄影师大奖。"

5. 第五届 2005 中国平遥国际摄影大展

第五届 2005 中国平遥国际摄影大展于 2005 年 9 月 16—22 日在中国山西平遥古城举行，适逢世界反法西斯战争胜利 60 周年和中国人民抗日战争胜利 60 周年，本年度的鲜明主题"和平·进步"获得了世界摄影界的积极响应。展出的世界反法西斯战争和中国人民抗日战争的珍贵图片引起了观众们的极大关注。本届大展共有 29 个国家和地区的 506 位摄影家的 11 370 幅作品参展，是历年来参展作品最多的一年。观展总人数达到 13 万人次，摄影家和摄影机构图片交易协议达成 76 项。

摄影大展设定 80 个展览，3 500 多幅作品，体现"四位一体，多元发展"的理念，请名家、抓精品、促交易、保品牌，把平遥国际摄影大展办成艺术上多元发展，观念上不断更新的国际摄影大展。

新一届的摄影展览既有传统的新闻纪实、风光人像，也有飞速发展的数码创意，更有新技术新领域的探索。

针对不同群体，2005 大展还安排了摄影讲座、论坛、大师点评、摄影比赛、图片交易、策展人学院、幻灯演示、创作采风、民俗展演等活动。

6. 第六届 2006 中国平遥国际摄影大展

以"多元·和谐"为主题的 2006 中国平遥国际摄影大展于 2006 年 9 月 16—22 日在中国山西平遥古城举行。有来自 41 个国家和地区的 1 000 多名摄影师携他们的 16 000 余幅作品参展，展览突出摄影师的艺术个性，营造多元艺术氛围，张扬和谐艺术主题。大展期间还举办了高端论坛、培训班等。

7. 第七届 2007 中国平遥国际摄影大展

2007 中国平遥国际摄影大展于 2007 年 9 月 19—25 日在中国山西平遥古城举行，有来自 45 个国家和地区的 1 000 位摄影师携 10 000 余幅作品参展，展览主题为"合作·共赢"。

8. 第八届 2008 中国平遥国际摄影大展

2008 年 9 月 19—25 日，2008 中国平遥国际摄影大展在平遥古城盛装开幕。本届展览主题为"奥运·大爱"。

与往年不同，平遥国际摄影大展有四大特点：①体制改革带来新变化；②图片展览有了新突破；③社会参与更加广泛；④新闻宣传力度更大。一年一度的平遥国际摄影大展，是平遥县对外开放的大平台。因此，为丰富大展内容、营造大展氛围、放大大展综合效应，多年来平遥县每年都要策划组织一系列的县域活动。据统计，有近 40 个国家的 12 000 余幅作品参加了本届大展。其中：国内个展 130 组，策展 28 组，画廊、机构 62 家；国外个展 19 组，策展 15 组，画廊、机构 6 家。这些精彩的展览分门别类陈列在平遥古城的八大展区。

9. 第九届 2009 中国平遥国际摄影大展

本届大展从学术阐释到作品征集，从展场规划到环境设计，全方位打造国际化、专业化、多元化的盛大展会。汇集了来自 46 个国家和地区的 150 个展览，全球 1 232 位摄影师的上万幅作品在九大展场分别展出。

10. 第十届 2010 年平遥国际摄影大展

本届大展继续保持了国际化、专业化和多元化特色，整体有序运行，取得了丰硕成果。据大展组委会统计，共有来自世界 38 个国家和地区的 160 个展览，2 200 余位摄影师携作品参展。大展共设立了 9 个展区，布展图片近两万余幅，观展人数达 43.4 万人次。130 余家海内外媒体的 180 余名记者集中报道大展盛况，"信心·力量"的主题深入人心，其规模、布展水平、组织协调等各方面均得到了中外来宾由衷的认可与赞誉。

十年庆典系列活动丰富多彩，受到社会和媒体的广泛关注。有"从平遥开始"摄影展、"中国平遥国际摄影大展历程回顾展"两个主题纪念展览；有"把蓝天带回家""首届儿童摄影展"两个公共摄影活动；艺委会推出了《"中国平遥国际摄影大展"十年纪实画册》《"中国平遥国际摄影大展"十年文献》两本庆典图书；平遥县还奉献出山西传媒出版集团出版的《平遥名片》与《平遥国际摄影大展历程纪事》双册庆典文献。

大展呈现十大特点：①展场改造更加贴合作品的表现需要；②本届 11 项奖项的科学设置和公平评审保持独立、公正、公开、公平；③重点展览的策划扣合大展主题"信心·力量"；④各项活动凸显了大展的学术性、专业性；⑤10 周年庆典暨颁奖盛典完美结合成功举行；⑥全方位的媒体报道增添了大展的艺术表现力和感染力；⑦全国范围内招募的 500 名优秀志愿者使志愿者队伍的素质实现了一个大的提升；⑧招商工作进展有成效，资源置换对招商工作起到了举足轻重的作用；⑨大展艺委会接待国内外摄影师、媒体、评审团、志愿者等，细致的服务保证了大展的完美呈现；⑩作为摄影作品的汇聚场和交流的平台，平遥国际摄影大展的作品分量日益彰显。

11. 第十一届 2011 年平遥国际摄影大展

2011 年第 11 届平遥国际摄影大展主题为"瞬间·永恒"。这个主题涵盖了所有的摄影门类，无论纪实、风光、观念还是人像，每一门类的摄影都拥有与其他门类不同的瞬间与永恒。作为目前中国规模最大的综合性摄影盛事，平遥拥有自己的标准，却从来不设置过多的门槛，任何一种门类的摄影都能在本届大展找到属于自己的、最合适的位置。跨过10年历程的"平遥国际摄影大展"，在吸收以往经验的基础上，以一种全新的面貌、扎实的工作状态出现在广大摄影人及游客面前。2011年，平遥摄影大展组委会为顺应移动互联网发展步伐，为摄影师提供更为紧密的沟通方式，与中国移动携手共同打造推出"用手机看平遥摄影大展"手机实时播报工具。手机看平遥摄影大展客户端已在中国移动应用商场开通上线，组委会通过客户端对大展全程进行实时播报，并实时发布大展新闻、参展大师、展位、摄影作品、讲座议程等，为广大摄影爱好者搭建起一个实时了解平遥摄影大展、参与摄影节的新的快捷通道。

2011平遥国际摄影大展为海内外观众奉献了来自42个国家和地区的展览，大展组委会首次推出大型学术展"返回原点"，展览由来自国内外的6名策展人联合策展；展出国内首个大型东欧摄影作品展"东欧的度过"；阿联酋等中东国家首次参加大展。全球有69所院校参加院校展，其中国外院校有21所。报名参展的国内展览共314个。2011年的"平遥国际摄影大展"是对前十届大展的总结与发扬，并在此基础上展现出摄影的新发展及大展艺委会对摄影新的思考。

12. 第十二届2012平遥国际摄影大展

本届大展主题是"回归·超越"，是对2011年"返回原点"的延续与演进，并寻找出新的意义。

本届大展再次以古城九大展场为展览空间，展出来自世界各地的摄影家的优秀摄影艺术作品。在原有的展览单元上首次设立国家馆，展出英国、丹麦等国家的摄影师作品。国家馆是2012平遥国际摄影大展的新举措，以标准化、专业化的策展方式，通过全新的策展理念，展示该国摄影艺术。在这些相对独立的展览空间中，观众可以更清晰地厘清摄影在当地的发展脉络。

13. 第十三届2013平遥国际摄影大展

主题为"走向生活的影像"。

主题阐释：

在这个数字化的时代，一台相机加一台电脑，甚至只需要一部智能手机，便可以创造无数的"神迹"，而图像泛滥的结果必然使我们不再信任影像自身，以一种廉价的快感来取代我们对摄影本身的敬畏。

摄影由半科学与半艺术结合而成，神秘感本不应是摄影的应有之意，但在剥离神秘感的同时，将我们对摄影本身的敬畏一同剥离，则是过犹不及的愚蠢。

随着技术的发展与器材的普及，摄影的人越来越多，作品也更加丰富，每年的中国平遥国际摄影大展期间，都会有各种形式与风格的作品呈现在我们的面前。

从数码摄影诞生至今，摄影这一行为正逐渐变成"行为"本身，而不再具备其他意义。被赋予在"摄影"之上的记录历史、反映现实的功能正逐渐被普通民众手中的手机、卡片机、单反所拍摄的各色照片所取代，"摄影"变成某种用以自娱自乐的玩意，一门产业链完整的生意。

摄影正变成普通民众日常生活的一部分，或大或小，或多或少地影响着所有民众的生活，在这种情况下，走向生活的影像就将具备多方面的含义：

摄影如何进入并改变着我们观察和表现世界的方式；生活如何进入摄影并改变摄影的内涵与外延；摄影与商业消费结合后如何影响我们。

任何一种文化或者说艺术形式，都是在保留原有的内核的基础上，通过不断地、大量地吸取社会的需求，并与之共同前进，以此来拓展自我。

走向生活的影像，在某种程度上，是对摄影神秘性的一次剥离，近些年来，有越来越多的展览追求大画幅的视觉冲击力，却忘却摄影本应具有的心灵冲击力，将影像本身变成某种奇观，以此来掩饰作者面对生活时所应该具有的敏感与新鲜。

14. 第十四届 2014 平遥国际摄影大展

2014 年第 14 届平遥国际摄影大展以"影像生活 梦想世界"为主题，秉承着"对话·交流"这一宗旨，在开放与宽容的前提下，国内外摄影人在平遥大展中进行文化与学术的广泛交流。

本届大展共分为 5 大板块、19 个单元，共有来自 32 个国家和地区的 2 100 余位摄影师参加大展，展出作品 20 000 幅。

本届大展的参展作品以高水准的呈现受到国内外广大摄影人、批评家的好评。在国际展方面，大展邀请了 10 位国际摄影节主席、知名策展人为大展策展，大幅提升了本届大展的国际化、专业化水准。尤其是"北欧波罗的海八国展"，以其丰富的摄影类型，横贯东西世界的历史文化背景，成为本届大展最受好评的展览之一；秘鲁女摄影师塞西莉亚·帕里茨的作品《背景故事》也以其独特的形式展示了融入不同文化的努力与不易。

国内展方面，大展继续邀请多位国内优秀策展人对展览进行整体策划，引入新鲜的策划人血液，加强策展人与摄影师之间的交流，使得专业摄影师与摄影爱好者都能在大展中找到自己的位置。

本届大展也迎来了院校展十年。十年期间，院校展共有参展学生 4 500 人，参展作品 18 000 余幅。院校展作为国际文化交流的平台，每年吸引来自国内外的几十所院校参展，被策展人和教授们评为"最具活力的展览部分"。作为世界上唯一的大规模院校摄影展，院校展也吸引了大批国际院校。美国教授苏珊·都利专门为摄影节策划全美院校摄影竞赛展"冲破界限"，迄今已历五届；2014 年英国教授希恩·博奈尔专门为平遥策划英国院校展，有英国 12 所著名院校的学生参展。另外还有许多院校直接派教师和学生参展，如纽约帕森设计艺术学院、澳大利亚国立大学、芝加哥哥伦比亚学院、华盛顿大学、墨尔本皇家理工学院、南澳大学、南洋理工大学、ICP 摄影学院。

本届大展共有 130 多家媒体的近 300 名记者对大展进行报道，其中网络媒体 70 多家，传统媒体 60 多家。包括新浪、网易、《山西晚报》、《中国摄影报》、《人民摄影报》等媒体在大展期间进行了专题报道。同时，艺委会通过官网、微博、微信等方式对大展进行宣传，及时、完整、有效的报道方式，深受参展者的好评。

15. 2015 平遥国际摄影大赛

本届大赛以"守望家园·放飞梦想"为主题，以"影之当代"为学术主题，向全球摄影人发出邀约，共聚 15 周年大展影像盛典，一同感念摄影带给人类的多彩难忘瞬间，一同倾听中国平遥国际摄影大展在当下对全球摄影发展的最新注释。

本届大赛看点：

2015 年恰逢纪念中国人民抗日战争暨世界反法西斯战争胜利 70 周年，大展组委会重点策划"血肉长城——抗战时期的中国摄影师"大型摄影展览，旨在向抗日战争时期的老兵摄影师致敬。此外，"一带一路"文化展、廉政文化展、中国非物质文化遗产"手艺"摄影展、15 年大展回顾展等也将闪亮登场。

国际展方面，来自美国、德国、加拿大、俄罗斯、匈牙利、荷兰、新西兰、澳大利亚等36个国家和地区的300多位策展人、摄影家与摄影机构，将带来60个展览，呈现多元文化背景下的影像语言与摄影在世界各地的发展动态。时代周刊、德国斯图加特摄影之夏精品展、加拿大职业摄影师协会精品展、新西兰Photoforum摄影精品展、亚太摄影联盟（APP）摄影节合作展等国际重量级摄影机构都参加了大展。

四、平遥荷赛——世界新闻摄影比赛

平遥荷赛简称"荷赛"，于1955年发起于荷兰的阿姆斯特丹市，故又简称"荷赛"。这个比赛，历经几十年的打造，已成为国际专业新闻摄影比赛权威性的赛事之一。第48届"荷赛"共收到来自123个国家和地区的4 266位专业摄影师的69 190幅作品，参赛作品之多创了"荷赛"的历史纪录。这也是"荷赛"历史上第一次完全数码化的评选。这样的国际权威性的比赛自从落地阿姆斯特丹市后，这个城市便成了荷兰的代名称，国际新闻摄影比赛这个文化名牌，不但使这座城市的名声响彻了世界，而且也成为世界摄影人向往的文化名城。这张名牌，拉动了当地旅游的迅猛发展，推动了世界新闻摄影文化的交流步伐，促进了世界新闻摄影文化的进步，随之，这座古老的水城焕发了青春，成为了世界的旅游胜地。

五、历年所获荣誉

表11.2

获奖年份	荣誉名称	授奖单位
2005	中国最具国际影响力的十大节庆活动	国际节庆协会（IFEA）
2006	中国十大赛事博览类节庆	中国节庆协会
2007	2007年度中国节庆产业十大品牌节庆	第三届中国节庆产业年会
2007	2007年度中国节庆产业十大博览赛事类节庆	第三届中国节庆产业年会
2009	中国创意城市文化节庆名片	纪念改革开放30年中国创意城市文化名片荣誉盛典
2015	中国国际文化旅游节庆奖	首届中国国际生态文化旅游品牌推介与旅居地融资大会

六、经济效益

从旅游指数看，仅 2001 年在大展举办后的第一个黄金周，到平遥参观的旅游者的人数就从 2000 年的 3.5 万人增加到了 10 万人，以后都呈现出逐年攀升的趋势。据有关资料统计，在 2001—2006 这 6 年间，平遥接待旅游者达到了 500 多万人次，门票收入达到了 2.3 亿元，综合收入达到了 22 亿元。不仅如此，在大展期间，还成功举办了山西省名优特产节、民间工艺美术节、平遥古城招商洽谈会等活动，对山西省的旅游业起到了积极的推动作用，对区域经济发展起到了巨大的带动作用。

【案例评析】
平遥国际摄影大展的成功经验评析

1. 全民普适性主题——"摄影"

摄影的视觉性赋予它以超越民族和国界的普适性、共通性，同时又有实在性，不像类似风筝节、啤酒节或菜花节、秧歌节等主题，不是地域性太强，就是主题本身对文化各个领域内涵的包容性较低。

2. 民族性

平遥是中国唯一列入世界文化遗产的汉民族古城，距今已有 2 700 多年的历史，是中国古代民居的实物标本。平遥古城曾经是中国明清时期金融帝国的中心，号称明清时期的"华尔街"。这些特色结合中国的历史、商业和文化，体现了平遥独特的民族性。

3. 时代性

如 2012 年平遥国际摄影节中有一个板块的活动是"梦幻传奇杯"微电影大赛，结合了当前摄影乃至艺术的热点话题或潮流——微电影，从文化艺术的角度展示了时代的一个侧面。

4. 生活性

平遥国际摄影节将节展与旅游业完美结合，很多展览直接在名胜景点举办，使节展与当地百姓的生活旅游经济有良好的互动感、生活性，也有利于影像表现力的提升。

图 11.2

【单元思考与训练】

1.请搜集美国摄影学会国际摄影展的文献资料，围绕其基本概况、发展现状、作用和影响展开讨论，并分析其成功经验与不足。

2.请以小组为单位，每组以 6 人为宜，根据所搜集的资料制作 PPT，每组选派 1 名代表在课堂上进行展示。

【拓展阅读】

平遥国际摄影大展对山西艺术的影响

平遥古城从 1997 年被列入《世界遗产名录》后，在世界范围内得到了权威的、广泛的认可，这座古城巨大的文化价值被挖掘了出来。平遥国际摄影大展的举办更使这座历史文化名城展示在了世界面前，旅游业也得到了很大的发展，带动了平遥的经济文化发展。

从 2001 年平遥国际摄影大展举办至今，大展改变了过去那种比较固定的经济发展形态，变为更加多元化的发展，为平遥经济的发展形态增添了新的艺术文化经济形态。自此艺术经济在平遥得以生存和发展。在地理文化环境方面，平遥国际摄影大展充分利用了平遥城内废弃的工厂房以及古城内原生态的地理形态作为布展的背景，使其更符合当代艺术的潮流。在文化品牌建设方面，平遥国际摄影大展使平遥完成了从"文化名城"到"国际名片"的转变，把平遥这一张作为中国、作为山西的"名片"顺利地推向了世界。平遥作为山西重要的历史文化和旅游胜地，其发展自然对山西省的发展有着重要的作用。平遥国际摄影大展虽然在平遥举办，但对于整个山西省来说，在艺术和经济发展方面，都具有较强的辐射力。

一、带动了山西艺术经济的发展

山西省有着悠久的历史文化，加快发展文化产业，是山西省委省政府经济文化战略调整的重要组成部分。举办艺术活动自然也成了实施这一战略的可行性方案，在山西快速发展的这十几年中，平遥国际摄影大展顺应时代发展的要求和山西省具体形式，对于山西艺术发展产生了一定的影响，促进了山西省与各国各地的文化交流。

中国最早的国际摄影艺术展是从1981年开办的。而中国第一个以城市命名的摄影展为1986年的上海国际摄影展，但在名称的前面并没有冠名"中国"二字，一直到2001年山西省举办了中国平遥国际摄影大展。这次大展不但以地方命名，而且还冠名"中国"二字，这在当时的中国是独一无二的，据不完全统计，从2001年起，全国举办的类似的展览共有9个。而这种地方性的国际摄影展览，平遥国际摄影大展是最早的一个。作为摄影作品汇聚和交流的平台，平遥国际摄影大展的交流作品日益彰显，每届大展的优秀作品都会从平遥走出，参加国内外的巡展活动，这使得平遥国际摄影大展的进程得到进一步的延伸。从举办的频率来看，平遥国际摄影大展每年举办一届，这更好地提高了山西及平遥的知名度；这种"国际化"的摄影大展吸引了世界各地的游客，带动了山西的经济，并且平遥国际摄影大展也使世界各地的摄影艺术家及爱好者得以汇聚并交流，也促进了山西艺术、文化的快速发展。从举办的具体时间来看，平遥国际摄影大展不仅是举办最早且每年举办一届，而且每年举办时间是相对确定和统一的，尤其是在2007年之后与"中国煤炭与新能源产业博览会"形成互动，形成了山西省文化经济发展的新态势，进一步使山西的艺术与经济得到了发展。

二、促进了山西图片艺术市场的发展

山西的艺术市场曾一度处于被动、萧条的状态，近年来随着山西经济水平和文化观念的提高以及政府的重视，山西艺术市场逐渐开始好转。但无论从硬件设施还是政府观念的提升方面，与一些艺术市场比较成熟的地区相比还是存在一定的差距。近年来全球进入了"读图时代"，人们更多地依赖图片而不是文字来获取信息，而平遥国际摄影大展的举办为山西的艺术市场带来了契机，大展内展出的大量摄影图片使山西成功进入了"读图时代"的盛宴。平遥国际摄影大展的连续举办间接地推动了山西图片艺术市场的发展。

为了使山西的图片交易更加合理化和规范化，平遥国际摄影大展组委会在总结前几届图片交易活动的基础上，吸取国外摄影图片交易中有组织、有计划的好想法，并且与当前中国有一定影响的网站、传媒机构和图片公司进行合作，在 2004 年的平遥国际摄影大展期间，山西省国内首个国际图片交易市场——平遥国际摄影大展图片交易中心建立。交易中心除了日常的图片、摄影图书、器材等的交易外，还特别引入外国拍卖行，对国内外一流摄影家的原作进行展览和拍卖，这种合理与规范的交易方式，大大促进了山西艺术市场的发展，使平遥国际摄影大展成为中国图片交易艺术市场与世界接轨的重要平台。

三、使山西摄影艺术走向专业化

平遥国际摄影大展从大展创办之初，展览的策划就将专业知识的讲座和交流融于其中，并且随着大展的成熟与发展，专业学术活动已不再只是拘泥于摄影知识的学习，而且更增加了丰富多彩的形式。如从 2002 年开放了四大摄影论坛，2004 年增加了策展人研讨会，2006 年增加了与大师面对面活动，2008 年新增了专家点评与现场实拍的环节等学术活动中可以看出，无论是活动命名还是内容策划方面都体现出了山西摄影艺术已走向专业化。

平遥国际摄影大展的举办，也使得世界各地的著名高校都来参加了这场"盛宴"，既让山西的学子充分地饱了眼福，也使山西学子在与其他学者的技艺切磋中增加了经验。

平遥国际摄影大展的成功举办，使山西与世界各地的艺术交流与日俱增，打开了山西的图片交易市场，促进了山西艺术经济的发展。并且这种国际性的艺术交流活动打开了山西的艺术视野，使山西的群众渐渐地接受了多种形式的摄影艺术，积极主动地参与到了艺术活动中，加速了山西艺术文化的交流，使山西这个内陆省份逐渐走向了通向世界的艺术之路。

图 11.3

第十二单元
汉诺威工业展

图 12. 1

【教学目标】

☆ 知识目标
了解展会的主办机构、展会历史、展品范围、展会成果
掌握汉诺威工业展的成功之道
☆ 能力目标
能对展会的成功经验、运行模式进行适当分析
☆ 素质目标
具备归纳概括的能力
具备分析问题、解决问题的能力
具备良好的自主学习能力

【知识链接】

汉诺威展览中心

汉诺威展览中心（Hannover Exhibition Center）是世界上最大的展览设施。这座世界最大的展览场地拥有完美的基础设施。它为 26 000 余位展商和 230 万观众的年流量而设计。整个场地占地 100 万 m²，共 27 个展馆，室内展览面积达到 49.8 万 m²。除了室内展览空间，展场还提供了 58 000 m² 的室外展览场地。

在过去的 10 年里，德国博览会集团公司投入大量的资金，总计超过 8 亿欧元建设新的展览馆，改善停车设施，建立卓越的公路网、大宗货物运输道路和具有吸引力的建筑。这些使得汉诺威展览中心成为国际市场交流的最佳场所。

展场交通非常方便，北面和东面各有一条干线地铁，还有连通法兰克福、汉诺威和汉堡的德国南北干线的火车站。两条"空中走廊"（装备有人行电梯），一条从西面连通火车站和 13 号馆入口，一条从东面连通停车场和 8/9 号馆。一条新的地铁线路提供了从汉诺威机场途经汉诺威中央火车站到达展场的快速交通。展场的停车场可停放 50 000 部车辆，其中有遮盖的泊位有 8 700 个。

【案例陈述】

汉诺威工业博览会（HANNOVER MESSE）始创于 1947 年 8 月，经过半个多世纪的不断发展与完善，已成为当今规模最大的国际工业盛会，被认为是联系全世界技术领域和商业领域的重要国际活动。

一、展会历史

德国汉诺威展览公司成立于 1947 年 8 月 16 日，以 120 万马克资金注册成立。时值第二次世界大战刚刚结束，德国陷入困境，房屋倒塌、工业破产、食品长时间短缺。获胜的西方力量认为使德国经济恢复的唯一方法就是向外界展示他们自己的货物。

为了使企业家、工人和政治家看到经济的复苏，汉诺威市政府决定于 1947 年 8 月 18 日—9 月 7 日举办展览会，于是第一届"汉诺威工业博览会"在 Vereinigten Leichtmetallwerke（United Light Metal Works）的 5 个展馆中召开了。这次展会的目的是展出适合出口的布隆迪地区被官方称作"德国制造"的产品，展会收到了令人满意的效果。在 21 天的展期中，来自 53 个国家的 736 000 名观众参观了展会。1 300 名展商在总计 30 000 m² 的展馆内展出了他们的产品。签订的订单及商业合约多达 1 934 份，合计金额 31 600 000 美元左右。汉诺威工业博览会取得巨大成功，就好像有希腊神话中主管集市与交易的赫尔墨斯神相助，因此德国汉诺威展览公司以赫尔墨斯的侧头像作为公司的标志，直到今天。起初，几乎每个人都怀疑汉诺威无法与被称为"展览会的首都"的莱比锡相比。但是在接下来的几年，汉诺威工业博览会逐步成为德国经济奇迹的标志。

二、主办方介绍

1. 德国汉诺威展览公司

德国汉诺威展览公司是世界领先的展览公司之一。其举办的汉诺威工业博览会（HANNOVER MESSE）是世界上最大的展览会，净展出面积超过 40 万 m²。其他任何展览公司都没有组织如此规模展览会的基础设施。世界上拥有并运作自己展馆设施的展览公司中，汉诺威展览公司年营业收入排名第一。

汉诺威展览公司的核心业务是在德国汉诺威及由其选定的国家举办领先的国际贸易展览会。每年的展览会多达几十个，仅在德国汉诺威的展览会，每年就吸引了全球超过 250 万的观众前往参观，展商超过 25 000 个，其中 30% 以上来自德国以外，净展出面积达到 160 多万 m²。

2. 汉诺威米兰展览会（中国）有限公司

秉承"举办品牌展览，展示领先技术，注重先进应用技术推广，发布最新研发成果"的原则，汉诺威米兰展览会（中国）有限公司旨在向广大展商提供汉诺威展览独创的全面优质服务，以保证每个参展商获得最佳的参展效果。

汉诺威米兰展览会（中国）有限公司经过多年在中国市场的开拓与发展，为在中国成功举办国际一流展览会积累了丰富经验，并与中国的专业组织和机构建立了良好的合作关系，为在中国继续举办国际性展览会奠定了基础。目前公司分别在北京、广州设立办事处，在上海设立了分公司——汉诺威米兰展览（上海）有限公司。

汉诺威米兰展览会（中国）有限公司的商业活动包括：组织国内外企业参加在中国、汉诺威及其他国家举行的汉诺威贸易展览会；负责策划和组织展览会期间的论坛、研讨会及商业会议；提供展台设计搭建、会议安排等咨询服务；向企业提供发展境内外业务的咨询服务；与媒体建立良好关系，组织召开新闻发布会。

汉诺威米兰展览会（中国）有限公司组织的展览会包括广州国际旅游展览会；北京国际工业智能及自动化展览会；上海国际航空航天技术与设备展览会；华南国际工业自动化展；成都国际汽车展览会；武汉国际汽车展览会；亚洲国际动力传动与控制技术展览会；亚洲国际物流技术与运输系统展览会；上海国际压缩机及设备展览会；上海国际工业零部件及分承包展览会；上海电池展览会；中国国际商用车展览会；新能源展与电力电工展；工业自动化展；数控机床与金属加工展。

三、往届展会回顾

1. 2011 年汉诺威工业博览会

展会时间：2011 年 4 月 4—8 日

展会地点：德国汉诺威博览中心

中国组展单位：中国贸促会建设行业分会 / 北京中杰城设国际展览有限公司

博览会主题分类：

2011 年汉诺威工业博览会展品分为以下 13 个主题。

（1）动力 / 传动控制展

轴承、马达、活塞、管件与接头、齿轮箱、皮带轮、链条及链轮、泵、阀门、制动器等电气、机械、流体、液压、动力传输、设备和配件。

（2）工业零部件与分承包技术展

金属零部件和产品、铸件和锻件、紧固件、机加工和非机加工部件、塑料和橡胶部件、分承包部件、生产和组装服务、工程材料、智能材料、全套系统的采购。

（3）能源展

发电、发电站、发电装置、电能分配、能源转化和储存、能源传输、控制设备、频率转换器、仪表、保护系统、水网络设备、能源基础设施、天然气、生物量、水力发电、地热能、能源贸易、能源管理、能源软件、能源咨询。

（4）电厂技术展

电厂设计、电厂系统、电厂运营与后期维护，电厂设备、电厂设备配件。

（5）工业自动化展

机械工程、组装、搬运、轴承、机器人技术、工业图像处理、生产设备。

（6）空压与真空技术展

压缩空气的生成、存储、应用、分配及各种压缩器、空压机、真空设备与零部件。

（7）风能展

风能发电技术、风力发电机组、风能配件等。

（8）线圈及绕线技术展

变压器、电机、发电价、线圈材料及最新技术。

（9）表面处理技术暨欧洲粉末涂层术展

表面预处理、主处理及最终处理技术、电镀技术、喷漆技术、镀搪瓷技术、塑料喷涂技术、金属处理技术、环保型表面处理专用厂、服务。

（10）数字化工业展

产品开发、生产和过程计划、视觉呈现、仿真技术、电脑图像模拟、订单处理和技术化销售、工业软件、网络解决方案与服务。

（11）微系统技术展

微系统技术、微型机器人、芯片系统、微型光学。

（12）研究与技术展

基础科学研究、应用科学研究和技术、研究和创新服务、技术转让、技术数据库、商业与科技结合、吸引投资。

（13）混合驱动及能源储存技术展

电力驱动、传动配件、移动能源储存、能源供给构造。

展出形式：以实物为主，辅以图片、模型、样本等。

展会成果：

本届汉诺威工业博览会共吸引了来自 65 个国家和地区的 6 500 多家参展商在 22 万 m² 的展出场地上倾力推出共 5 000 多项创新工业产品和技术，超过 23 万专业观众前来参观洽谈，其中约 6 万名来自德国以外的国家和地区，再次刷新海外观众人数纪录。展会期间有多达 60 场的同期专业会议和论坛，比上一个展会大年 2009 年增长了 30%。一系列数据刷新在令人叹为观止的同时，再次向世界证明了汉诺威工业博览会作为全球革新工业技术产品和自动化技术顶级展示平台的巨大影响力。

2. 2012 德国汉诺威国际工业博览会

展会时间：2012 年 4 月 23—27 日

展会地点：德国汉诺威国际展览中心

展品范围：

2012 年汉诺威工业博览会共设以下展览主题：

（1）工业零部件与分承包技术展

金属零部件和产品、铸件和锻件、紧固件、机加工和非机加工部件、塑料和橡胶部件、分承包部件、生产和组装服务、全套系统的采购。

（2）能源展

发电、发电站、热点联合系统、发电装置、电能分配、能源转化和储存、能源传输、太阳能、天然气、生物量、废料处理服务、放射贸易。

（3）微系统技术展

微系统技术、微型机器人、芯片系统、微型光学。

（4）电厂技术展

电厂设计、电厂系统、电厂运营与后期维护、电厂设备、电厂设备配件。

（5）工业自动化展

机械工程、组装、机器人技术、工业图像处理、自动化装配及处理的系统及元件、传感系统、制动系统。

（6）空压与真空技术展

压缩空气的生成、存储、应用、分配及各种压缩器、空压机、真空设备与零部件。

（7）风能展

风能发电技术、风力发电机组、风能配件等。

（8）线圈及绕线技术展

变压器、电机、发电价、线圈材料及最新技术。

（9）表面处理技术暨欧洲粉末涂层术展

表面预处理、主处理及最终处理技术、电镀技术、喷漆技术、镀搪瓷技术、塑料喷涂技术、金属处理技术。

（10）数字化工业展

产品开发、生产和过程计划、电脑图像模拟、机械工程、生产软件、网络解决方案与服务。

（11）研究与技术展

基础科学研究、应用科学研究和技术、研究和创新服务、技术转让、技术数据库。

（12）混合驱动及能源储存技术展

电力驱动、传动配件、移动能源储存、能源供给构造。

展会成果：

2012 汉诺威工业博览会在各方面显示出了顶级水准。契合市场的话题、增长的海外参展、获益满满的展商，这些因素的整合使 2012 汉诺威工业博览会取得了全面成功。汉诺威工业博览会为工业企业带来了新的商机，5 000 多家展商通过展会找到了匹配的买家。

为期 5 天的展会共吸引观众超过 19 万人次。共有 50 000 名海外观众，较 2008 年增长了 1/3。其中 20 000 名来自欧洲以外的国家和地区。不仅来自中国的观众比往年更多，还有来自印度、韩国、巴西和美国的也如此。欧洲其他国家的参观人数也有所增长。

本次展会进一步证实了其行业领先地位，为高层决策者提供了绝佳的贸易平台。每 5 个参观者中就有 1 位是 CEO 或公司总裁。专业观众比例达 95%，较 2008 年增长了 5%。国际参与度、优质主题展和高端决策者的结合将汉诺威工业博览会定义成工业、政府和研究领域里缔结新贸易、建立新联系的国际性展会标杆。

3. 2013 汉诺威工业博览会

展出时间：2013 年 4 月 8—12 日

展出地点：德国汉诺威

展品范围：工业零部件和分承包技术展、工业自动化展、能源展、新能源汽车技术展、线圈技术及绕线技术展、数字工厂、研发技术、空压及真空技术展、动力传动技术、表面处理技术等。

展会成果：

在为期 5 天的展会中，作为工业领域的全球领先展会，汉诺威工业博览会对推动第四次工业革命发挥了重要作用。参展商和观众对本届展会都给予了高度评价，特别是"产业集成化"这个主题，指出了跨行业之间联网和产业整合的强劲趋势。

本届汉诺威工业博览会吸引了来自 62 个国家和地区的 6 550 家参展商。作为近 10 年来最出色的一届展会，它达到了业界期望，并进一步巩固了全球领先展会的地位。与此同时，汉诺威工业博览会也深刻影响着国际经济政策。

本届展会共吸引了 225 000 名观众，1/4 来自德国以外，与 2011 汉诺威工业博览会的盛况旗鼓相当。其中包括相当一部分的业内人士、顶级买家和高层决策者。

4. 2014 汉诺威工业博览会

展出时间：2014 年 4 月 7—11 日

展出地点：德国汉诺威

展品范围：工业零部件和分承包技术展、工业自动化展、能源展、新能源汽车技术展、环保技术和设备展、工业废品处理与回收、数字工厂、研发技术。

展会成果：

本届展会主题为"产业集成，未来趋势"，专注于智能化、自动化工厂和能源系统的改造。

现场的 5 000 多家展商吸引了超过 180 000 名观众探索未来的产业和投资于最新的工厂和能源技术。

2014 汉诺威工业博览会共吸引了来自 100 多个国家和地区的超过 180 000 名观众，相比 2012 的强大阵容是具可比性的一届展会。另一突出特点包括高比例的行业专业人士、买家和决策者。平均每 4 名观众就有 1 名来自海外，这确立了展会的国际号召力，观众主要来自欧盟国家（57%）以及南亚、东亚和中亚国家（20%）。荷兰作为本届展会的伙伴国观众量位居首位，其次是中国。

5. 2015 汉诺威工业博览会

展出时间：2015 年 4 月 13—17 日

展出地点：德国汉诺威

参展范围：

动力传动与控制展、工业零部件和分承包技术展、工业自动化展、能源展、新能源技术展、环保技术展、数字化工厂展、研发与技术展、线圈及绕线技术展、表面处理技术、空压及真空技术展。

展会成果：

本届展会参展商达 6 500 家，展商来自 70 个国家和地区，其中 56% 来自德国以外，观众数 220 000 名（70 000 名来自德国以外的国家和地区）。展出净面积 265 000 m²，中国参展商数 900 家，中国展出净面积 13 000 m²。

　　此次展会既展示了工业创新成果，又为业界企业交流联谊、开发潜在客户搭建了平台，收获了展商和观众的如潮好评。以"产业集成——加入网络大家庭"为主题的 2015 年汉诺威工业博览会迈上了全新高度，让来自业界、商界和政界的展商及与会者从中大受启发。此次展会格外关注了数字化制造、人机协作、创新型分包解决方案以及智能能源系统等当下热点话题。

　　2015 年汉诺威工业博览会清楚地表明工业 4.0 时代已然到来，并且正在席卷每一个工业领域。数字集成化正成为现代制造业的一个重要组成部分，而且这一趋势势必会快速推进。

6. 2016 德国汉诺威工业博览会

展会时间：2016 年 4 月 26—29 日
展会地点：德国汉诺威展览中心
参展范围：工业零部件和分承包技术展、工业自动化展、能源展、新能源汽车技术展、环保技术展、数字化工厂展、研发与技术展。

图 12.2

【案例评析】

汉诺威工业展会成功经验分析

　　德国展览业的发达，世所公认。其成功除了源自多年的经验外，还有一些因素不容忽视。

1.政府扶持,持续投资

除了汉诺威之外,法兰克福、科隆、慕尼黑、杜塞尔多夫、纽伦堡、斯图加特、柏林和莱比锡等在展览业中的名气也是响当当的。这些城市将展览业作为支柱产业加以扶持,不仅兴建了规模庞大的展馆,还出台了一系列鼓励措施和优惠政策,吸引展会组织者和参展商。据德国博览会委员会公布的数字,到2015年为止,这个行业的计划投资额达到42.5亿马克,实际投资额可能还要超过这个数字。在场馆建设上,德国的展览面积总计将近700万 m^2 ,仅汉诺威一城就拥有40多万 m^2 的展览面积,相当于我国展览业最发达城市之一上海所拥有的展览面积的3倍多。

2.优胜劣汰,规模经营

德国展览业经过多年的竞争,目前只留下少数实力雄厚的展览公司和一批享誉全球的名牌展会。规模越大,取得的效益越显著。例如营业收入最多的10个展览中心,1997年总收入为25亿马克左右,约占德国博览会行业总收入的70%。

3.组织水平和服务质量高

如果说展览馆面积和酒店等配套设施是展会经济的"硬件"的话,那么组织和服务就是"软件"了。德国展会的成功同样得益于"软件"的发达。为了更好地为参展者提供服务,2016年,汉诺威展览公司不惜血本,赶在CeBIT展会开幕前修建了一个可容纳1 150辆汽车的多层停车场,一个新的展会入口和一座直通展会广场和东侧停车场的30米宽的天桥。此外,从汉诺威北部到达展览中心的有轨电车也在展会期间投入试运营,而在26个展馆组成的展览中心内,免费巴士不停穿梭,运送参观者;不同的线路还用不同的颜色标在站牌和车窗上,方便参观者搭乘。

会展产业作为城市的支柱产业,汉诺威对此作了最好的诠释。

【单元思考与训练】

1.根据网络报道,说一说2016年汉诺威工业展的亮点。

2.请搜集资料并列表说明世界上有哪些著名的工业展会,表中要详细列出展会的举办地、展会历史、展会成交额、展会的作用和影响。

3.以小组为单位,根据所搜集的资料制作PPT,每组选派1名代表在课堂上进行展示。

图 12.3

【拓展阅读】

汉诺威工业博览会——工业 4.0 越来越触手可及

2015 年汉诺威工业博览会 17 日在德国汉诺威结束。来自世界各国的产业龙头企业齐聚此地，展示最新技术，特别是如何利用数字化和网络化技术，将强大的机器群连接起来，实现机器之间的信息共享、自行优化和智能生产。

中国以 1 100 多家展商的规模再次成为仅次于东道主德国的最大参展国。中国企业虽然逐渐缩小了与国外企业的差距，并成为他们的有力竞争者，但不论是装备还是制造模式，中国企业都有待实现一个大的变革和提升。

互联网技术和智能机器人出尽风头

今年汉诺威工博会的主题是"融合的工业——加入网络"，也被人们称为工业 4.0。这个概念想要传递的信息是，在蒸汽机的发明、大规模生产和机器人进入生产线之后，工业迎来了第四次革命。

在博览会的各个角落，工业 4.0 概念无处不在。全球领先的电力和自动化技术集团 ABB 展示了一系列基于互联网技术工业所需的新产品和解决方案，旨在推进实现"物、服务与人的互联"。ABB 集团首席执行官史毕福表示："在

'物、服务与人的互联'这一概念下，通过对 ABB 技术的整合应用，客户可以将生产效率提升高达 30%。电力与自动化相结合的业务组合可以为客户创造更多价值。"

在展会上，代表着智能工业的新一代机器人出尽风头。欧洲企业以信息技术为平台，以智能机器人技术作支撑，改变制造模式和体系。库卡公司是欧洲工业机器人和自动化生产系统的制造商，在博览会上首次推出一款最新成员 Swisslog。这是一台用于物流应用的专业机器人，展示了在移动仓储物流中如何达到最大的精确程度和灵活性。YUMI 是 ABB 集团的新一代机械手，它依靠精准的动作和传感器技术，顺利完成诸如将管子插入洗碗机背后的一个小孔这样的高难度动作。德国总理默克尔也在开展第一天兴致勃勃地与机械手 YUMI 亲密接触。

中国领军企业崭露头角

在汉诺威工博会上，几乎每个领域的展厅内都能见到中国展商的身影，产品涉及动力传动与控制、能源和环境技术、工业自动化等不同工业领域。

电气设备制造商正泰集团已连续 12 年参加工博会，该公司展示了"智慧电力系统解决方案"，其广泛应用于光伏电站开发、区域能源规划、高压变电站建设、城市基础设施建设、高端智能楼宇、机械配套等领域的安全智能用电。三一重工则展示了传动件、工程机械底盘等系列产品。作为国内电气行业领军企业之一，大全集团是中国电气、新能源、交通设备领域的领先制造商。在 20 世纪 90 年代初，该企业还只是到国外参观，如今，在世界规模最大、最具影响力的国际顶级工业品展上，大全集团已能够拥有自己的展台，和许多国际大公司在同一个平台竞争。

值得一提的是，在本次工博会上，德联邦经济与能源部长加布里尔为全球电气自动化大奖赛获奖选手颁奖。大赛由德国联邦经济与技术合作部、联邦职业资格认证协会、德国电气电子行业协会等机构合办。今年全球共有 14 个国家 33 支团队参赛，中国同济大学中德工程学院马瑜良等同学完成的"3D 打印机"体现了工业 4.0 个性化、快速更新的设计理念，其作品得到国际评委团的高度肯定和褒奖，荣获该项目主题组一等奖。此外，浙江大学和同济大学各有一个项目获并列三等奖。

大多数中国参展商缺乏创新

综观本次工博展，记者的总体感觉是，虽然中国已经诞生了一批全球领军企业，但大多数参展商都是与机械相关的小型传统工业企业。他们仍然只是从事贴牌代工，其竞争优势来自廉价劳动力而非创新能力。一些前来参展的中国中小企业坦言，由于进取精神缺失、知识产权保护不力、职业培训不合格等方面的问题，他们的创新动力不足。

　　汉诺威工业展主席科克勒对中国企业参展给予了很高评价。他说，近年来，中国每年参加展会的企业数量都在增加，这说明中国企业有信心参与全球竞争，向客户提供高质量的产品和服务。同时，中国也借此展现出越来越开放的姿态，并释放了希望成为工业化国家的强烈信号。中国制造已经不再单纯依靠劳动力成本优势赢得市场竞争，其创新能力正逐渐增强。

图 12.4

下篇
节事活动案例分析

第十三单元

慕尼黑啤酒节

图 13.1

【教学目标】

☆ 知识目标
了解慕尼黑啤酒节的历史沿革、活动内容、节日现状
理解啤酒节运营和管理的一般规律
掌握啤酒节的作用以及啤酒节的成功之道
☆ 能力目标
能够对啤酒节的意义及作用进行归纳总结
能够对啤酒节的成功之道进行合理分析
☆ 素质目标
具备提出问题、分析问题、解决问题的能力
具备独立思考的能力
具备获取新知识、新技能、新方法的能力

【知识链接】

世界上最具盛名的三大啤酒节

世界上最具盛名的三大啤酒节是美国丹佛啤酒节、英国伦敦啤酒节和德国慕尼黑啤酒节，他们在国内外家喻户晓，被欧美的啤酒专家们誉为每一个啤酒爱好者都至少该去一次的狂欢。

丹佛啤酒节

美国作为一个多民族国家，来到美国的德国移民，自然也把啤酒节的传统带到了美洲，之后其他各族人民也纷纷以此为借口，参加这个德国的传统节日，大喝啤酒。三天的日票根据活动的不同，在30美元到50美元不等，购买3天通票价格为145美元，比单买日票节省20美元，如果去其官方网站申请会员，还可以在普通票145美元的基础上再获得20美元的额外优惠。

伦敦啤酒节

英国伦敦啤酒节始于1978年，英国是除德国之外的另一个啤酒大国，而伦敦西部则是英国的啤酒中心，现在它已被喻为"世界最大的酒馆"。可以品尝到种类繁多、口味各异的啤酒，甚至别出心裁，比如有加欧石楠的香料啤酒，加蜂蜜、香蕉的风味啤酒。所有酒水都是由小型作坊用手工方法制造，并且多产自英国。单日票分为6英镑、7英镑不等，通票为17.5英镑。

慕尼黑啤酒节

慕尼黑十月啤酒节之所以闻名，不仅因为它是全世界最大的民间狂欢节，而且也因为它完整地保留了巴伐利亚的民间风采和习俗。人们用华丽的马车运送啤酒，在巨大的啤酒帐篷里开怀畅饮，欣赏巴伐利亚铜管乐队演奏的民歌乐曲和令人陶醉的情歌雅调。人们在啤酒节上品尝美味佳肴的同时，还举行一系列丰富多彩的娱乐活动，如赛马、射击、杂耍、各种游艺活动及戏剧演出、民族音乐会等。人们在为节日增添喜庆欢乐气氛的同时，也充分表现出自己民族热情、豪放、充满活力的性格。

【案例陈述】

慕尼黑啤酒节（The Munich Oktoberfest）又称为"十月节（Oktoberfest）"，起源于1810年10月12日，因在这个节日期间主要的饮料是啤酒，因此人们习惯性地称其为啤酒节。每年9月末10月初，在德国的慕尼黑举行，持续两周，到10月的第一个星期天为止，是慕尼黑一年中最盛大的活动。

一、历史沿革

1810—2016 年，慕尼黑啤酒节已有 206 年的历史。其间因第一次世界大战停办 5 年，第二次世界大战停办 7 年。自 1946 年以来，节日规模越办越大，从而真正成了一个盛大的民间节日。

1. 啤酒节的起源

1810 年 10 月 12 日，巴伐利亚的王储路德维希与萨克森王国的特蕾泽·夏洛特·露易丝公主举行盛大的婚礼。王储的父亲约瑟夫决定为他儿子的婚礼举行为期两天的庆祝活动。为了表示国王对其臣民的恩典，在这两天的活动中，在慕尼黑有 4 个地方向全体平民免费供应饭菜和饮料。王国的骑兵卫队还在慕尼黑西南的一个大草坪上举行赛马活动和射击比赛，以示助兴。为了纪念这个节日，参赛的官兵请求国王用新娘特蕾泽的名字来命名这个草坪，从那时起这个草坪就叫"特蕾泽"草地。由于庆典给人们留下了深刻的印象，因此人们建议 1811 年再搞一次全民性的活动，以后就每年举办一次，这就是十月节的起源。

2. 早期变迁

1813 年，因拿破仑入侵，十月节第一次被迫取消，外患平息后，十月节得以恢复，规模也不断扩大，除了赛马比赛以外，还加入了攀岩、保龄球、秋千等项目。

1818 年十月节的会场上架设了第一架旋转木马。除此以外也增添了其他供市民娱乐的项目，比如抽奖摊就吸引了不少人参与，奖品多是陶瓷器、银器、首饰等。

1819 年开始慕尼黑市政府接管了十月节，十月节成了每年一度的固定传统。1850 年，一座高 20 m 的巴伐利亚神像亮相特蕾泽草坪，3 年之后，一座罗马众神庙也落成在巴伐利亚神像下。之后几年，十月节数次被迫取消，如 1854 年和 1873 年的霍乱，1866 年的普奥战争，1870 年的德法战争。

3. 固定成型

19 世纪末，慕尼黑十月节逐渐发展成为一个世界知名民俗节日。十月节的时间也逐渐延长，并且改到了阳光明媚，天气相对暖和的 9 月，"十月节"

变成了仅有最后一个周末在 10 月的节日。

1880 年起，市政府颁发了十月节上销售啤酒的许可，1881 年第一家啤酒酿造商落户十月节，是夜，400 余家摊位灯火通明，照亮了整个夜空。为了增加座位并加入乐队演奏，啤酒商们将小型啤酒屋改建成了大型啤酒帐篷，越来越多的马戏团和游乐场经营商前来为啤酒节助兴。

1910 年是啤酒节 100 周岁的华诞，当年人们总共喝掉了 120 万 L 啤酒。当时最大的啤酒帐篷中同时接待了 12 000 多人。

4.大战中断

1914—1918 年，啤酒节因为第一次世界大战被迫中断，战后经济尚未完全复苏，因此 1919 年和 1920 年仅举办了一次规模较小的"秋季啤酒节"，1923—1924 年，世界范围内的通货膨胀导致啤酒节再次被取消。1939—1945 年第二次世界大战期间也没能举办啤酒节，同样战后的 1946—1948 年，也仅举办了规模较小的"秋季啤酒节"。至此，啤酒节从创立以来总共中断了 24 次。

5.战后重启

1950 年慕尼黑市长托马斯·维门尔用木槌敲开第一罐新酿啤酒桶，宣布啤酒节开幕，从此这种特别的开幕方式成为了啤酒节的传统。战后啤酒节上的赛马比赛被取消，仅在 1960 年啤酒节 150 周年庆典的时候重新举办过一次。

啤酒节历史上悲剧性的一幕发生在 1980 年 9 月 26 日。那天啤酒节场地的入口处发生了一次爆炸，导致 13 人丧命，200 余人受伤，其中 68 人伤势严重。这次恐怖袭击是德国历史上最严重的袭击事件。

二、特色活动

1.开幕仪式

每逢十月节开幕那天，要举行盛大的开幕式和由各大啤酒厂组织的五彩缤纷的游行。开幕式在一个临时搭起的大帐篷里由慕尼黑市市长主持。中午 12 时，在 12 响礼炮声和音乐声中，市长用一柄木槌把黄铜龙头敲进一个大啤酒桶内，然后拧开龙头，把啤酒放出来，盛在特制的大啤酒杯中。市长饮下这第一杯，著名的十月节便正式开始了。

图 13.2

2. 盛装巡游

每年啤酒节的第一个周日，来自全德国各个州的人们穿上富有特色的民族服装，演奏音乐，浩浩荡荡地穿过慕尼黑的市中心，最后来到啤酒节的现场 Theresienwiese。

人们把自己打扮成古代衣着考究的贵族公爵、身披绫罗绸缎的王妃贵妇，驾着鲜花装扮的古典马车，也有不少人很朴实地穿着农民过节穿的衣服。参加的人从老到少，有家庭妇女、中学生，连幼儿园小朋友都有。扮演的人物也是丰富多彩的，有阿尔卑斯山下的牧童、莱茵河畔的磨房主、科隆教堂的修女、北德普鲁士的老翁。

图 13.3

三、节日现状

逛十月节不用买门票，但是，每个游乐节目都要买入场券。而啤酒价格也逐年上涨，但游客每年仍在增加。在十月节期间，啤酒和肉鸡、牛肉等的销售量数目惊人。

近些年来，慕尼黑啤酒节每年的游客数量都在 600 万左右。其中很多游客都来自外国，主要来自意大利、美国、日本和澳大利亚。最近几届啤酒节上还新增了传统服饰游行，很多游客都穿上传统的皮裤和紧身连衣裙盛装加入游行队伍。每届啤酒节都要消费约 600 万 L 啤酒、50 万只鸡、100 头牛，为慕尼黑带来近 10 亿欧元的收入。

啤酒节上酗酒问题也日益严重。为了避免啤酒节变成闹哄哄的酒鬼节，为了让啤酒节保持其传统气氛，让老人和小孩也可以参与其中，2005 年活动主办者提出了"安静的啤酒节"的口号，规定啤酒馆的经营者在晚上 6 点之前只能演奏传统的吹奏乐，音乐的分贝不得超过 85 db，只有到了晚上才能演奏流行音乐和打击乐器。

图 13.4

四、游乐项目

游乐场里还有很多适合家庭娱乐的项目，像大转轮、旋转木马等老少皆宜的传统娱乐。大会组织者每年都要安排一些新鲜的节目或游乐项目，例如聘请外国的艺术团体演出，还有耍蛇、驯兽等节目。

另外，各种游乐设施之间也举办许多有意义的展览会，如现代电器展览、优良小麦展览等，还点缀了小马戏团、杂耍铺、魔术表演等，无数各具特色的小店把整个游乐场装点得生动活泼，游客可在这里买到纪念品、巴伐利亚的特色小点心，或是参与游戏，还可以赢得各种可爱的玩具。

五、特色餐饮

为啤酒节活动专门酿制的一种啤酒叫作"Wiesenbier"，比一般的啤酒颜色更深，酒劲儿也更大，上酒的时候用的是一种叫作"Ma&szlig"的容量为一升的大酒杯，现场搭建起可容纳 3 000 ~ 10 000 人的大帐篷，只有慕尼黑当地的酒商才被允许在里面提供这种酒。酒客们也消耗掉大量的食物，大多是传统的家常小吃如香肠、烤小鸡、泡菜和烤牛尾等。

图 13.5

图 13.6

【案例评析】

德国慕尼黑以"世界最大啤酒节"扬名全球。其成功之道在于：

1.200 年经历 4 次转型

每年 9 月底至 10 月初，慕尼黑都会迎来传统的啤酒节（德语称十月节）。2011 年慕尼黑啤酒节共吸引 690 万人，相当于其城市人口的 5 倍，共消费 750 万升啤酒。除德国本土游客外，美国、英国、瑞士和意大利人在啤酒节客人中占很大比重。来宾不仅畅饮啤酒，享受各式烤肉，也来这里唱歌、舞蹈、狂欢。啤酒节也是了解巴伐利亚民族传统的好机会。

实际上，慕尼黑啤酒节能成为城市名片，在 200 年里经历了 4 次转型。1810 年慕尼黑啤酒节诞生时，更多的是游乐活动。当年 10 月，巴伐利亚王子和萨克森 - 海尔德堡豪森的公主成婚，婚庆在城门前的草坪上进行了 5 天。其间慕尼黑平民可获得免费饭菜和饮料。当地权贵还在草坪上举行大型跑马活动。"十月节"就这样诞生了。之后几年，"十月节"不断扩大，增加旋转木马、攀岩、保龄球、秋千等项目。1819 年，慕尼黑市政府正式接管啤酒节，使之成为一年一度的固定传统节日。这是慕尼黑啤酒节的第一次转型。

19 世纪末，慕尼黑"十月节"逐渐发展成了一个世界知名的民俗节日。1880 年，市政府颁发了"十月节"上销售啤酒的许可证，啤酒酿造商陆续落户，啤酒开始真正成为"十月节"的主角。这是第二次转型。

慕尼黑啤酒节的发展并非一帆风顺。1813 年，啤酒节因拿破仑战争首次停办。1851 年，啤酒节由于霍乱和战争再次被取消。在第一次世界大战和第二次世界大战期间、20 世纪 20 年代恶性通货膨胀时期，啤酒节都曾遭遇停办。1950 年，慕尼黑市长维门尔用木槌敲开第一桶新酿啤酒，宣布啤酒节开幕，从此由市长开启第一桶啤酒成为啤酒节的传统。这时的啤酒节开始成为慕尼黑城市经济的"发动机"，这是第三次转型。

1980 年，啤酒节发生炸弹爆炸，造成 13 人死亡，200 多人受伤，让慕尼黑反思啤酒节安保问题的重要性，同时狠抓啤酒、香肠等食品安全。另外还将啤酒节写进城市发展计划，由专门机构进行调研。这是第四次转型。

2. 明星助阵啤酒节

如今，"啤酒节"已成为慕尼黑城市形象的关键词。由于啤酒节对城市发展非常重要，啤酒节的经营仍以市政府为主导、专业企业来承办。慕尼黑努力在组织和服务等方面下功夫。在啤酒节期间，慕尼黑开通多条连接机场、火车站至啤酒节现场的专用线路，专用停车场可停放数万辆汽车，上千名救护人员随时待命，卫生设施可供1 200多客人同时如厕。啤酒节组织方还专门为全家活动设立了"儿童中心"，那里有儿童车停车场、为小孩换尿片的地方，甚至还可"寄存"孩子。

为了给啤酒节造声势，慕尼黑啤酒节特别爱打"明星牌"。每当开幕那天，总会聚集世界各国明星，好莱坞巨星莱昂纳多、帕丽斯·希尔顿等都是啤酒节的座上客。当然还有拜仁慕尼黑足球俱乐部的球员们。啤酒节上只允许出售慕尼黑本地啤酒厂家生产的啤酒。慕尼黑市参议员施密特表示，如果允许非慕尼黑的啤酒厂进入，世界有钱的大啤酒商就会携巨资前来，慕尼黑周边那些小酿造厂就没什么竞争力了。

3. 全球将掀起"啤酒节热"

啤酒节不仅代表慕尼黑的形象，也成为城市的经济发动机。据估计，啤酒节每年给慕尼黑市带来的营业额近10亿欧元。其中近一半收入来自啤酒节草坪上的直接消费，1/3流入当地酒店，另有约1/5流入交通、购物等领域。慕尼黑市政府靠征收营业税从啤酒节盈利。啤酒节的固定工作人员有8 000人，有约4 000非固定工作人员，创造了大量的就业机会。

不过，现在慕尼黑啤酒节正受到德国和世界各国啤酒节的竞争。德国啤酒行业协会的统计显示，中国青岛啤酒节已经成为世界第二大啤酒节，每年吸引300万游客；第三名是德国汉诺威啤酒节，吸引100万游客。加拿大基秦拿啤酒节游客70万，巴西布卢梅瑙啤酒节游客60万。斯丹德克预测，随着中国等发展中国家对啤酒消费需求的增加，啤酒文化也将越来越热。未来，全球将掀起一股"啤酒节热"。事实的确如此，在中国，青岛国际啤酒节有21年历史，大连啤酒节已举办了13届，哈尔滨啤酒节也有11届。北京、西安、天津、贵阳、杭州、深圳等城市也都有自己的啤酒节。调查显示，啤酒节对青岛市经济贡献超过两个"黄金周"之和。青岛啤酒节能成功，其关键在于它有国产著名啤酒品牌发祥地的历史和文化传统，这一"先天条件"是很多城市不具备的，很多城市举办的啤酒节更多的是应景性的。因地制宜对于把啤酒节办成城市的名片来说是非常重要的一点。

图 13.7

【单元思考与训练】

1. 谈谈慕尼黑啤酒节的民族特色是什么。

2. 请搜集 1 ～ 2 个国内著名啤酒节活动的文献资料，并结合所学知识，围绕啤酒节的发展历史、发展现状、经济效益、运营模式等展开分析、讨论。

3. 请以小组为单位采访当地啤酒节组委会，详细了解当地啤酒节的发展历史、发展现状，分析其作用与意义，并制作成 PPT，每个学习小组选派 1 名代表在课堂上进行展示。

【拓展阅读】

德国的啤酒文化

就像瓷器使人联想到中国、樱花使人联想到日本、牛仔使人联想到美国一样，啤酒让人联想到的是德国。

德国是世界上啤酒消耗量最大的国家，德国人酷爱喝啤酒，因此德国形成了一种特殊的"啤酒文化"——有悠久的历史、古老的传说和各式酿制方法，还有专属的节庆和舞蹈。

啤酒之乡巴伐利亚

在德国最著名的啤酒之乡巴伐利亚，啤酒存在的历史几乎和当地的历史一样悠久，可以追溯到公元前的古罗马时代。人们在巴伐利亚北部的库姆巴赫发现了一些有将近3 000年历史的盛啤酒的容器。

由于巴伐利亚啤酒的历史与当地文化紧密相连，因此啤酒也和天主教息息相关。在阿尔卑斯山北麓，有条山径直通最原始的巴伐利亚"啤酒天堂"——修士自行酿造黑啤酒的安蝶斯修道院。这里每年吸引着大批游客前来朝圣。在慕尼黑有座"奥古斯丁（Augustiner）"啤酒厂，酒厂的名字也让人们联想到宗教改革领袖马丁·路德所属的奥古斯丁修士团。据说，由于当时每年复活节前6周的四旬斋期间，修士们不能吃肉，他们便任由"大麦汁"自然发酵，最终生成了一种高酒精度的饮料，并将它作为四旬斋餐饮的代替品。为了使教廷准许他们饮用这种美味的饮料，修士们便送了一桶给教皇，教皇品尝后为之倾倒，表示这种饮料可作为"四旬斋餐饮的代替品"及"罪恶的洗涤剂"，并准许巴伐利亚的修道院酿造。这种美味的饮料便是啤酒，据说啤酒的酿造技术就是这样诞生的。

在德国，有种"啤酒与巴伐利亚"的说法，因为世界上再没有哪个地方的啤酒消耗量可以与巴伐利亚媲美。巴伐利亚有1 100万居民，每个人的年平均啤酒消耗量为230 L，换句话说，每个巴伐利亚人（无论男女老少）每天要喝半升啤酒。因此，许多人说喝啤酒是德国人最爱的休闲活动，而巴伐利亚人是个中翘楚。

巴伐利亚北部有种举世无双的"石头啤酒"。酿造这种啤酒必须将重约400 kg的石头放在山毛榉堆上烤，而且温度须高达1 200 ℃。然后把烤得红热的石头放进煮沸釜中。石头的高温使麦芽糖迅速转变为焦糖，紧紧粘附在石头上，之后再把石头放进发酵槽中，迅速冷却的焦糖再次溶解，如此便使青啤酒中含有一种特殊的烟熏味了。

规模最大的啤酒节

由于德国人将喝酒视为每天的必修课，各种酒馆、酒屋、小客栈便多似天上的星星。仅人口100万的慕尼黑就有3 000多个每天都座无虚席的啤酒馆。几乎每个踏进酒馆的人至少都点半升啤酒佐餐（最受欢迎的是"比尔森"啤酒），但人们最常点的还是一升。因此"一升"在慕尼黑及整个巴伐利亚可说是个"计量单位"，当地还盛行一谚语："有节制地一天喝一升，健康赛神仙。"人们也不只是进餐时才喝酒，几乎是随时随地喝。德国各地几乎都有"啤酒公园"，只要太阳一露脸，人们就蜂拥至啤酒公园，尽情享受一下大自然。

　　慕尼黑一向是公认的"啤酒之都"，每年秋季都会举行世界上规模最大的啤酒节——十月庆典。来自世界各地的观光客纷至沓来，涌向慕尼黑，一品"巴伐利亚啤酒"，并亲身体验德国人民欢庆节日的热闹和喜悦。其实，从公元 1517 年起，德国每隔 7 年就会在慕尼黑举行一场"桶匠之舞"。这种花式舞蹈是由 18 人共同演出，他们不断舞动桶箍，并把它们弄成王冠，在黑死病终止蔓延的年代，这些桶匠就是第一批通过欢乐的舞蹈而重燃希望之火的灾民。而制造啤酒桶的这种职业，对整个啤酒业和饮酒者都是不可或缺的。不过，由于清洁大木桶的工作不仅费事又昂贵，因此如今仅剩下少数酿酒厂遵循古老的习惯将啤酒装进大木桶中。桶装啤酒的味道最香醇。但真正的桶装啤酒只有小酒厂才会有，其他在各大城市及民俗节中见到的木桶都是假的，只用来装饰而已。

　　慕尼黑每年的二、三月份还举行著名的"四旬斋节"。每到这时，德国最重要的政治人物汇聚在山城"Nockher-Berg"测试巴伐利亚四旬斋啤酒的品质。过去的测试是这样的：一些"达官贵人"身着皮裤坐在木板凳上，然后开始畅饮新鲜啤酒，并在凳子上坐半个小时，等他们起身时，木板必须能够贴着他们的皮裤，才表示啤酒真正通过了测试，不然就表示这种啤酒浓度太低，没有资格成为"真正的四旬斋啤酒"。

　　今天，政治人物仍在波克啤酒与音乐相伴下见面，仪式与前却有不同：政治人物聚集之后便举行开桶仪式（即将第一桶啤酒开封），好让那些挑剔的嘴尝过点评过。艺术家与演员也获准参与这项仪式，他们可以用幽默机智的方式公开谴责政治人物的恶行，甚至公然揭露这些政治人物的"真面目"。这种活跃、充满嘲讽的"政治大游行"真算得上是世界上独一无二的戏剧演出，这都是啤酒节的功劳。另外，在斯图加特、科隆、多特蒙德等地，也有啤酒节举行，热闹非凡。

　　始终渗透于德国文化之中

　　北欧以前的传统是由女性酿造啤酒的，那些女性就是传说中的"女武神"（北欧神话中决定谁该阵亡并将阵亡将士引至英烈祠的女神），她们酿造出的酒被视为"不死之水"。这种习俗也流传到了德国北部，年轻女人出嫁时会带着不同的酿造器具到夫家。这种传统直到公元 8 世纪葡萄酒文化的涌入才有所改变。由于德国地处北欧，气候严寒，啤酒不仅可以御寒，还跟洋葱一样被当成药物，用来医治坏血病，加上严寒不能种植葡萄，啤酒便成了德国的饮料之王。

德国人都以自己的啤酒文化的精纯而自豪，这是有史可考的。公元1516年，巴伐利亚公爵威廉四世为了保持啤酒的精纯，编纂了一部严苛的法典《精纯戒律》，明确规定只能用大麦（以及后来的大麦芽汁）、水及啤酒花生产啤酒，这是人类历史上最古老的食品法律文献。

19世纪工业革命开始后，蒸汽机的出现大大提高了啤酒的产量，冷却器的发明使啤酒可以整年储存，铁路、海运、航空运输的开拓和发展，使啤酒在更短时间内运往世界各地，复杂的电子设备完成配制、酿造过程，而不再靠人的"灵魂和感觉"了，这使啤酒的品质更加稳定，品种更加多样。

啤酒中含有许多有价值的矿物质和维生素，其低酒精度和高二氧化碳也有助于放松身体，同时能冲刷掉对身体有害的物质，洗净肾脏等。德国人对啤酒的狂热很大一部分应该是缘于此。啤酒，从历史走向未来，将一直渗透在德国文化中，并成为它的一部分。

图13.8

第十四单元
狂欢节

图 14.1

【教学目标】

☆ 知识目标
了解狂欢节起源、节日习俗、各国狂欢节基本情况
掌握巴西狂欢节的成功经验
☆ 能力目标
能对巴西狂欢节成功经验进行归纳概括、分析总结
☆ 素质目标
具备归纳概括、分析总结的能力
具备良好的自主学习能力

【知识链接】

狂欢节，通常是基督教四旬斋前饮宴和狂欢的节日，盛行于欧美地区。许多国家都有一个传统的狂欢节节日，化妆舞会、彩车游行、假面具和宴会是狂欢节的几大特色，一般在二三月份举行。

四旬斋（Lent），也称大斋节，封斋期一般是从大斋节的第一天到复活节的 40 天，基督徒视之为禁食和为复活节作准备而忏悔的季节。

《圣经·新约》中有一个魔鬼试探耶稣的故事，说的是魔鬼把耶稣困在旷野里，40 天没有给耶稣吃东西，耶稣虽然饥饿，却没有接受魔鬼的诱惑。后来，为了纪念耶稣在这 40 天中的荒野禁食，信徒们就把每年复活节前的 40 天时间作为自己斋戒及忏悔的日子，称为大斋节或者四旬斋（Lent）。

【案例陈述】

一、狂欢节起源

世界上不少国家都有狂欢节。这个节日起源于欧洲的中世纪。古希腊和古罗马的木神节、酒神节都可以说是其前身。有些地区还把它称为谢肉节和忏悔节。该节日曾与复活节有密切关系。复活节前有一个为期 40 天的大斋期，即四旬斋（Lent）。斋期里，人们禁止娱乐、禁食肉食、反省、忏悔以纪念复活节前 3 天遭难的耶稣，生活肃穆沉闷，于是在斋期开始的前 3 天里，人们会专门举行宴会、舞会、游行，纵情欢乐，故有"狂欢节"之说。如今已没有多少人坚守大斋期的清规戒律，但传统的狂欢活动却保留了下来，成为人们抒发对幸福和自由向往的重要节日。

欧洲和南美洲地区的人们都庆祝狂欢节。但各地庆祝节日的日期并不相同，一般来说，大部分国家都在 2 月中下旬举行庆祝活动。各国的狂欢节都颇具特色，但总的来说，都是以毫无节制地纵酒饮乐著称，其中最负盛名的要数巴西狂欢节。

人们普遍认为狂欢节起源于古代罗马人和希腊人迎新春的典礼。在中世纪，天主教想压制所有异教徒的思想，却未能取消狂欢节，于是就把它纳入自己的年历，即感恩节。在欧洲，尤其是葡萄牙，人们用抛举同伴和戴着面具到街上跳舞来庆贺。后来葡萄牙把传统带到了殖民地巴西。不过有人认为，巴西的狂欢节不同于传统的狂欢节，可能是来源于巴西的非洲黑人对本土文化的崇拜，还有人认为它或许是非洲和伊比利亚两种文化的混合体。最初，在圣灰（SENZAS）星期三（相当于公历2月的最后一个星期三）之前3天里，人们戴着假面具涌上街头，相互扔臭鸡蛋、面粉和味道恶心的水。葡萄牙人本来就喜欢这种恶作剧，巴西当地的黑人奴隶也参加了进来，他们用面粉涂白了脸，从主人那里借来旧衣服、旧发套，疯疯狂狂地玩3天。许多奴隶主还给奴隶们3天自由。他们感谢主人的善举，一般不借此机会逃走。

1840年1月22日，一家意大利饭店的老板娘分发了请柬，雇了乐师，用彩带装饰了饭店，准备了五彩纸屑，一大群人到这里跳起了新大陆时兴的波尔卡舞，这种风格的舞会一直延续到1846年。那时从欧洲刚回国的艺术家克拉拉·德玛·斯特罗（CLARA DEL MASTRO）带了一伙戏剧演员，他们在一家剧场举行了当时意大利十分流行的假面舞会。后来，人们很喜欢这种方式，纷纷在其他的剧场效仿。几年后，假面舞会越来越红火，起初还站在一边观望的富贵人家也加入了假面舞者的行列。街上的恶作剧从此销声匿迹了。1879年有一则舞会广告是这样写的：早场舞会上午11：00—14：00，交响乐队伴奏，门票每位1000雷亚尔（REIS）；下午场17:00—21：00，地点在乔治广场（GEORGEOUS SQUARE）；晚场21:00至次日天亮。在NINICHES俱乐部的化装晚会上，人们第一次使用了非洲的AGOGO鼓和巴西黑人爱用的金属打击乐器。后来，由当地的铁匠和采石工人搞出来的化装人物形象大获成功，这是一个打着大号非洲鼓，留着八字小胡须的假面人，他满面春风，热情、厚道，成了备受喜爱的形象，这就是无人不知的"泽佩雷依拉大叔（ZE PEREIRA）"，其实，大叔正好代表了欢快的巴西人在节日里的心情。泽佩雷依拉的歌曲迅速传遍全国，成为当年巴西狂欢节的代表歌曲。歌词大意为："你是个好心的人，泽佩雷依拉万岁！为了今天的狂欢节，我们一醉方休，万岁！"

狂欢节最初是作为天主教的主要节日，一般在每年2月中下旬举行，历时3天，现已改为从周六开始，周六、周日和下周一、周二，全国共放假4天。100多年来，巴西的狂欢节吸收了黑人的音乐和舞蹈等内容，逐步由闹剧、上层社会的豪华假面舞会变成了全社会各阶层共同参与，共同分享的生动、热闹的庆典活动。它原有的宗教气氛反而被冲淡了。它已是巴西特有的传统节日，一个民间的节日。今天的巴西人已经把一年的时间分成了"节前"和"节后"这两个时间段，这与中国的农历春节对中国人的影响有些类似。

图 14.2

二、节日习俗

狂欢节为期4天，每年的2月中下旬举行。据说巴西狂欢节起源于15世纪的欧洲，当时的罗马教皇下令封斋期的前3天在教皇皇宫前举行庆祝活动。教徒们轻歌曼舞、手舞足蹈，整个罗马城沉浸在一片欢乐的海洋中，从此狂欢节被正式确定并在欧洲广为流传，后由葡萄牙人传入巴西。1641年，在萨尔瓦多举行了马队和花车的游行，从而开创了巴西欢度狂欢节的先河。1846年，巴西首次举行狂欢节化装舞会。到了19世纪下半期，随着巴西奴隶贸易的逐步取消和奴隶制的最后废除，广大黑人兴高采烈地加入了狂欢节的游行大军，在非洲传统乐器的伴奏下，跳起带有浓郁非洲风格的舞蹈。1889年巴西推翻帝制成立共和国后，狂欢节从形式到内容都有了新的变化，桑巴舞逐渐成为节日的主角。就这样，久而久之逐渐形成今天这种盛况空前的非宗教的全民联欢活动。

节日虽为短短的4天，但早在节日前的一两个月，巴西的各大城市和各界团体就开始着手准备节日的庆祝活动了。城市的主要街道也早早披上了节日的盛装，街道两边搭起高高的看台，里约热内卢大看台最佳的包厢票价虽高达千余美元，但被早早地抢购一空。

　　狂欢节那 4 天，狂欢的热浪席卷整个巴西，男女老少披红挂绿，艳装浓抹，载歌载舞，春潮决堤般地涌向大街。市面上除了药店、医院和酒吧之外，工厂停工，商店关门，学校放假，真可谓"谁也不属于谁，谁也管不了谁"。有钱人金装玉饰自不待言，就是穷苦人家凑热闹也要稍整衣帽，敲着空罐头盒子，叮叮当当地投入狂欢的人流，仿佛一年一度不狂欢一下，明天就没有好运气。人们忘掉了富裕和贫穷，忘掉了忧愁和烦恼，忘掉了紧张和疲劳，只剩下欢乐。此时，全国上下不分高低贵贱，不分种族肤色，都似一朵朵欢乐的浪花汇入欢乐的海洋。这种欢乐的气氛也感染着来自异乡的旅行者，不少外国人也情不自禁地融入其中。

　　最为热烈、紧张、欢快的要数桑巴舞。从 16 世纪起，起源于非洲西海岸的桑巴舞跟随着黑奴传到巴西，它吸收葡萄牙人和印第安人音乐舞蹈艺术的风格，演变成巴西的桑巴舞。跳桑巴舞时，舞蹈者的每一块肌肉都在抖动，因而不同于一般的轻歌曼舞。早在 1928 年，里约热内卢就出现了被称为"桑巴舞学校"的表演团体。从那时起，"桑巴舞学校"一直是里约热内卢狂欢节桑巴舞赛的主角。在狂欢节来临前的几个月内，各桑巴舞表演团体便要赶排舞蹈、创作乐曲、自制独特的服饰和彩车，进行精心排练，选出训练有素的舞蹈"国王"和"王后"。

　　桑巴舞化装游行时，为首的开路队员簇拥着自己所属团体的名称和标志，其后的游行队伍打头的由负责人、作曲者和彩车设计人等头面人物组成。他们身穿笔挺的礼服，微笑着频频向四周围观的人群招手致意。紧随其后的是打扮得花枝招展、色彩纷呈的女子游行队伍。她们身着艳丽的宽摆衣裙，有的头戴羽毛帽，也有的面戴假面具。女子游行队伍两侧或前后是数百人的男子打击乐队，乐手们身着由无数金属片镶成的衣裤，在灿烂的阳光下金光闪烁。他们兴高采烈地吹吹打打，煞是热闹。再后就是彩车，彩车上站着的是被选为"国王"和"王后"的俊男靓女，他们春风满面地笑着向人群频频抛飞吻。其后是让人欣喜若狂的桑巴舞队，舞者服饰各异，争芳斗艳，随着舞曲边歌边舞，这是一种以腰、臀、腹剧烈抖动大幅度摇摆的舞蹈。舞者神采飞扬，观者如痴似呆，不论是舞者还是观者，人们忘记一切烦恼，其热烈痴迷的程度几乎达到了疯狂。

三、各国狂欢节简介

1.西班牙狂欢节

西班牙狂欢节源于 1492 年。公元前 9 世纪，凯尔特人入侵西班牙，公元前 8 世纪，罗马人、西哥特人、摩尔人相继入侵西班牙，入侵者长期压迫和统治西班牙人民，西班牙人民长期饱受痛苦。西班牙是个顽强的民族，西班牙人民为反对外来族入侵者的压迫，于 1492 年发动了光复运动，取得了胜利，西班牙人民获得了解放。西班牙人民为纪念光复运动的胜利，每年人们会专门举行各式各样的大型歌舞盛会、大型巡游盛会，人民尽情狂欢，庆祝纪念西班牙人民获得光明的重要节日。激情狂热的人群、奇异华丽的盛装、欢乐缤纷的彩车、迷幻炫目的烟火，所有的一切无不表达出西班牙人民对生活的热爱，对幸福、和平和自由的热爱。

2.西班牙大加那利岛狂欢节

群众的参与和评选"王后"是西班牙大加那利岛拉斯帕尔马斯狂欢节的两大特色。人们提前几个月就热火朝天地挑选起理想的"王后"人选，到了 2 月份，狂欢节正式开始，所有的人都融入欢乐的海洋，大家在国内外乐队的伴奏下，跳起了萨尔萨舞和梅伦盖舞。

图 14.3

3. 古巴圣地亚哥狂欢节

每年 7—8 月，古巴各地都会举行盛大的狂欢节活动。当地人说，这个节日和一段历史有关。1953 年，卡斯特罗趁狂欢节敌人守卫松懈之机，率领100 多名青年攻打圣地亚哥的蒙卡达兵营，从此点燃了古巴革命的星星之火。

在此期间，城市内的一条主要街道完全成为狂欢节的场地。街道两旁全被各种摊位占满，其中最多的是啤酒摊，其次就是食品摊。喝啤酒是参加狂欢节人们的"必修课"。有酒就要有肉，"烤全猪"是狂欢节上的一道独特风景。狂欢节政府放 5 天假，除了"吃"和"玩"的部分，狂热的舞蹈和音乐每天晚上 9 时后才开始，最热闹的则是最后几天举行的包括彩车游行、彻夜狂欢等活动。

4. 古巴哈瓦那狂欢节

彩车游行拉开了哈瓦那狂欢节的序幕，人们随着有节奏的音乐跳起了古巴黑人舞蹈。游行结束以后，真正的庆典活动开始了，大家跳起了街舞，每个人都是主角，狂欢活动一直持续到凌晨。

图 14.4

5.意大利威尼斯狂欢节

威尼斯狂欢节是当今世界上历史最久、规模最大的狂欢节之一。欧洲的狂欢节据说都起源于古代的神农节。每年的冬去春来之际，人们自动聚集在一起，载歌载舞，欢庆新的一年的农事活动开始。

威尼斯狂欢节最大的特点是它的面具，其次是它的华丽服饰。这一传统可追溯到1 700年前。权贵和穷人可以通过面具融合在一起。在面具的后面，社会差异暂时被消除。富人变成了穷人，而穷人成了富人。他们互相尊敬地打着招呼。在面具后面，年龄差异被消除，老人变年轻了，年轻人一下子老成持重起来。年轻人和小人物借助面具代表的权威把自己装扮成大人物。而老人极力将自己装扮得很年轻，甚至越无知越愚蠢越好，男人可以变成女人，女人也可以变成男人。

威尼斯狂欢节通常在每年冬天的最后几天或春天的头几天举行。

一入威尼斯的水巷，一看满眼色彩斑斓的面具，大概没有谁不会被狂欢中的水城吸引。各色各样的面具是威尼斯狂欢节的一大特点，在中国人看来它们有点像京剧脸谱。满大街都是勾着脸的人在又唱又跳，好像上演大戏，这就是威尼斯狂欢节给人的印象。威尼斯大街小巷有数不清的面具店，每家都有自己的特色，有的收集着时髦的斗篷，有的专卖高顶硬帽，还有的现场展示面具的制作工艺。"面具"可以简单到直接画在脸上，也可以经过复杂的程序，用纸浆、布料、瓷器、玻璃甚至塑料等制成，它们共同的特点是夸张、华丽、戏剧化，看得你眼花缭乱，不知身在何处。

前来参观狂欢节的人们穿小巷，过小桥，从四面八方汇集到圣·马可广场。这里成了面具与服饰的展示会，不少人从头到脚全副武装，有的扮成17世纪的贵族，有的扮成电影中的角色。

经过乔装打扮的人们在广场上漫步游逛，吸引着往来者的视线，让人们拍照留念。这些人大部分都像演员一样，根据不同的着装进入不同的角色。在外人看来他们可是相当的神秘，一般都不开口讲话，你只能看到他们未被遮住的眼睛，连真实性别都难以分辨。这样娱己娱人的游戏要持续10多天，然后人们摘下面具，暴露原形，重新回归自我。

图 14.5

6.英国诺丁山狂欢节

诺丁山狂欢节是欧洲规模最大的街头文化艺术节，每年在英国伦敦西区诺丁山地区举行。

诺丁山区的黑人居民多半不是来自非洲，而是来自加勒比海或拉美其他地区。正是诺丁山的移民文化孕育了诺丁山狂欢节。20 世纪 60 年代，聚居在诺丁山地区的西印度群岛移民因思乡情重而举办狂欢节，当时不过只有一小群人穿着民族服装，敲着钢鼓在街上走一圈而已。几十年后，它发展成为规模盛大的多元文化节日和伦敦最炙手可热的旅游项目之一。

在世界各地的狂欢节中，诺丁山狂欢节的规模仅次于巴西里约热内卢的狂欢节。诺丁山狂欢节一向以浓郁的加勒比海情调著称。论服装和面具，诺丁山狂欢节如同一场奇异华丽的化妆舞会；论音乐，钢鼓乐队、卡里普索歌曲、索加音乐则是诺丁山狂欢节的灵魂。钢鼓的强烈节奏足以令心跳立即合着节拍提速；卡里普索歌曲每每根据最新时政和社会热点即兴改动歌词，唯有词曲幽默讽刺的本色不变。

图 14.6

7. 德国科隆狂欢节

科隆狂欢节是德国最为热闹的狂欢节。仅次于巴西狂欢节，它的主角是小丑和狂人，他们怪诞的装扮、无所顾忌的举止令众人叫绝。

剪领带是科隆狂欢节的特有风俗。在"女人狂欢夜"那天，德国姑娘们提着大剪刀在街上巡查，虎视眈眈，伺机而动，看见戴领带的男人就是喀嚓一声剪短他的领带。本地人熟知这一习俗，这一天都身着便装，稀里糊涂吃亏的多为外国人，尤其是科隆一带的机场到处都挂着剪断的领带。据说曾有一名中国男演员被几个手提剪子的德国女人追着跑了十几条街道！但也有不少男人故意买一些破的甚至纸做的领带上街去，领略与芳龄少女调情的滋味。

到了"玫瑰星期一（Rose Monday）"的上午，代表狂欢节最高潮的大游行正式开始。人们三五成群喝着啤酒，拉着手风琴，穿着五彩的服装，戴着怪异的假面，在街上欢快地行走。路边的警察也一改往日的威严，任凭女孩子们在脸上画下五颜六色的唇印。在浩浩荡荡的游行队伍中，有着上千个表演团队，每个方阵都有自己的乐队、花车和独具特色的服装，令人目不暇接。花车上有着各种各样的模型，不少是当今各国领导人，布什、普金和萨达姆等往往被选为嘲讽对象。花车行进时，路边成千上万的观众高呼"给我糖"，大块的巧克力、糖果和无数鲜花便从花车上如同雨点一般落下来。孩子们胸前挂着一个大布口袋，扒在地下拼命地捡糖，大人们则一跃而起，从空中拦截大块巧克力。有的人干脆倒举一把伞或一顶帽子，不一会儿已是满载而归。这样的狂欢场面一直持续5个小时，平时一向严谨的德国人，在这天终于也疯狂了。

有意思的是，科隆狂欢节游行路线的总长度是7 km，而参加游行的队伍长度是6.5 km。也就是说，从游行路线的起点到终点摆满了参加游行的人、车和马。虽然游行总时间是5小时，但观众为了抢占好位置，往往是提前两三个小时就已经抵达现场了。因此，在依旧春寒料峭的2月，露天站七八个小时观看狂欢节并不是一件轻松的事情，更何况很多人在游行结束后还不马上散去，而是要参加露天狂欢舞会、酒吧里"泡吧"跳舞或是混挤在人群中在街上徜徉，直至半夜。次日午夜，也就是星期二的午夜，狂欢节接近尾声。人们摘下悬挂在饭馆和酒肆门上的代表狂欢节的扎制人物，将其焚烧，由此宣告进入"圣灰星期三"，宣告狂欢节的彻底结束。

图 14.7

8. 比利时班什狂欢节

班什位于比利时中部的海诺省，离首都布鲁塞尔约56 km。每年2月举行的狂欢节，吸引着周边法国、德国和荷兰人前来助兴。节日的寓意与中国的春节相同：辞旧迎新春。滑稽小丑"日乐"是狂欢节游行的主角，他们脚蹬4寸厚的木跟鞋，身穿红黄相间的紧身服，头顶一米长的彩色鸵鸟羽毛，在铿锵明快的鼓乐中，踩出比利时民间热烈欢快的舞步。

出于传统，狂欢节这天，班什所有店铺的饮料和啤酒全部免费供应。所有的人在这里没有国籍肤色之分，只有狂欢、纵情和喜悦。抛橘子是狂欢节的高潮，小丑们人手一只竹篮，把金黄色的橘子撒向欢呼雀跃的人群，橘子象征着吉祥，接到橘子的人据说会好运连连。"祝你好运"的问候声夹杂着人们的笑声和尖叫，把一向静谧的班什老城闹翻了天。

9. 巴西里约热内卢狂欢节

狂欢节是巴西最大的节日，但最负盛名的当属里约热内卢的狂欢节。该市狂欢节参加桑巴舞大赛的演员人数之多，服装之华丽，持续时间之长，场面之壮观堪称世界之最。

相传里约热内卢狂欢节始于19世纪中叶。最初，狂欢节的规模不大，仅限于贵族举行的一些室内化妆舞会，人们戴上从巴黎购买的面具，尽情地欢乐。1852年，葡萄牙人阿泽维多指挥的乐队走上了街头。随着节奏明快的乐曲，不管是黑人还是白人，也不管是穷人还是富人，男女老少都跳起来了，整个城市欢腾起来了。阿泽维多的这一行动获得了巨大的成功，成为里约热内卢狂欢节发展史上的一个里程碑，标志着狂欢节成了大众的节日。

里约热内卢狂欢节最早并没有固定的场所，全市各主要大街上都是桑巴舞表演的舞台。由于狂欢节时值盛夏，天气炎热，游行活动都在夜晚进行。从20世纪70年代起，各桑巴舞学校建议在市内修建一座桑巴舞赛场，用于狂欢节活动。1983年，曾设计巴西新首都巴西利亚等工程的著名工程师奥斯卡·涅梅耶尔亲自设计，6万名建设者齐心协力，仅用了117天，就建成了一座能容纳数万观众的桑巴舞赛场。从此，里约热内卢狂欢节就有了固定的场所。巴西里约热内卢狂欢节开幕当天，里约热内卢市市长在市长官邸，亲手将城门的金钥匙交给被称作"莫莫王"的"狂欢节国王"，象征着一年一度的狂欢节正式开始。自此，在长达一周的狂欢节中，整个里约热内卢城都要由"狂欢节国王""统治"，全体市民将按照自己的方式尽情狂欢。

"莫莫王"并不会真正坐到市长办公室里发号施令。在全城沸腾、全民狂欢的节日期间，"莫莫王"只要好好带领大家尽情跳舞、尽情享乐就算是出色完成了市长使命。

"莫莫王"一般在狂欢节开幕前两个月由市民选出，同时产生的还有一名"狂欢节王后"和两名"狂欢节公主"。他们将作为里约热内卢桑巴舞队的领袖参加狂欢节的彩排和正式演出，工作非常辛苦，但是拥有无上荣誉。

交钥匙仪式之前，"莫莫王"还与化装成巴西皇室成员的演员在街上进行马车巡游。这个别出心裁的仪式既是为了纪念巴西第一位君主——佩德罗一世抵达巴西200周年，也是为了增加狂欢节的喜庆气氛。同时，为了让更多市民和游客分享狂欢节开幕的喜悦。

桑巴舞大赛是里约热内卢狂欢节的一项重大活动。赛场占地 8.5 万 m^2，两侧是看台，中间是桑巴舞队伍行进的通道。每年狂欢节期间，要在这个赛场举行 5 场桑巴舞活动，其中以第三天和第四天的活动最为精彩。在这两天中，全市名列前茅的 14 个桑巴舞学校要在这里一决雌雄，评出当年的名次，名列前五名的还要再进行一场表演。

每个桑巴舞学校上场参赛的人数为 3 800 ~ 4 000 人，分成 32 个方队，方队之间还设有 8 辆彩车。参赛内容和配唱歌曲都要有故事情节，全队服饰都要根据表演情节设计。每年各校编排的故事情节内容极其丰富，有表现印第安人历史的，有表现巴西足球的，有表现人们现实生活的。

久负盛名的里约热内卢狂欢节吸引着大批外国游客，每年约有 40 万游客选中这个季节前来这个美丽的城市旅游。

狂欢节不仅给巴西人带来了欢乐，并吸引了众多游客，促进了旅游业，刺激了经济，已成为巴西人生活中不可或缺的一项重要内容，一年比一年热闹。桑巴舞、狂欢节同足球一样，已成为巴西的象征。

图 14.8

10.巴西萨尔瓦多狂欢节

在巴西的狂欢节中，巴伊亚州首府萨尔瓦多市的狂欢节独具特色。由于巴伊亚人不愿将狂欢节市场化，因此这里的狂欢节得以保持它的原汁原味。此外，在音乐方面，巴伊亚是全国最发达和最重要的地区，这里到处充满了音乐和舞蹈，它是巴西传统和狂欢节精神最真实的体现。

11.巴西亚马孙丛林里的狂欢节

帕林廷斯是亚马孙河边一个人口只有9万的巴西小城市，每年总有那么几天会有相当于当地人口数目的各国游客为它心动不已，甚至提前1年预订这里的旅馆，因为这里有亚马孙风情浓烈的狂欢节——博伊蹦巴。

【案例评析】

巴西狂欢节成功经验分析

每年天主教四旬斋前夕在巴西各地举行的狂欢节都会吸引全世界的目光。巴西狂欢节被认为是全世界规模最大的民众欢庆活动，也是巴西最重要的文化产业。巴西狂欢节年年举办，知名度越来越高，社会效益越来越好。分析总结其成功经验如下：

一、政府引导和扶持是狂欢节走向成熟不可或缺的因素

在狂欢节的发展过程中，联邦和地方政府均扮演"推手"角色，政府通过提供政策支持、资金资助或配套设施，使活动不断规范和壮大。

狂欢节起初是一个民众自发的文化活动，因为缺乏组织，影响有限，且往往伴有暴力犯罪、色情淫秽等现象，狂欢节游行还会影响市内交通。但政府没有简单地给予取缔，而是通过各种手段加以引导和扶持。政府在加强警力的同时，还通过媒体宣传和现场发放印有行动规范内容的扇子和避孕工具等既有实用性又具宣传意图的物品，把狂欢节本身作为公民道德教育和宣传卫生健康知识的一个窗口和平台。政府还督促各地的"桑巴学校联盟"，制定"行业自律规范"，杜绝狂欢节表演中的色情成分，以保持活动的健康发展。为进一步提升狂欢节作为巴西重要文化标志的地位，避免狂欢节临时表演场地的搭建和拆除对城市交通的影响和所造成的浪费，并消除安全隐患，里约热内卢政府1984年率先建立了一条长700 m，能容纳65 000名观众的"桑巴大道"，在巴西最具影响力的里约狂欢节从此进入了一个新的发展时期。该

市建造的以打造狂欢节产业为主要目的的"狂欢节城"，是狂欢节发展史上又一个具有里程碑式的重大举措。此前，各桑巴学校都是当地的"大棚"制作作为狂欢节表演核心内容的彩车。2006 年，里约市政府斥资 5 000 万美元，在里约港区为里约市的主要桑巴学校建了一个集中用于制作彩车的大棚。这一占地 78 000 m² 的"狂欢节工厂"彻底解决了狂欢节期间体积庞大的彩车抵达现场的困难及其对交通的干扰。同时，它成为里约狂欢节"桑巴大道"之外的一个重要参照，全年中都有来自世界各地的游客前往参观狂欢节表演的制作过程，既扩大了狂欢节的知名度，又对振兴处于衰落的港区具有积极意义。鉴于里约的成功经验，圣保罗、马瑙斯、维多利亚、巴西利亚和阿雷格里港等许多城市争相效仿，也相继建立了作为各自重要文化标志的"桑巴大道"和"狂欢节城"。

　　狂欢节作为巴西最重要的"文化符号"，对于推动文化产业和旅游业具有不可替代的作用。狂欢节会给各地带来大量的间接收入，以里约为例，狂欢节期间，游客人数达 80 万左右，旅游收入高达 4 亿美元。里约狂欢节拉动的资金总额高达 5 亿～6 亿美元，并为里约州创造 30 万个就业机会（其中部分是长年的）。同时，由于狂欢节并非纯粹的商业活动，因此，即使已形成完整产业链的里约热内卢狂欢节，仍需政府的财政支持。2008 年狂欢节，联邦政府通过巴西石油公司等国企，向里约市特别组（甲组）桑巴学校提供了总额 600 万美元的资助。2009 年，在没有联邦政府财政支持情况下，里约州政府和市政府分别向 12 所特别组学校分别提供了 250 万和 200 万美元的资金。纵观巴西各地的狂欢节活动，政府的财政投入与表演活动的成熟度有直接关系，政府只是起扶持的作用。活动越成熟，知名度越高，商业运作的程度就越高，政府的投入就相对较少。而狂欢节表演历史较短的城市，组织狂欢节活动还更多地有赖于当地政府的财政支持。

　　狂欢节给我们的启示是，政府的引导和扶持是民间文化活动向文化产业发展过程中必不可少的因素。任何文化产业均不能被视为纯粹的商业活动，它们首先是文化活动。因此不能忽视其社会效应和间接的经济收益，不能把文化产业绝对化。刻意将文化活动产业化、商业化，会使民间文化传统面目全非或导致其消亡。

　　二、正确处理传统与创新以及民族化与国际化的关系

　　巴西狂欢节自 19 世纪中叶在里约创立以来，规模不断扩大，对人们的吸引力也越来越强，并发展到巴西全国。萨尔瓦多、累西腓的狂欢节各具特色，

圣保罗等地的狂欢节表演已具备相当规模和影响力。狂欢节经久不衰的一个重要原因是正确处理了传统和创新之间的关系。自1932年里约首次进行竞赛性质的桑巴学校行进表演以来的近80年时间中，年复一年，始终没有中断。虽然规模不断扩大，但狂欢节表演的主体结构始终不变，并逐步形成规范。桑巴学校表现的主题各不相同，参加的人数也有差别，但评比项目相对固定，这是狂欢节传统得以延续的关键所在。另外，各桑巴学校没有死抱传统、一成不变，而是在保持传统精髓的基础上，紧跟时代步伐，在内容和形式上不断创新。虽然表现宗教、历史、文化和颂扬杰出历史人物等内容是狂欢节表演的永恒主题，但每个时代都有许多反映当时社会问题、贴近生活的主题。近年来，一些桑巴学校推出了许多鞭挞时弊以及表现现代科技和环境保护等主题，充分体现了狂欢节紧跟时代脉搏、贴近民众的特点，这是广大民众喜爱狂欢节的一个重要原因。现代科技的应用是里约狂欢节创新的一个重要特点。作为桑巴学校行进表演最引人注目的彩车的科技含量很高，电脑技术被大量运用。传统艺术与现代科技的和谐结合使得狂欢节既富有传统魅力，又富有时代气息。

随着经济的全球化进程的不断加强，文化艺术的国际化趋势不可避免。如何让一项源于民族文化传统的艺术形式在走向世界的进程中既能为各国人民所接受又能保持其精髓，这是很多文化形式所面临的共同课题。巴西狂欢节的组织者们较好地处理了这个问题，在赋予狂欢节国际化特征，使其越来越得到全世界认同的同时，作为一项民族特点鲜明的文化活动，无论是内容和形式，人们始终能看到鲜明的巴西文化特点。在近年各地举行的狂欢节行进表演中，我们能强烈地感受到里约狂欢节的这一国际特征，各国的文化内容越来越多地成为狂欢节的主题，如意大利的文艺复兴、安徒生的童话故事和塞万提斯的作品《堂·吉诃德》。此外，越来越多的外国人或国际名人出现在狂欢节的行进队伍中，如著名歌星麦当娜参加了2010年狂欢节的行进表演，这显然能提高狂欢节在全世界的知名度。狂欢节的开放性和包容性使其日益为全世界所接受，越来越多的国家开始转播巴西狂欢节的实况。值得一提的是，随着我国国际影响的不断扩大和中巴关系的迅猛发展，中国和中国文化已成为巴西狂欢节的热门主题。继2005年里约特拉迪桑桑巴学校推出以中国的农业生产为主线的大豆主题（巴西向中国出口的支柱产品）后，2010年圣保罗"绿点"桑巴学校的教育主题中有一个彩车表现中国教育。同年，在阿雷格里港市的狂欢节中，雷斯廷加桑巴学校推出了中国主题，2 200人、

22个方队和气势宏大的彩车（故宫、长城、寺庙、海上丝绸之路、浦东新貌）较为完整地表现了中国的几千年文化。狂欢节表演这一明显的国际化趋势，促进了世界各国人民对狂欢节的了解和认同，同时也为其提供了更多的资金保证。各桑巴学校表现的外国主题往往能为其带来丰厚的资金赞助。

三、竞争机制是狂欢节持续发展的原动力

巴西狂欢节长盛不衰并逐步形成产业，除了民众对当地传统文化的热爱外，一个重要原因是建立了竞争机制。狂欢节每年的最终评比结果是活动的最大悬念。通过这种竞争机制推动狂欢节行进表演向更高水平、更大规模发展。与足球俱乐部一样，有竞争机制，所有人都有一种归属感，作为当地民众重要精神寄托的桑巴学校本身具有一种自发的凝聚力，使自己所属的桑巴学校成为年度冠军是大家的共同追求和动力。

巴西大部分地区的狂欢节桑巴学校行进表演并非简单的表演，而是具有比赛性质。以里约为例，特别组（甲组）的表演安排在两个晚上进行。参加表演的每个桑巴学校的行进时间必须控制在80分钟以内，由专家、历史学家、记者、社会名人组成的40名评委对行进表演的主题、协调性、彩车、服饰等10项（每项4名评委）进行打分，评出当年的冠军，分数排在最后的学校降入升级组（乙组）。升级组中获冠军的学校则获得来年参加特别组表演的资格。获得冠军虽没有特别的奖金，但桑巴学校的知名度和内部凝聚力会因此大大提高，平时安排在桑巴学校内的演出就能吸引更多观众，增加经济收入。此外，获得赞助会因此变得容易。

四、民众广泛参与

民众的广泛参与是任何一项文化活动取得成功的基本条件。巴西狂欢节在这方面应该说做得十分成功。它是一个全民参与的文化活动，市民既是狂欢节的生产者，也是这一产品的消费者。每个桑巴学校参加行进表演的数千名舞者中大部分为志愿者，他们是狂欢节表演的基本群众。在大棚中制作狂欢节道具和服饰者也有相当一部分是志愿者。民众广泛参与的另一个原因是，狂欢节是一个人人都消费得起的文化活动，它面向大众而非面向某一个群体。门票并非狂欢节"桑巴大道"行进表演活动的主要收入来源，除包厢和主看台的门票较高外，其他区域的门票价格都能为大众所接受。此外，在狂欢节期间，各种形式的欢庆活动遍布城市各个角落，不同职业、不同肤色和不同阶层的人们均能参与其中，他们中有大量终年为生计奔波的下层民众，有身居要职的政府官员和腰缠万贯的商界巨头，也不乏家喻户晓的影视明星。狂欢节期间，巴西各地犯罪率明显下降的事实，足以说明这一活动所产生的积极社会效应。

【单元思考与训练】

1. 谈谈巴西狂欢节的特色。

2. 请搜集国内狂欢节活动的文献资料，围绕其发展历史、发展现状、经济效益、运营模式等展开分析、讨论，并与国外狂欢节作比较，指出它们的不同之处。

3. 请以小组为单位，每组以 6 人为宜，对每个小组成员进行合理分工，根据所搜集的资料制作 PPT，每组选派 1 名代表在课堂上进行展示。

【拓展阅读】

巴西狂欢节离中国并不远

新华网里约热内卢 2 月 17 日电（记者赵焱　陈威华）　一年一度的巴西狂欢节正在如火如荼地进行，包括里约热内卢、萨尔瓦多、圣保罗和累西腓在内的不少巴西城市都沉浸在欢乐的海洋中。虽然中国与巴西远隔重洋，观看狂欢节的中国人也为数不多，但中国与巴西狂欢节早已结下不解之缘。

中国饰品扮靓狂欢节

狂欢节期间，走在里约街上，满眼都是奇装异服的行人，不过你知道吗？他们的假发和服装，全部是中国制造的。

里约华侨郑侠茂经营狂欢节商品已经有 10 个年头了。他说，狂欢节商品每年都供不应求，通常前一年的 10 月、11 月，相关商品就必须到货。为了今年的狂欢节，郑先生从中国进了不少商品，一部分在里约的自家店里零售，一部分批发给来自米纳斯吉拉斯州、巴伊亚州和戈亚斯州等其他地区的分销商。

走进郑先生的商店，奇装异服、各色假发、荧光棒、花环琳琅满目，甚至连手铐、奶嘴等道具也有，随你想怎样搞怪都可以。这些商品大多为中国义乌制造，商品的款式和种类可以根据巴西人的喜好提前预订，比如郑先生发现巴西人很喜欢文身，并且经常更换文身的样式，于是就订购了一批文身贴，运到巴西后果然大受欢迎。

　　不光参加狂欢的普通民众喜欢中国饰品，在桑巴大道上表演的特级组舞校也靠中国饰品撑场面。里约大河舞校主席索亚雷斯说，今年该舞校参加表演的服装道具，有70％都是中国货。

　　中国姑娘扭起桑巴

　　里约狂欢节的桑巴舞表演中除了众多漂亮的花车和妖艳的舞姬外，还有不少群众演员参与。这些群众演员主要是舞校所在社区的居民，但近年来也不断有感兴趣的外国人前来"尝鲜"，中国记者小杨今年就尝试了一次桑巴表演。

　　这是小杨第三次观看狂欢节，以前主要是看热闹，但今年作为一名群众演员，感到很新鲜、刺激。小杨代表的舞校表演当晚忽然天降大雨，但没有一个演员抱怨。小杨被巴西人认真、努力的精神所感染，虽然体力不够，但仍然把长达1个多小时的表演坚持到最后。小杨表示，虽然很累，但是很兴奋，如果可能，明年还想参加！

　　巴西期待中国赞助商

　　近年来，桑巴舞校每年除了政府拨款扶持外，还需要自己找赞助商，现在不少舞校都希望能够吸引到中国的投资。

　　大河舞校主席索亚雷斯就表达了这个愿望。他认为，桑巴是巴西文化的代表，如果舞校能与中国企业开展合作，无疑会推动巴西和中国的文化交流。

　　舞校的艺术总监费尔南德斯也对记者说，如果能与中国企业开展合作，舞校就可以通过狂欢节展示中国的形象。狂欢节是巴西普通人参与度最广泛的文化活动，以狂欢节来展示中国，无疑是让巴西人认识中国的最佳途径之一。

　　借助狂欢节展现国家形象的良好范例就是今年蒂茹卡联队与瑞士的合作。蒂茹卡联队是去年的狂欢节冠军，今年他们找到了瑞士作为赞助商，表演的主题就是瑞士。

　　赞助一家特级组舞校费用不低，蒂茹卡联队由多家瑞士企业联合赞助。他们在今年的表演中融合了各种瑞士元素，如奶牛、巧克力、钟表等，还通过表演讲述瑞士的一些传说和历史事件。相信今后在桑巴大道上也会有某个舞校通过自己的表演讲述中国故事。

图 14. 9

第十五单元
"世界小姐"选美大赛

图 15.1

【教学目标】

☆ 知识目标
了解大赛由来、大赛情况、比赛规则
理解大赛宗旨以及大赛的影响和意义
掌握大赛运作模式、大赛成功经验及其启迪意义
☆ 能力目标
能对大赛运作模式进行归纳总结
能对大赛成功经验及其启迪意义进行适当分析
☆ 素质目标
具备提出问题、分析问题、解决问题的能力
具备独立思考的能力
具备获取新知识、新技能、新方法的能力
具备与他人合作、交流与协商的能力

【知识链接】

全球公认的最具权威性的女性选美大赛

现在全球公认的最有权威的女性选美大赛只有 3 个,它们是:"环球小姐(Miss Universe)大赛、"世界小姐(Miss World)"大赛和"国际小姐(Miss International)"大赛,它们是全球无可争议的三大国际性正规女性选美活动,也是全球的三大顶级美女最著名的赛事。

1. 世界小姐

世界小姐最初为节日比基尼竞赛。"世界小姐"评选活动已有半个世纪的悠久历史。该项活动于 1951 年为宣传英国旅游而创立,是当时英国新年庆典的一部分,最初称为"节日比基尼竞赛",后由英国新闻界将其冠名为"世界小姐(Miss World)"。该赛事原计划只举办一届,但 1952 年"环球小姐"活动正式启动后,组织者才决定进行每年一度的评选活动,参赛者也不再只是身着比基尼出场表演,而在原有竞赛项目的基础上增加了才智比赛等内容。从 1951—2008 年,"世界小姐"评选活动先后在 20 多个国家成功举办了 58 届,已逐渐发展成为具有世界影响力的年度时尚文化盛典。

2. 环球小姐

环球小姐大赛隶属于环球小姐组织(Miss Universe Organization),其下还有美国小姐(Miss USA)和美国妙龄小姐竞选(Miss Teen USA)。

大赛主办者为"环球小姐"组织,总部设在纽约,该组织由美国地产大王唐纳德·特朗普(Donald Trump)和 NBC(美国全国广播公司)两家企业支持。自 1952 年以来,大赛已成功举办了 57 届,参赛选手分别来自全球 151 个国家和地区。

3. 国际小姐

国际小姐(Miss International)的全称是国际小姐世界大会(THE MISS INTERNATIONAL BEAUTY PAGEANT),1960 年诞生于美国加利福尼亚长滩市。作为世界级的选美赛事,选派代表参与"国际小姐世界大会"已被世界各国视为重要的国家级活动,"国际小姐世界大会全球总决赛"因而博得了"美丽奥林匹克"美誉。

【案例陈述】

一、大赛情况

1.创办人情况

从 1951 年创办 "世界小姐" 评选活动开始，埃里克·莫利和他的夫人朱莉娅·莫利为这项事业投入了毕生精力和激情。埃里克·莫利曾是英国最大娱乐公司的主席，创办世界小姐评选活动后积极致力于从事慈善事业，至今世界小姐活动已向全球各类慈善事业总共筹集了超过 3 000 万英镑的资金，此外他还几乎访问了世界上的每一座难民营。埃里克·莫利先生于 2000 年去世，他的夫人朱莉娅·莫利继承了他的事业和信念。

2.现任主席

朱莉娅·莫利接任世界小姐组织机构主席后，继承和遵循了世界小姐活动的宗旨，十分推崇赛事的文化与和平主张，并对活动从内容到评判标准都作了一些改进，更注重女性的优秀内涵和素质，甚至大胆地取消了总决赛晚会上的泳装表演，使该赛事不同于一般的娱乐选美活动，成为具有积极意义的世界性年度文化活动。她曾说：世界小姐比赛活动一切从尊重女性的角度出发，要为知识女性做一点实事。每年，莫利夫人都要同当选的世界小姐冠军们奔走世界各地，探望残疾儿童和进行慈善募捐等活动。

二、大赛宗旨

现今的 "世界小姐" 评选活动内容积极健康，以促进世界和平、树立杰出妇女榜样、帮助饥饿残疾儿童为主要宗旨，即 "有目的的美丽"。"世界小姐" 大赛选拔的优秀女性是才貌双全、充满爱心、积极向上的健康女性代表。主办方正是希望通过这种活动方式，使"世界小姐"大赛成为一种交流和传播的机制，将和平、友谊和爱通过各国选手和观众一年一年地传播并发扬光大。历届 "世界小姐" 大赛的获奖者中，不乏后来积极从事慈善活动和公益活动的爱心使者，她们具有相当的说服力和号召力，为社会作出了积极的贡献。活动还通过为获胜者提供奖学金等方式鼓励女性争取学习机会，掌握科学知识，为年轻女性树立上进方向和榜样。

三、比赛规则

1. 比赛程序

"世界小姐世界大会全球总决赛"由 6 个部分组成，设有沙滩美人（Beach Beauty）（又称为比基尼决赛）、超级模特（Top Model）、才艺比赛（Talent）、体育竞技（Sports）、美丽心智（Beautiful Mind）和传媒大奖（Media Awards）。

2. 候选人

大赛主办者为"世界小姐"组织机构。参赛选手来自世界各国和地区，每年总部将大赛主办权授予一个国家或地区。其中由每一个国家推选其最美丽的小姐参赛，而后各国小姐将在多项比赛中展示最美的一面，最终由评委评出世界小姐。

四、各国夺冠次数统计

表 15.1

国　家	夺冠年度	夺冠次数
委内瑞拉	1955，1981，1984，1991，1995，2011	6
印度	1966，1994，1997，1999，2000	5
英国	1964，1965，1984	3
冰岛	1985，1988，2005	3
牙买加	1963，1976，1993	3
瑞典	1951，1952，1977	3
美国	1973，1990，2010	3
中华人民共和国	2007，2012	2
荷兰	1959，1962	2

续表

国　家	夺冠年度	夺冠次数
阿根廷	1960，1978	2
澳大利亚	1968，1972	2
奥地利	1969，1987	2
秘鲁	1967，2004	2
俄罗斯	1992，2008	2
南非	1958，1974，2014	3
百慕大群岛	1979	1
巴西	1971	1
多米尼加共和国	1982	1
埃及	1954	1
芬兰	1957	1
法国	1953	1
直布罗陀	2009	1
希腊	1996	1
格林纳达	1970	1
关岛	1980（原冠军德国小姐被罢免）	1
爱尔兰	2003	1
土耳其	2002	1
尼日利亚	2001	1
以色列	1998	1
波兰	1989	1
特立尼达和多巴哥	1986	1
波多黎各	1975	1

续表

国　家	夺冠年度	夺冠次数
捷克共和国	2006	1
德国	1956	1
菲律宾	2013	1
西班牙	2015	1

注：数据不包含被罢免的冠军，如1961年遭罢免的冠军英国小姐不在此列。

图15.2

五、中国参与

1. 屡屡擦肩

1961年5月15日，台湾举行的第二届"中国小姐"选拔赛中，汪丽玲、马维君和李秀英3位佳丽脱颖而出，并列第一名。前一年，首位"中国小姐"林静宜成绩不尽如人意，使得台湾社会颇感失望。这次观众和评判员都达成了高度共识，务必在国际选美赛中出人头地。第二届的3位"中国小姐"无论是身高、外语能力和临场应变等方面均足以在世界上与诸国佳丽一较长短。

马维君、李秀英竞逐世界小姐，汪丽玲则竞逐"环球小姐"。最后结果是，汪丽玲、马维君分别进入决赛的前十五名，而李秀英不仅闯入前七名，更在决赛中荣获世界小姐第二名。英国小姐罗斯玛丽取得了第一名。

"世界小姐"大赛是英国人创办的，可是英国人夺得这个桂冠却整整用了 10 年，英国人也因此感到难堪——罗斯玛丽最后被证实结过婚，遂被取消头衔，由第二名递补。虽然该届冠军最终被罢免，但李秀英名义上仍为亚军。如果按照常理来说，可以认为李秀英才是第一位华人"世界小姐"。

1983 年，获得"香港小姐"选美大赛亚军的张曼玉代表香港地区赴英国参加"世界小姐"选美大赛总决赛，最终进入十五强，成为在此之前香港小姐在世界小姐大赛中的最好成绩，也是该届十五强佳丽中唯一的黄种人和世界小姐历史上第四位取得名次的华人。张曼玉随后返港进入电影界，并在之后的电影生涯中屡获大奖，成为中国电影史上第一位世界三大国际电影节最佳演员，迄今保持着华人演员的获奖项目记录。

2. 首次荣膺：第 57 届世界小姐冠军、首位华人世界小姐——张梓琳

2007 年 12 月 1 日，第 57 届世界小姐总决赛在三亚市美丽之冠文化会展中心落下帷幕。来自北京的中国小姐张梓琳成功征服了在场所有评委和观众，荣膺 2007 年世界小姐冠军，这是中国选手首次夺得世界小姐总决赛的冠军。

世界小姐选美大赛由世界小姐组织机构（Miss World）主办，是目前世界上最具影响力的三大选美赛事之一。本次大赛是世界小姐选美大赛举办以来的第 57 届大赛，也是该项赛事第四次在中国举行。根据大赛组委会提供的资料显示，共有 106 个国家和地区的选手参加了此次世界小姐桂冠的角逐，本次大赛通过电视媒体向世界 170 多个国家和地区同步进行直播，近 20 亿观众观看了这次大赛的比赛盛况。

3. 再次荣膺：第 62 届世界小姐冠军、第二位华人世界小姐——于文霞

2012 年 6 月 30 日和 2012 年 8 月 18 日，于文霞分别获得第 62 届世界小姐"中国区总决赛"冠军和"世界小姐总决赛"冠军。于文霞击败来自世界各地的 115 名佳丽，是自 2007 年张梓琳之后中国代表第二次获得世界小姐冠军。

六、华人在"世界小姐"选美大赛取得名次和获奖情况

表 15.2

参赛年份	姓　名	代表地区	名　次	奖　项	备　注
1961 年	李秀英	中国台湾地区	亚军	中国小姐	该届冠军被罢免，李秀英原则上递补冠军

续表

参赛年份	姓 名	代表地区	名 次	奖 项	备 注
1964 年	林素幸	中国台湾地区	季军	中国小姐	—
1983 年	杜茱迪	中国香港地区	—	风格小姐	—
1983 年	张曼玉	中国香港地区	前十五名	—	著名国际影星,中国国家一级演员
1987 年	杨宝玲	中国香港地区	前十二名	亚洲皇后	香港 TVB 艺人
1998 年	Linda Teoh	马来西亚籍	季军	—	—
2001 年	李冰	中国	第四名	亚洲皇后	—
2003 年	吴英娜	中国	第五名	亚洲皇后	—
2003 年	关琦	中国吉林	季军	亚洲皇后	—
2007 年	张梓琳	中国	冠军	最佳模特	首位真正意义上的华人世界小姐冠军
2007 年	张嘉儿	中国香港地区	前十六名	爱心小姐	香港 TVB 艺人
2009 年	马艳冰	加拿大籍	第五名	最佳才艺	
2010 年	唐潇	中国辽宁	第五名	—	
2011 年	李景美	中国江西	冠军	—	2011 年第一位世界小姐冠军
2012 年	于文霞	中国黑龙江	冠军	最佳才艺	继张梓琳之后第二位华人世界小姐冠军
2013 年	余薇薇	中国陕西	—	中国小姐	三度参加世界小姐比赛,终为世界小姐中国区总冠军

七、大赛的影响和意义

全球电视观众达 20 亿人,网上投票的网友过亿。"世界小姐"评选活动以独特的方式吸引着世界各地媒体和受众的注意,赛事创办 60 多年来,其影响力和知名度越来越大。在某种意义上讲,传媒对一年一度"世界小姐"评选的狂热程度甚至超过了世界杯和奥运会。据测算,2001 年举行的第 51 届"世界小姐"比赛,全球通过卫星电视收看评选活动的观众已达 20 亿人之多。世

图 15.3

界各国的报纸杂志都争相跟踪报道长达 1 个月的总决赛花絮和赛事活动，并在显著的版面报道"世界小姐"的评选结果。据不完全统计，全世界参与网上投票的网友过亿人。

提升城市知名度，开展世界文化交流。鉴于"世界小姐"评选活动的广泛知名度和巨大影响，世界上许多城市都在积极申办"世界小姐"赛事，以求借助这一知名的国际文化盛典来扩大自身的影响力和知名度，促进当地旅游、经济、文化和社会的发展。在长达 1 个月的赛事举办期间，数以千计的"世界小姐"组织机构官员和组织、编导、制作等工作人员，各国佳丽及随行人员，世界各国新闻媒体记者、赞助商代表和工作人员，还有数以万计的游客云集举办地，不仅直接带动当地消费，而且通过平面和电视媒体向全世界展示当地的风光民情，对扩大举办地的知名度和影响力，树立城市形象和带动长远的经济、文化和社会发展都将起到难以估量的巨大作用，同时也为举办地的城市建设起到很大的推动作用。

【案例评析】

世界小姐选美大赛的市场化运作模式点评

世界小姐组织机构本身拥有相对固定的赞助商群体，赛事的电视转播权和节目版权也为其带来巨大的经济收益，同时还要向年度评选活动的承办方收取数额不等的承办费（一般为数百万美元）。该组织一般会将本国家或地区的部分商业赞助权、广告电视转播权和门票经营权等交由举办地的组织机构行使，进行商业和市场运作，以弥补承办经费。如果运作得当，举办地的承办单位将会取得可观的经济收入。

【单元思考与训练】

1.谈一谈你如何看待选美比赛。

2.请搜集亚洲小姐选美活动的文献资料，围绕其发展历程、发展现状、经济效益、影响力、运营模式等展开讨论，评析其成功经验与不足之处。

3.请以小组为单位，每组以6人为宜，根据所搜集的资料制作PPT，每组选派1名代表在课堂上进行展示。

【拓展阅读】

从中国世界小姐冠军的折桂之旅看有意义的美丽

2015年11月02日　来源：新华网海南频道

新华网海南频道10月30日电（记者　喻涛）　"这是一顶沉甸甸的桂冠，对我而言，它是一个开始、一种挑战。"这是于文霞摘得第62届世界小姐选美全球总冠军后说的。

世界小姐公司要求，年度世界小姐冠军都要和公司签订一份一年的合同。一年中，于文霞要和世界小姐公司主席及工作人员一道，前往世界各地为慈善组织募款，探访一些贫困和疾病儿童。

世界小姐的选美主题是"有意义之美（Beauty With A Purpose）"。"如果你有善心，就应给那些不幸的人带去善举。"世界小姐公司主席朱莉娅·莫利（Julia Morley）说。

美与商业

让美丽更有意义，并非世界小姐创始时就有的主题。"一开始并没有听起来那样美好。"史蒂芬·道格拉斯（Steve Doglas）坦承。他是世界小姐创始人埃里克·莫利（Eric Morley）的儿子，现在担任公司总监。

世界小姐评选活动始于 1951 年。这年，埃里克·莫利产生了一个大胆的想法：办一场"节日比基尼大赛"，并邀请世界各地的人参加。事实上，他的目的是宣传自己的生意。

莫利的活动在报纸上登出广告后，立即引起轰动。第一届世界小姐评选赛成功举办。

1952 年，莫利举办了第二届世界小姐大赛。一直为英国皇室制造加冕皇冠的珠宝品牌公司杰拉德（Garrard）为世界小姐冠军制作了一顶皇冠，并沿用至今。

此后 60 多年，世界小姐的知名度和影响力越来越大。成功的赛事和知名电视台转播，每年都能赢得超过 10 亿观众收看，2000 年之后甚至超过 20 亿观众。

庞大的电视观众为世界小姐公司带来了持续可观的电视转播收入，以及承办总决赛的特许费、各个国家和地区的授权费及商业赞助。

伴随着世界小姐、环球小姐等选美大赛热度的提升，"美丽经济"的概念被提出，并受到政府重视，一些城市也热衷举办世界小姐大赛。

美与慈善

成为世界小姐，相当于穿上"魔鞋"，人生自此大不同。除了获得 10 万美元奖金，更重要的是能获得各种商业机会。

张梓琳曾是一名模特。2007 年成为第一位华人世界小姐后，她从模特升级为评委，并成为巴黎欧莱雅亚洲区（除日本以外）的形象代言人以及一系列其他品牌的代言人。此后，张梓琳还涉足演艺圈。

在朱莉娅·莫利看来，参加世界小姐大赛的年轻姑娘将是各行各业的女性精英。更重要的是，要把她们塑造成真实的女性，而不是一张张美丽的皮囊。

创办世界小姐大赛近 20 年后，埃里克·莫利的妻子朱莉亚参与到世界小姐公司。作为一个有独立见解的女人，模特出身的朱莉娅并没有在丈夫身后亦步亦趋。1972 年，她提出"有意义之美"这个口号，从此规定：摘得桂冠一年之内，世界小姐冠军应该在世界各地支持慈善活动，其他的参赛选手将会在各自国家内筹集善款。

2000 年，埃里克去世，朱莉娅成为世界小姐公司掌门人。

为塑造年轻女孩的"有意义之美"，朱莉娅在世界小姐比赛过程中增添了许多慈善内容。

世界小姐大赛除了选出冠军、亚军和季军，还有 5 个单项奖——泳装小姐奖、才艺小姐奖、超模小姐奖、运动小姐奖和慈善小姐奖，目的是鼓励并引导更多女性参与慈善。

另一个慈善内容是，在世界小姐总决赛的某一晚，要举办一场慈善晚宴。世界小姐总决赛组委会鼓励每一位参赛选手捐赠一件有代表性的物品，在慈善晚宴上拍卖。2012 年第 62 届世界小姐总决赛慈善晚会上，共推出 17 件慈善拍卖物品，拍得 100 余万元善款。这些善款现场捐给了当地，其中一部分捐助 10 名贫困大学生、10 名贫困儿童、10 名贫困教师；另一部分捐献给鄂尔多斯市东胜区教育发展基金会。

折桂之旅

在世界小姐公司的慈善事业构架中，冠军全职一年做慈善，是相当引人注目的一个设计。冠军们既要到美国、欧洲等发达国家和地区募集善款，又要到非洲、南亚、南美洲等落后国家探望贫困和疾病儿童。这一年的慈善行动被称作"折桂之旅"，因为在参加慈善活动时，她们都戴着夺冠时的皇冠。

张梓琳在自己的"折桂之旅"中，一年内走访了 18 个国家和地区，有的地方还去了很多次，比如南非和越南，因为有些慈善项目是持续的，需要多次才能完成。她印象最深刻的，是第一次到美国募捐。

张梓琳到达美国的第一站，是爱荷华州得梅因（Des Moines），这里有一个 24 小时不间断的电视募捐节目。她客串主持人，采访打进电话捐款的人，并劝说他们捐出更多的钱。24 小时之内，他们募得 340 万美元善款，全部捐给了世界各地的残疾儿童，用于购置轮椅和拐杖。

除了以主持人身份参加电视募捐、拍卖等多种方式的募款活动外，张梓琳还曾前往条件恶劣的地区探望孩子，比如中美洲的特立尼达和多巴哥（Trinidad and Tobago）。在那里，她探望了艾滋病儿童医院，和孩子们一起玩耍和交流。

夺冠后的一年中，张梓琳接触了世界各地的残疾儿童、孤儿和艾滋病儿童。经过一年的奔波，募得善款超过 3 200 万美元。

事实上，对所有世界小姐冠军来说，这样的一年都不容易。之前，她们大多在上学，突然要奔走于世界各地募款和探访，开展崭新的工作，这种转换本身就是一次挑战。

自 1972 年以来，以"有意义之美"为理念的世界小姐，为慈善组织募集了超过 5 亿美元善款，帮助了超过 100 个国家的弱势儿童。这种贡献也为朱莉娅本人带来了良好的声誉。2009 年，朱莉娅出任慈善组织"Variety International,the Children's Charity"主席，成为首位担任该组织主席的英国女性。

2011 年世界小姐总决赛中，南非前总统尼尔逊·曼德拉给世界小姐组委会送来了一封特殊的祝词，并由他的孙子曼拉·曼德拉宣读："我一生都支持人道主义行为，致力于服务世界上边缘化的人群和社区。我也因此向选美比赛'有意义之美'致敬，因为该项目能帮助世界范围内的孩子，同时让年轻人加入帮助他们国家弱势儿童的行列。"

"确立'有意义之美'是一个很好的遗产。'有意义之美'意味着用你拥有的能力去帮助其他人，从而变成一个更好的人，创造一个更好的世界。这意味着帮助老人在冬天从社区获得热的食物，抑或是存钱给发展中国家的穷困孩子送去药物。这个理念会一直激励着年轻人作出改变。"朱莉娅·莫利表示。

今年 12 月 19 日，世界小姐总决赛将再次回到中国，回到三亚美丽之冠，届时，近 130 个国家和地区的世界佳丽将继续体验和传承这有意义的美丽。

图 15.4

第十六单元

中国好声音

图 16.1

【教学目标】

☆ 知识目标
了解《中国好声音》的引进背景、节目特色、节目内容、收视情况
理解《中国好声音》的品牌价值和本土创新
掌握《中国好声音》的运营模式和成功之道
☆ 能力目标
能对《中国好声音》的运营模式以及成功经验进行分析与阐释
☆ 素质目标
具备良好的自主学习能力
具有良好的适应社会的能力
具有心理自我调控和自我管理能力

【知识链接】

中国电视音乐选秀节目

电视选秀节目是从 2003 年开始在我国出现的一种新的节目形式，从开播伊始就获得了相当不错的收视率，其代表节目为 2005 年湖南卫视《超级女声》的播出，真正开启了中国内地选秀的热潮。经过 10 多年的发展，选秀节目多变其身，却一直是各大卫视获得高收视率和影响力的重要法宝。选秀节目曾经出现过歌唱类、表演类，其中较有知名度的是湖南卫视的《超级女声》《快乐男声》，中央电视台的《梦想中国》《星光大道》。选秀节目通过产业化运作海选过程，对选手未来的发展等方面都有较完善的计划，这是选秀节目多年在各卫视蓬勃不衰的原因之一。

【案例陈述】

《中国好声音——The Voice of China》是由浙江卫视联合星空传媒旗下灿星制作强力打造的大型励志专业音乐评论节目，于 2012 年 7 月 13 日正式在浙江卫视播出。

一、《中国好声音》的引进背景

《中国好声音》以"真声音、真音乐"为口号。作为风靡欧美的《The Voice》系列节目在中国唯一正版版权的获得者，该节目最初始于荷兰，此后这场音乐飓风便因其独特创新的节目模式与实质性的超强影响力迅速风靡全球，势不可挡。所到各国均赢得了最炙手可热的音乐巨星的青睐和参与，斩获了无数个"收视第一"的骄人战绩，节目自身品牌效应逐渐树立的同时，也逐渐代表了世界各国的最高音乐水准。

二、《中国好声音》的节目特色

《中国好声音》以"盲选"为节目特色。在进入中国之前，就早已在荷兰、英国、美国获得广泛关注和喜爱。2012 年 7 月登陆中国，不仅保留了原版节目的模式，还带来原版的制作团队，以保留原汁原味。该节目的一大关注点无疑是"盲选"环节，因为这意味着极致化了好声音的追求，忽视了台风、外表等同等重要的因素。

此外，在节目模式与精神宗旨上，《中国好声音》与国际接轨，拒绝世俗炒作，重树"声音"本位。这一节目模式注重音乐本身专业价值，培育和扶持经得起时间考验的贴近老百姓生活的真诚的音乐作品。

三、《中国好声音》的节目内容

首季《中国好声音》的制作及播出历时 3 个半月，最终在浙江卫视播出的节目中包含"导师分班""导师考核"两个阶段。

第一阶段"导师分班"的新意在于：学员登上舞台时，明星导师背对学员，仅聆听声音，不受其他任何因素的干扰。如有导师在学员演唱时按下支持培训的按钮，则标志着学员被该位导师纳入旗下。这一环节在考验学员唱功的同时，更是多位明星导师决判力的大比拼，当有多位导师同时要求培养同一名学员时，选择权便掌握在了学员自己手中，此时导师间的"你争我夺"成为非常有趣的看点。

第二阶段则是"导师考核"，在 4 位明星导师分别拥有一个学员班之后，将会专门培训所有学员的音乐才艺，最终，4 位明星导师旗下的弟子将会相继登台演出，谁能成为优秀学员，就得看在导师门下学习的时间里，谁的潜力能够得到充分的挖掘。当然，这也是对 4 位明星导师"教学能力"的一次考验，经过相同时间的培训，谁的学生发挥得更好，也得在舞台上见分晓。

四、《中国好声音》制作团队

《中国好声音》的总导演为金磊。身为总导演的金磊一直是灵魂人物，从《中国达人秀》《舞林大会》等节目开始，他就担当起了节目的总导演。他负责把握节目的整体走向。

在总导演金磊之下还有章骊、沈宁、吴群达 3 位分组副总导演，他们带领各自的导演组负责每期节目的具体执行，在节目伊始，他们则兵分三路寻找"好声音"。

每个导演组都由 10 多名成员组成，又大致分为故事组、音乐组和摄像组。故事组负责故事策划，基本从挑选选手时就开始跟进。选手挑选除了个人报名，还需要导演组到全国各地各大音乐院校，甚至酒吧、网络"唱吧"这样的平台去寻找。

故事组的工作量很大，区分也并不十分严格，也会去挑选手，身份随时转换。当导演组经过层层筛选，最终将范围缩小，音乐组的导演会反复听前期入选学员的歌曲小样，为了防止学员在寄送的样片中出现修音的情况，最后还会通知大家来试音间，导演组要听"真声音"，接着由音乐总监把关，再经过层层选拔。

五、《中国好声音》的收视情况

表 16.1　第一季播出时间及收视率

期　数	播出时间	收视率	收视份额 / %	全国排名
第一期	2012.7.13	1.477	4.11	2
第二期	2012.7.20	2.717	6.93	1
第三期	2012.7.27	3.075	7.89	1
第四期	2012.8.3	2.725	7.67	1
第五期	2012.8.10	3.310	9.74	1
第六期	2012.8.17	4.019	11.39	1
第七期	2012.8.24	4.133	13.04	1
第八期	2012.8.31	4.201	11.91	1
第九期	2012.9.7	4.281	13.31	1
第十期	2012.9.14	4.567	14.25	1
第十一期	2012.9.21	4.865	13.60	1
第十二期	2012.9.28	4.599	14.99	1
第十三期	2012.9.29	4.133	17.40	1

六、品牌价值

《中国好声音》的品牌价值主要体现在以下几点：

1. 加多宝 6 000 万元豪赌打包冠名权，"钱花得值"

加多宝以 6 000 万元的冠名费冠名《中国好声音》。冠名成功会带来巨大的品牌效益。成功的范例如 2005 年，蒙牛酸酸乳以 1 400 万元冠名"超级女声"，随后追加了 8 000 多万用于带有超女元素的产品包装、路演、广告宣传等，使蒙牛酸酸乳的销售量从 2004 年的 7 亿元人民币飙升至 30 亿元。在《中国好声音》中，主持人高频语速念叨的加多宝广告，屏幕下方不断闪烁的加多宝饮料瓶，让加多宝品牌赚足了眼球。

2. 无薪导师，只等选手爆红分高利

导师们不拿底薪，只等待业绩暴增之后的高额分红。导师们的投入保证了节目的高质量。有了这样的收入分配方式，就很容易理解导师在场上的全身心投入，为争抢优秀学员不惜使出浑身解数，这也成为节目中的一大亮点。

3.《中国好声音》成赚钱利器，上亿元酬劳等着导师瓜分

《超级女声》唱响中国，7 年后，《中国好声音》响彻神州。再一次证明《中国好声音》也是最赚钱的"中国好生意"。

4.《中国好声音》变身摇钱树，仅凭广告赚 2 000 万元

《中国好声音》从第一期至今，广告费从每 15 秒 15 万元涨到 50 万元。据相关人士透露，好声音每期仅凭广告就能带来近 2 000 万元的收益。

2012 年 9 月 13 日，总决赛广告招标会，15 秒广告，第一选择权，标底价 45 万元，111 万中标；第二选择权，116 万元中标；第三选择权 109 万元中标。12 条 15 秒广告卖出约 1 100 万元，刷新了卫视 15 秒广告的新纪录。

七、本土创新

《中国好声音》站在原版——荷兰《The Voice》这一巨人的肩膀上，但两者在赚钱的模式上却不尽相同。

1. 制作单位参与广告分成

制作团队灿星制作真正实现制播分离，而且与播出平台浙江卫视达成协议，如果节目收视率达到一定标准，将由双方共同参与广告的分成。而因为灿星制作承担了所有的版权费，如果节目达不到规定的收视标准，他们还将单方面担负广告商的损失。利润与风险双重刺激下，逼着灿星制作不惜成本与投入打造最好的产品。

2. 打造全产业链

《中国好声音》还把明星导师当成了打造产业链的合作伙伴，吸引明星们长期共同投入。

在引入原版《The Voice》的其他国家中，节目结束于那一季冠军的产生，除了节目本身的衍生品或是线上歌曲的继续销售之外，歌手签约、演唱会、唱片发售等获利环节都与节目的制作方没有任何关系。

但灿星制作把选手签约以及签约之后的商业演出等项目都收归自己所有，并跟明星导师们合作，开发音乐学院、演唱会、音乐剧、线下演出等在内的全产业链。

3. 为 TV+ 代言

2014 年 8 月 1 日，第三季《中国好声音》电视行业独家合作伙伴 TCL 正式启动"为 TV+ 代言"活动，邀请好声音粉丝做导师，选出心中最爱的 3 位学员为 TCL TV+ 家庭娱乐电视代言。这一活动推出后受到好声音粉丝们的热烈欢迎，众多明星学员粉丝积极参与。有评论认为，TCL TV+ 家庭娱乐电视本着"娱乐本该如此"的精神，颠覆了以往好声音互动模式，将决定权交给观众和粉丝，实现了娱乐营销的又一创新，打造了品牌理念和娱乐节目完美融合的又一经典案例。

【案例评析】
《中国好声音》的成功之道

一、完整引进模式，制作精良

1. 引进成熟模式

众所周知，《中国好声音》是由星空传媒旗下的灿星制作以 200 万元的价格从国外引进的,节目源自荷兰在2010年推出的《The Voice of Holland》。《The Voice of Holland》在荷兰一经推出，便创下收视奇迹，其"盲选"的新颖模式与导师的专业程度吸引了大量观众的目光。此后，《The Voice》被世界上多个国家购买了节目版权。2011年美国NBC电视台购买了该节目版权，并选择了和人气颇高、几乎不可撼动的《美国偶像》总决赛同时段播出，并在正面对抗中丝毫不落下风。在中国引进之前，《The Voice》已经在多个国家掀起了好声音的浪潮，好声音的模式也取得巨大成功，因此《中国好声音》在制作时几乎原封复制，所有的Logo和Logo的位置几乎都和国外一模一样。但在精神内涵上，却强调中国文化、中国人的情感，可谓是"国际模式，中国表达"。

2.投入高额资金，打造中国的电视音乐大片

为了取得良好的节目效果，《中国好声音》投入了高额的资金，在节目制作的各个方面都精益求精。如导师的椅子是从英国空运过来的，和原版一样，每个椅子造价80万元人民币，还有现场演唱会级别的音响、中国一流的调音师、乐队和录音师等。不光是在和声音有关的方面投入大，《中国好声音》还非常注重电视播出后的画面效果。由于声音主导和盲选等特质，使得导师们在聆听演唱时的神态非常重要，中国好声音现场设置了26个机位，完整地记录了现场的任何一个精彩的瞬间，而且每期节目是导演提供剪辑文案，由一个6人组的专业剪辑师团队在剪，这些机器录制的近1 000分钟的素材，剪辑成不到80分钟的节目。节目录制时有版权方导演现场督阵。这一系列措施都有效地保证了节目的品质。

正是在精品化意识的指导下，通过对节目品质及细节完美的不懈追求，使得《中国好声音》成为中国电视荧屏最大的赢家，在收获口碑的同时又赢得了收视率，更唱火了节目版权生意。

高投入不一定高产出,但要想做出好看的、有高产出的节目必须有高投入。《中国好声音》国外购买版权、4位大腕加盟、专业幕后团队、天价制作费在中国电视界引起强烈的反响，它这种高投入高产出模式的成功也为中国电视节目制作提供了新的思路。

二、回归音乐本质

1.寻找好声音

《中国好声音》的总导演金磊反复强调节目的宗旨是寻找好声音。为达到此目的，节目组在全社会寻找优秀选手，从网站论坛到文工团，从音乐学院到酒吧，寻找足迹几乎遍布一切可能有好声音出现的地方。初选时1 000多

人中只有 150 人通过最初的盲选，严格的标准造成了初选的高淘汰率，但由此脱颖而出的是真正有实力的选手，他们拥有名副其实的好声音，他们也在电视屏幕上为观众奉献了一场又一场精彩的音乐饕餮盛宴。

2. 专注好声音

《中国好声音》不以貌取人，只用声音打动人，而明星导师们也一律以好声音作为选择需要的评判标准，舍弃了当下国内选秀节目常用的恶俗、毒舌、冷酷、拜金等吸引观众眼球的看点。在重金打造的具有专业音乐会效果的舞台上，选手们不需要华丽包装，不问出处，只凭声音过招。每场选拔赛中，华语歌坛的 4 位大腕明星导师只是背对选手坐在椅中，凝神屏息，静静期待着那个惊艳好声音的响起，然后拍下 I want you 的灯钮。在比赛期间，各大网站的热歌榜几乎都被这些来自民间的好声音牢牢占据。台湾盲人歌手张玉霞版的《月上西楼》恍如邓丽君在世，多亮版的《小情歌》摇滚不羁，而李代沫版的《我的歌声里》有着沧海桑田般的深情。这些久违的、充满情感张力的歌声吸引了数以千万计的观众。

三、打造评委看点

1. 大腕评委团

根据版权方的要求，导师应该是国内一线音乐人，且互相有所区别，一般有一位女性。中国好声音的评委不仅是中国乐坛举足轻重的人物，而且他们性格迥异，音乐风格也各不相同。导师之间的这种差异使 4 组学员的演唱风格也各有特色，这种多样化的音乐风格可以吸引爱好不同的音乐观众。而且导师彼此熟悉，这些导师评委在生活中、舞台上都是朋友，配合默契。4 位老师营造出的整体氛围融洽和谐。他们随性自然的状态正是节目所需要的。

2. 导师"PK"，高手对决

无论是在学员的选择上还是年度好声音的争夺上，几位导师之间始终充满"竞争"。《中国好声音》最精彩的莫过于决赛当中几位学员与导师搭档演唱。除了选手之间的角逐外，观众更期待、更感兴趣的是看到导师之间的 PK，这是真正的高手对决。这不仅增加了整场比赛的戏剧性和冲突性，使比赛充满张力，同时也为观众提供了一场豪华的视听盛宴。

四、独特的生财之道

1. 创新性的制播分离

以往的制播分离模式是电视台决定购买，制作公司全职生产，广告收益归电视台，制作公司只有微薄的利润。为了提高利润空间，制作公司会有意识地节约成本，甚至影响到节目质量。《中国好声音》创新了一种新颖的制播分离模式，由制作方灿星制作和播出方浙江卫视共同投资，共担风险，共享利润。制播双方签订了对赌合约：如果《中国好声音》在每周黄金时段（周五21：15—23：00）的收视率超过2%，灿星则参与浙江卫视的广告利益分成。否则，广告商的损失由灿星单方负责。这种制播分离的合作模式将制播双方共同捆绑在利润的战车上，有效地调动了双方的积极性和创造性，使提高节目的品质和提高收视率成为双方共同努力的目标。

2. 创新广告销售模式

（1）成套销售，广告价格成倍增长

《中国好声音》的节目插播广告一直是以套播的形式出售的，预售时，该类广告的价格为15万元/条，每条15秒，一组3条共45万元，第一季节目共450万元。这是对节目广告的第一次销售。

（2）首创重播广告销售模式

除了成套销售插播广告，及时提升价格之外，浙江卫视也在国内首先开发出首播与重播分离插播广告的形式，打破市场固定的"首播＋重播"捆绑销售插播广告的模式。这种对节目广告的二次销售不仅为节目增加了高额的经济利益，也为中国电视产业的赢利打开了一条新的渠道，更进一步挖掘了节目赢利潜力。

3. 销售衍生产品，开发整个音乐产业链

《中国好声音》在运作过程中对整个音乐产业链的开发和运用不同于国外《The Voice》的运作，在已经引入《The Voice》版权的其他国家中，节目结束于选出冠军的一刹那。除了节目本身衍生品或者线上歌曲的继续销售外，歌手签约演唱会、各类表演收益等获利均是唱片公司的事情，已然与《The Voice》节目制作播出方再无关系。因此，就国外而言，《The Voice》的赢利仅限于节目制作与播出这个过程中。而灿星团队除了传统的广告收入分成、向视频网站征收的版权费之外，还把目光投向了整个音乐产业链。《中国好声音》制作方星空传媒凭借旗下众多的优质音乐平台资源（Channel V、华语音乐榜中榜）把选手签约这一环以及签约后的商业演出等项目也收归自己所有。本已成熟的资源优势加上一系列为选手定制的商业演出活动，不仅延长了选手的生命力，也建立了《中国好声音》的持续赢利能力。

（1）写真集

随着中国好声音第一季的结束，学员们的知名度急剧上升，中国好声音顺势发行了学员们的写真集，获奖学员的照片和资料等精彩内容集结成集。通过图书销售获取经济收益。出版图书是目前中国选秀节目采取的较为普遍的方式。

（2）学员的商业演出

以往《中国好声音》的每场比赛都是在场内进行的，但决赛被打造成了《中国好声音》的演唱会，并通过门票＋广告赞助的模式赚取利益。在决赛当晚，由于《中国好声音》的影响力和观众对决赛的广泛关注，许多剧组都借着好声音决赛推介自己的影片，使整个决赛好似一场新片推介会。

随后，浙江卫视又趁热打铁，组织学员进行了多场演出。

（3）彩铃下载

《中国好声音》在节目播出前就与中国移动"无线音乐俱乐部"展开合作，为节目提供学员彩铃下载平台。目前中国移动已经将参与节目的学员按照所跟从导师分类打包，为消费者提供打包付费彩铃下载业务。节目组和中国移动按照中国移动与音乐公司传统的分账比例进行分账，下载收益没有保底费用。

4. 导师当股东

《中国好声音》的4位导师的收入模式是技术入股、彩铃分红。这与以往请嘉宾按场报价、来一场算一场的劳务报酬模式截然不同，它是把整个导师团队跟节目后期的市场开发捆绑在一起，导师在节目当中的参与和投入作为投资。制作方与中国移动有很好的合作，对音乐进行后期开发，把所有学员的现场演出制作成彩铃，提供给全国的用户下载。学员们的收入也有一部分来自彩铃下载，学员通过彩铃下载得到认可后可以从中分红，形成良性循环，互利共赢。

五、《中国好声音》存在的问题以及如何长期保持生命力

1. 存在的问题

对于《中国好声音》而言，收视才是第一位，对选手的利用多于培养。而且由于节目运作还不够规范化，有选手惹上了官司。李代沫因一首《我的歌声里》翻唱，让大家牢牢记住了这位铁汉"柔情"。但是《我的歌声里》原创者曲婉婷所属的环球唱片公司向李代沫发出律师函，直指对方未经原创者本人或唱片公司授权，希望李代沫立即停止对《我的歌声里》词曲的使用。而且，随着《中国好声音》的走红，在大众舆论监督下，负面新闻也屡屡爆出。

2. 如何长期保持生命力

《中国好声音》的节目模式由国外引进，再注入中国价值观，优秀的选手和四大导师是节目目前的核心竞争力，但这些核心竞争力都没有把握在节目组

手里，很容易被其他节目模仿、超越。而且，只有将主持人、优秀选手资源牢牢地掌握在手里，以便节目组利用这些资源继续为《中国好声音》开发出更多的娱乐产品。

《中国好声音》对音乐产业链的全线开发从理论上讲是比较理想的模式，但具体操作起来，还要面临很多未知的问题。比如决赛投票过程不够透明，公布的结果也没有具体票数作支撑，这引起了很多人对比赛结果和公平性的质疑。而决赛频繁插入大量广告，电影的推介宣传，其商业色彩极为浓厚。作为市场经济条件下的文化经济活动，能否摒弃过度商业化，继续保持独立性，遵循经济规律和艺术规律，是《中国好声音》能否长期保持生命力的关键所在。

总之，音乐选秀的核心内涵一是音乐文化，二是草根精神。中国音乐选秀在繁华和喧嚣中似乎张扬了草根精神却失落了音乐文化。《中国好声音》的制胜之道恰恰在于重视了音乐文化，传递了真情，实现了草根梦想，凸显了平民性、参与性与真实性。节目自始至终回荡着令人震撼的好声音，评委们充满独立精神的点评也给观众上了一堂堂生动的音乐鉴赏课。《中国好声音》在追求艺术性的同时很好地兼顾了商业利益，在节目艺术性与商业性之间找到了很好的平衡点，其独特的营销模式也为中国电视赢利模式提供了不少可供借鉴的经验。但是能否将这种辉煌延续下去，保持持久的生命力，则取决于《中国好声音》能否在发展的过程中妥善处理艺术性和商业性的关系。

【单元思考与训练】

1. 目前，国内电视音乐选秀节目如火如荼，你认为办得最好的选秀节目是哪个？

2. 请搜集国外电视音乐选秀节目活动的文献资料，围绕其发展历史、发展现状、经济效益、运营模式等展开讨论，并与国内同类节目作比较，分析它们的异同。

3. 请以小组为单位，每组以 6 人为宜，根据所搜集的资料制作 PPT，每组选派 1 名代表在课堂上进行展示。

【拓展阅读】

《中国好声音》为何能突破选秀节目的"七年之痒"？

2012-07-28 来源：新华网

《中国好声音》横空出世，正值选秀节目在中国经历"七年之痒"，迈入第八个年头。自7月13日在浙江卫视首播以来，音乐选秀节目《中国好声音》已成为这个夏天中国大地最"红"的声音。

伴随着节目的走红，大腕评委和草根歌手彼此真诚平等互动的场景以及选手们的美妙歌声、温情故事在网络上不胫而走，向社会传递了巨大的"正能量"。

久违的"真音乐"令观众激动

尽管同样由星空华文传媒旗下的"灿星制作"这支电视团队制作打造，《中国好声音》却迥异于此前大红大紫的《中国达人秀》，在今年夏天泛滥于各大卫视荧屏的音乐选秀节目中更是一枝独秀。

在重金打造的"具有专业音乐会效果"的舞台上，选手们不需要华丽包装，不问出处，只凭"声音"过招。

每场选拔赛中，华语歌坛的4位大腕明星导师只是背对选手坐在椅中，凝神屏息，静静期待着那个"惊艳"好声音响起，然后拍下"I want you"的灯钮。

眼下，各大视频网站的热歌榜已经被这些来自民间的"好声音"牢牢占据。台湾盲人歌手张玉霞版的《月上西楼》恍若邓丽君在世，"赤脚女孩"黄鹤的英文摇滚活力四射，多亮版的《小情歌》摇滚不羁，而李代沫版的《我的歌声里》有着沧海桑田般的深情……数以千万计的观众、网民一边追捧这些充满情感张力的歌声，一边在微博上感叹"这是久违了的真音乐""让人激动得睡不着觉"。

用真诚击中中国电视娱乐"软肋"

"我也可以脱鞋试试吗？……哈哈，不行，没底气啊！"《中国好声音》播出之后，那英和来自辽宁乡村的"赤足女孩"黄鹤脱鞋同台唱歌"露怯"的场面，在网络上激发好评无数。网民纷纷称赞那英"真性情""诚意十足"，对每位选手都热情洋溢，没有一丝一毫大明星的傲慢姿态。

为了说服为外貌自卑的网游女歌手董贞摘下面纱，刘欢则激动得当场脱帽，说出掷地有声的励志名言："我刘欢长成这样，在中国流行歌坛已经屹立 30 年！对于真正的好歌手，外貌如何并不重要！"

迥异于此前选秀节目中评委们高高在上、掌握草根选手的"去留"大权，《中国好声音》中的歌坛大腕们经常要被草根选手"挑挑拣拣"。

独特的节目模式激发了歌坛偶像们"最可爱"的一面：他们时而互相调侃，时而卖力吆喝，令对选秀节目"毒舌评委"司空见惯的观众最意外和感动的，是他们每每真情流露，给选手以百分之百的平等尊重和没有保留的赞美欣赏。

中国传媒大学教授胡智锋说，正是这些看似细微的变化，给中国电视娱乐注入了清新宜人的"氧气"。知名媒体人刘春也为这档节目喝彩："它在精彩好看动听的同时传递了正能量。中国电视，呼唤正能量。"

胡智锋指出，中国电视综艺节目往往陷入以"宏大场面、炫目舞美甚至费尽心机的绯闻炒作"拼收视率的怪圈，却忽视了给观众最好的品质和内容，殊不知这恰恰是对观众最欠缺"诚意"的表现。"《中国好声音》为何能在极短的时间里爆红？正是因为它的真诚击中了中国电视娱乐的软肋。"

用"国际模式"提炼中国"正能量"

《中国好声音》蹿红之前，背靠星空华文传媒的灿星制作团队，已成功制造了热门的明星选秀《舞林大会》、有影响力的草根选秀《中国达人秀》。

坚持释放"正能量"，是星空选秀鲜明的特色。星空华文传媒是华人文化产业投资基金与默多克新闻集团共同成立的媒体与娱乐合资公司。

中国传媒大学学者徐帆认为，从西方引进电视选秀品牌和模式再注入中国价值观，是《中国达人秀》《中国好声音》一脉相承，对中国电视产业影响巨大的价值贡献。

"西方社会的综艺节目往往都是比较纯粹的才艺或者声音表现，没有讲故事或者精神上的呈现，但中国观众更希望从节目中看到丰富的情感，跟选手的故事产生共鸣。星空的这些选秀节目，满足了观众对正能量的渴求。"徐帆说。

在星空华文传媒首席执行官田明看来，这些成功的选秀节目共同的秘诀就是"国际模式、中国表达"，在制作技术和传播规律上学习西方，但是在精神内涵上却强调中国文化、中国人的情感，实际上是用国际一流的传播手段去传播当下社会的"中国梦""中国力量"。

中国选秀的好故事、好声音才刚刚开始。田明说，依托众多影响力巨大的选秀品牌，星空华文传媒希望打造一支中国电视娱乐的"梦之队"。"所谓梦之队，既是指制作水平一流的团队，也意味着一支向世界传播中国梦想的电视力量。我们不仅向国内社会传递正能量，更要向海外传递中国社会的正能量，让国外观众从中国的电视综艺节目中感受到中国人的真善美。"

图 16. 2

第十七单元

巴黎时装周

图 17.1

【教学目标】

☆ 知识目标
了解巴黎时装周概况、活动内容
掌握巴黎时装周品牌建设的经验
熟悉时装周在服装产业升级中的重要引擎作用
☆ 能力目标
能分析总结巴黎时装周品牌建设的经验
能对时装周在服装产业升级中的重要引擎作用进
行阐释和分析
☆ 素质目标
具备独立思考的能力
具备总结概括的能力
具备良好的自主学习能力

【知识链接】

世界四大时装周

世界四大时装周分别为纽约时装周、伦敦时装周、巴黎时装周和米兰时装周。四大时装周每年一届，分为春夏时装周（9月、10月上旬）和秋冬时装周（2月、3月）两个部分，每次在大约一个月的时间内相继举办300余场时装发布会。具体时间不一定，但都在这个时段内发布。

1. 纽约时装周

每年在纽约举办的国际时装周，在时装界拥有至高无上的地位，名设计师、名牌、名模、明星和各种服饰共同交织出一场奢华的时尚盛会。

2. 伦敦时装周

全球四大时装展之一的伦敦时装展在名气上不及巴黎和纽约的时装展，但它却以另类的服装设计概念和奇异的展出形式而闻名。一些"奇装异服"以别出心裁的方式呈现出来，给出席者带来惊喜。

3. 巴黎时装周

法国巴黎被誉为"服装中心的中心"。国际上公认的顶尖级服装品牌设计和推销总部的大部分都设在巴黎。从这里发出的信息是国际流行趋势的风向标，不但引领法国纺织服装产业的走向，而且引领国际时装的风潮。

4. 米兰时装周

米兰是意大利一座有着悠久历史的文化名城，曾经是意大利最大的城市。米兰是世界时装业的中心之一，其时装享誉全球。意大利是老牌的纺织品服装生产大国和强国，意大利纺织服装业产品以其完美而精巧的设计和技术高超的后期处理享誉世界，特别是意大利的男女时装的顶级名牌产品及皮服、皮鞋、皮包等皮革制品在世界纺织业中占有重要地位。

【案例陈述】

时装周（Fashion Week）始于20世纪90年代初。IMG模特公司的副总裁、纽约时装周制作人Fern Mallis一次在参加Michael Kors在市中心举办的时装秀时，天花板上的石膏块突然掉落砸中正在T台走猫步的模特，模特们惊慌失措地摔倒了。这些时装秀上的败笔让Mallis萌发了为时装秀找一个固定场地的愿望。在经历过反复的讨论之后，坐落在布莱恩公园的时装周总部终于诞生了，并以1994春夏系列为其命名。

时装周是以服装设计师以及时尚品牌最新产品发布会为核心的动态展示活动，也是聚合时尚文化产业的展示盛会，一般都在时尚文化与设计产业发达的城市举办。

一、巴黎时装周发展状况

巴黎时装周（Paris Fashion Week）起源自1910年。17世纪开始，巴黎便积攒下时装制作的好名声，高级成衣也就此诞生于19世纪末的巴黎。早在19世纪末成立的法国时装协会，便一直致力于将巴黎作为世界时装之都的地位打造得坚如磐石，这也是该协会的最高宗旨。同时凭借法国时装协会的影响，卢浮宫卡鲁塞勒大厅和杜乐丽花园被开放成官方秀场。

即便是第二次世界大战期间，法国时装协会也没有停止巴黎时装周的进程。不过这时，关注时尚的人们早已统统跑去远离第二次世界大战硝烟的纽约了。尽管如此，战争结束后，Christian Dior 先生的 "New Look" 一亮相，就立刻为巴黎重新收回了失地。

第二次世界大战后，在时尚的鼎盛时期，有超过14 000位女性穿着这样的高级成衣：Chanel，Christian Lacroix、Nina Ricci，Yves Saint Laurent，Christian Dior 和 Jan Paul Gaultier 都是当今著名的高级成衣作坊。

百年来，巴黎时装周记录了人类对美的各种理解，也为无数的设计创意人才提供了一个无可比拟的广阔舞台。

二、举办时间

大时装周每年一届，分为春夏（2月、3月）和秋冬（9月、10月上旬）两个部分，每次在大约一个月内相继会举办300余场时装发布会。具体时间不一定，但都在这个时段内发布。

三、巴黎时装周的主办方和赞助商

有各大服装服饰和化妆品等品牌作为巴黎时装周的赞助商，如 Chanel，Dior，Hermes，Alexander Mcqueen 等。主办为法国时装协会以及世界各地的各大媒体报纸杂志。

四、巴黎时装周 —— 展示梦想的舞台

胸襟宽广且一呼百应的法国时装协会，并没有要求三宅一生、Commedes Garcons 和山本耀司（Yohji Yamamoto）这些风格独特的日本设计师为推广"法国风格"而努力，也没有把他们变成高度商业化的另一个 Ralph Lauren。协会甚至帮助 Commedes Garcons 获得了 1 亿美元的年销售额。

相反，"外国人"在米兰和伦敦的接受度并不高，客居的感觉依旧强烈，而纽约的商业氛围又太过浓重，只有巴黎才真正在吸纳全世界的时装精英。那些来自日本、英国和比利时的殿堂级时装设计师们，几乎每一个都是通过巴黎走进了世界的视野。

在这种背景下，帕秋莎，Vivienne Westwood，John Galliano，Alexander Mc Queen，Hussein Chalayan 这些绝顶天才的英国人纷纷东渡，"安特卫普六君子"也在此地获得成功。一场时装秀，早就远远脱离了商品交易的范畴，而成为一场融合了娱乐、戏剧和行为表演艺术的舞台作品。

一场完美的秀，更多的是坚定、准确地传递出品牌形象。能接到多少服装订单事小，能为公司带来真金白银的香水、化妆品、配饰销售额，以及价格相对便宜的基本款销量才是这场短短 20 分钟秀的真正任务——它正为崇拜者营造一个时尚梦。纽约展示商业，米兰展示技艺，伦敦展示胆色，只有巴黎展示梦想。

五、巴黎时装周历年特色

1.2015 年：秋冬巴黎时装周中的皮草元素

半年一度的四大时装周从北美到欧洲横跨了半个地球，但是正如 JS&H 创造人所说的那样，就时尚行业来说，我们不得不承认欧洲才是时尚行业的中心和心脏。从今年时装周来看，许多国际品牌的时装展示中都给皮草留了很大的空间，让人不得不觉得皮草卷土归来，如疯魔而来，无人能招架。

巴黎时装周尾声时才来的城市坏女孩系列，带着一股冲劲和自信。皮草在他们的系列中透露着强势，凌厉毫不柔软。向人们传达着一种女性的独立精神。他们利用清爽的纯白色，毛茸茸像北极熊一样给人温暖。同时利用动物纹路造成了一些狂野元素，皮草和豹纹成为必需的镇场宝物。

图 17.2

2. 2014 年

（1）高领设计

一说到高领衫，因其时代性的特征，总不免让人望而却步。不过 2014 年秋冬，在设计师们的巧手下，高领也一改其"老土"与"保守"的印象，变得时髦起来。无论是作为内搭的高领毛衣，还是高领设计的夹克与背心，或是连身式的高领裙装，各式各样兼备时髦与温暖的高领单品随处可见，俨然已成为寒冬季节中不可或缺的潮流选择。

（2）工装元素

工装，不仅实穿易搭，更因其简单、随意、率性的风格，一直在时尚界占据不小的地位。近来中性风潮一直大热，而作为男装中的经典元素之一，工装也成了本季巴黎 T 台上的一大热门趋势。从 Chanel 的花呢工装套装、Viktor & Rolf 假口袋装饰的衬衫，到 Miu Miu 的拼色工装夹克，极富功能性的口袋细节被大量地运用在不同材质的背心、夹克、外套等各种款式的服装中，带来一款款经典实用又充满复古情调的新装。

（3）金属色

从纽约到巴黎，金属色被众多品牌相继使用，已成为本季不可忽视的一大潮流趋势。Elie Saab 的绿色亮片礼服闪耀动人， Iris van Herpen，Valentin Yudashkin 都推出了如流水般视觉效果的银色连身裙，Gareth Pugh 与 Jean Paul Gaultier 的银色造型未来感十足， Rochas 与 Saint Laurent 的闪耀的金色罩衫与连身装引人注目。金属色的面料不再单调，丝绸、皮革、流苏、亮片等不同材质的出现，在视觉上带来不少变化与新鲜感。

3. 2013 年：怪诞风格一直延续

目前来看巴黎时装周上最夸张的秀场仍然是西太后的 Vivienne Westwood，虽然最夸张却一点都不意外，一贯的荒诞感早已成为西太后的标志性风格，风靡一时是兴之所至，而风靡一世便是心底所嗜。这句话用来形容西太后实在是太恰当不过了，本次秀场中的服装造型同妆容一样夸张，色彩更是鲜明，但并没有因为突出的妆容而掩盖了服装的亮眼程度，是非常和谐完整的一场秀。

（1）道具抢了服装的风头

很多设计师都喜欢在模特的妆容造型上下功夫，有时候也会加入一些能增加整体亮眼程度的小道具，比如本次巴黎时装周上 Undercover 的兔女郎面具，以面具兔女郎和猫女郎来诠释古典与现代元素结合的设计，胸骨图案、绑带长靴、黑色图案，是不是有少许的邪气呢。

图 17.3

（2）天马行空的无极限剪裁

Comme des Gar ons 本次巴黎秀场再一次告诉大家：衣服不一定是拿来穿的，它其实可以成为艺术品，川久保龄说，2013秋冬系列要表现剪裁的无限可能，于是衣服都像大爆炸一样无拘无束，想在哪儿剪道口子就在哪儿剪，想在哪儿开朵花儿就在哪儿开，既然是大爆炸，模特头上那些精心烧焦的假发也就顺理成章了，不过这剪裁工艺的复杂程度还真是不得不让人膜拜一下。

（3）手绘风格成本季新亮点

Dior 本次秀场中的手抓包上的高跟鞋图案来自艺术家 Andy Warhol 创作的时尚插画。Raf Simons 的个人风格越来越强烈，Dior 本季在轮廓和剪裁设计上让人一眼就能认出是当下极简当道的 Dior，真是让人看一眼就会被这种简约美征服。设计师拿手的小极简，配上 Andy Warhol 20 世纪 50 年代画的小清新，让 Dior 2013秋冬系列像一首宛转悠扬的小曲儿，哼上一遍，却在心里百转千回。

图 17.4

（4）秀场惊现金毛狮王

Rick Owens 这一季的秀场造型让人想到了中国武侠剧里的金毛狮王，还有梅超风，这凌乱的发型真是犹如丧尸大片一般，服装是黑白简明色调，不规则剪裁，不过标志性的曳地长袍轮廓在 2013秋冬被弱化了，Rick Owens 的不少设计变得相对实用了不少，冷峻萧索仍在，但明显变得温和了。

（5）改良版贝雷帽让人印象深刻

这一次的时装周上最不缺少的配饰就是帽子了，形形色色的帽子在各大秀场中出现，不过能让人印象深刻的却不多，本次巴黎时装周 Tsumori Chisato 秀场上的改良版贝雷帽却额外引人注目，无论是拼色还是全黑色都有种高端贵气的感觉，造型也非常简约流畅，尤其是戴在头上的位置非常时髦，服装的风格是在黑白色调的基础上运用了抽象花纹来装点，廓形是比较大气的类型。

（6）日本女学生 Style 现身秀场

能够走上国际舞台的亚洲设计师并不多，而山本耀司无疑算是其中的佼佼者，虽然一贯都是较为低调的设计风格，不过也算自成一派标签明确，本次 Yohji Yamamoto 的巴黎秀场让所有模特带上了日本女学生式的黑色假发，服装整体运用黑灰色系，在廓形和肌理层次上做足了功夫，虽然从帽子到头发再到服装和鞋子都是清一色的黑色和深灰，却一点都不显单调乏味。

（7）浮夸的金属配饰蕴含深意

Lanvin 的设计风格一向都是出了名的大气简约，而本季在大气廓形的基础上添加了不少趣味性配饰，每个模特脖子上都缠绕着金属项链，无处不在的 "Hot" "Cool" "Love" 等词汇的装饰像是在提点姑娘们应该具备的气质，要辣要酷要充满爱，2013 秋冬的 Lanvin 在 Alber Elbaz 的手中也正是这样花朵遍布，T 台上就像开 Party 一样，充满了各个年代最活泼可爱的裙子，项链、腰带都是各种口号。最有意思的是，模特身上竟然爬满了虫子，本季的配饰真是浮夸奢华，手袋却做得硬朗有型。与整个系列强势却不乏诱惑的主旨呼应，金属与皮革，未完成感的边缘细节，珍贵材质用拼接方式和粗重金色链条，强调奢华又不乏个性。

4. 2012 年巴尔曼风格

2012 巴黎时装周于法国时间 2 月 28 日—3 月 7 日在法国举行。

香奈儿总设计师卡尔拉基菲尔德将巴黎大皇宫装扮成 "水晶岩洞"，上百个大小不同、颜色各异的水晶柱形状饰品以各种形态竖立在伸展台上，模特身着以 "水晶概念" 为主题的香奈儿最新春装穿梭在 "水晶" 世界中。葡萄牙服装也展示了自己的风格。英国服装设计师比尔·盖登也在展会上向观众致意。

Olivier Rousteing 入主巴尔曼（Balmain）已近一年，与之前相比，巴尔曼（Balmain）的风格并没有发生天翻地覆的变化，身着长裤、短靴、机车夹克的巴尔曼（Balmain）女郎还是英气逼人，少了一些摇滚气质的叛逆不羁，多了些皇族的高贵与霸气。

以往我们最常见的"克里斯托弗·狄卡宁（Christophe Decarnin）式"黄金甲，在2012秋冬变成"Olivier Rousteing式"珍珠战衣，每一件手工串珠装饰的华服有如高级定制服装般精致。

5.2011年创意频现

2011秋冬时装周于当地时间3月1日正式开幕，举行了上百场时装秀和静态展。兼收并蓄的巴黎时装周前半程以年轻和新锐设计师为主，三宅一生、迪奥、香奈儿、高田贤三、爱马仕等全球一线品牌在后半程陆续登场亮相。

对于本届时装周，时尚一族最感兴趣的包括Christophe Lemaire为爱马仕设计的处女秀，该品牌的时装设计在此之前一直由Jean Paul Gaultier负责掌管。另外还包括一些著名品牌时装秀，例如Céline，巴黎世家，Dries Van Note和纪梵希等。

时装周第一天一如既往由新晋时装设计师开场，其中包括来自伦敦的Aganovich和Anthony Vaccarello组合。

时装周于3月9日闭幕，最后一天的时装秀主要包括来自黎巴嫩的Elie Saab、爱马仕和Louis Vuitton。

巴黎时装周各路新锐设计师使出浑身解数，一些让人啧啧称奇甚至瞠目结舌的创意不断涌现。

印度著名时装设计师马尼什·阿罗拉2011秋冬系列当天以魔术表演开场。魔术师在一个黑箱子周围点燃火焰，随后出人意料地变出身着亮丽色彩印度风情服饰的模特。火焰产生的烟雾让现场充满神秘感，模特们踏着富有节奏感的音乐逐一亮相，为时装周带来一股神秘的印度风。

阿罗拉本季服装散发出浓郁的印度风情，丝绸、锦缎、提花织物、缀珠、刺绣、印染、色彩浓烈大胆。服装剪裁也吸收了印度传统服装的特点，短小的上衣，宽大的肩部造型，或抽象或夸张，再镶嵌上闪亮耀眼的施华洛士奇水晶，给人以强烈的视觉冲击。

整场秀前后呼应，在魔术中收尾。富有创意的服装加上魔术与走秀的巧妙结合，让人不得不佩服设计师的创造力。

6. 2010 年

(1) 中性简约

本季中性风服装大行其道，简约随性的穿衣法也越来越受女性青睐。而中性风格大衣在讲究简约干练的同时，也讲究线条的硬朗度，是当下最时尚的标志。另外，西装外套可以说是中性风的代表单品，在"巴黎时装周2010秋冬"各大品牌的T台，帅气洒脱的长款西服大衣是今年秋冬的主题，极简风格的设计、流畅的剪裁、利落的腰身、挺括的面料、精工细作的细节，造就了永不落伍的中性经典风格大衣，帅气洒脱在举手投足间流露，让人气场十足。

(2) 法式浪漫

法式浪漫主义，重视服饰色彩和情感，也重视身体走动时的氛围和美感，女性化的风貌统治了人们对服饰的审美。在2010巴黎时装周中，其中不乏有展现女性浪漫气质的法式大牌，运用丰富的装饰手段，毛边、流苏、刺绣、花边、抽褶、荷叶边、蝴蝶结、花结和花饰等，以华美的元素，轻盈的面料，飘逸的色彩，表现了女性独有的敏感和性情。女装流行的面料有轻柔的薄棉布、织纹较密的白麻布、薄纱、凹凸丝织物、提花丝织物、格纹、条纹的轻质毛织物和刺绣的蝉翼纱。法式浪漫主义服装给人的整体感觉是轻盈飘逸，带来一种全新的浪漫、妩媚、性感、柔软乃至奢华的气息，适合小产阶级生活方式的需求。

(3) 轮廓主义

当建筑元素被运用到服装设计中，服装仿佛成了一件件轮廓夸张的建筑物，和我们生活的城市融为一体。无论是极具冲击力的几何廓型，还是或柔软或尖锐的线条，都围绕着躯体尽情演绎着一幅幅结构感极强的现代服饰图腾。腰带的装饰增添了简洁轮廓的细节，头饰的搭配和领口的直线形设计更加强了整体的建筑感气息。建筑风格女装强调将硬度与力量感完美统一。当紧身的裤装和收腰的上装遇到宽大、竖直领口设计，整个造型的轮廓瞬间改变，形成新的服装建筑轮廓线。同样，高饱和度的色彩伴随随意又高雅的线条也可以打造出建筑风格的廓型，搭配紧身黑色针织衫更突出了外套的设计张力。

(4) 都市摩登

最时尚元素的体现，走在潮流的前沿，这就是"都市摩登"风格的体现。例如这几季当红的设计师克里斯托弗·狄卡宁（Christophe Decarnin），可谓现在时尚圈最闪耀、活跃的设计师之一，他那招牌式的高垫肩成功地刮起女强人风潮，一件价值 9 000 美元的巴尔曼（Balmain）夹克，一挂上架就被剥走拿去结账，实在令人咋舌。尝到甜头的克里斯托弗·狄卡宁（Christophe Decarnin）继续将尖角形微微上翘的肩线作为巴尔曼（Balmain）2010 秋冬女装主打设计，加入精致工艺的宫廷感锦绣，具有都市摩登风格的 20 世纪 80 年代华丽摇滚风格袭来！

（5）浮夸趣味

运用夸张、饱和度极高的色彩，在混合的搭配下，创作出一种浮夸、趣味十足的 T 台景象。夸张、高亮度、强调造型是这一风格的特征，就像 Vivienne Westwood，向来以朋克教母著称的她，在 2010 秋冬 T 台上，上演了一出女版海盗风情的混搭好戏。

（6）民族风味

起源于 20 世纪 70 年代嬉皮浪潮的民族风时至今日依然方兴未艾，以其独特的异域风格成为时尚界的宠儿。2010 秋冬民族风依靠夸张的配饰、繁复的花纹、多变的动物斑纹以及神秘的图腾印花强势回归，在各大 T 台上大放异彩。设计师从不同文化中吸取灵感，巧妙地将各大洲的民族元素融入时装设计中，并与摩登的现代风格结合，创造出既有视觉冲击力又有内涵的时尚单品。

六、巴黎时装周的影响

时尚圈对于一般人而言是一个相对封闭的圈子，一般人若想在时尚圈占有一席之地，其难度无异于一步登天。相比于其他三大时装周的排他性，巴黎时装周反其道而行，往往都会给一些在本地不占优势的设计师或是新锐设计师许多额外的照顾。以 2014 年的秋冬展为例，CHARLIER，DEVASTEE，GROUND ZERO，PASCAL MILLET，MOON YOUNG HEE 等这些新锐牌子受到了世界的广为关注，正式在国际时尚平台上崭露头角。这种新锐品牌抢夺老品牌市场资源的现象每年都有不少，最为人熟知的就是巴黎时装周首次就为 CommedesGarcons 带来了 1 亿美元的订单，让品牌一时之间风头无二，跻身世界顶级品牌的行列。

因此，巴黎时装周最大的影响力便是更具商业价值，为品牌带来巨大的经济利益。与一般的服装贸易展不同，巴黎时装周所展现出来的艺术感和整个城市浓浓的艺术氛围为巴黎带来了巨大的旅游资源。

无论是本身就会参与时装周的赞助商、设计师、模特、记者，或是冲着时装周新一季服装的买手们都会将这座城市的人气推向高峰。

　　从巴黎时装周获益的不仅仅是那些大牌的高级定制，旅游业、酒店业、食品业甚至法国航空也从中获得了高额的利润。

　　服装的购买力掌握在女性的手中，因此可以说巴黎即将从一个设计师展示才华的舞台变成全球女性美丽的殿堂，为越来越多的女性打造美丽的梦想。

【案例评析】
巴黎时装周品牌建设的经验分析总结

　　品牌展览会的形成涉及很多因素，需要具备许多条件，其中之一就是展览活动要与所在产业密切结合，体现产业优势。产业优势能对展会参加者产生巨大的吸引力和说服力，因为这能使他们获得更多、更详细的市场动态信息，得到更周到的服务。

　　一、产业基础

　　1.纺织服装业

　　法国的纺织与服饰业，领导全球时尚流行素负盛名。根据法国 FORTHAC 协会 2011 年的报告指出，法国目前有 8 000 家纺织与服饰企业，约 240 亿欧元的营业额，包含约 14.5 万的从业人员，其中有 8.6 万人从事纺织业，另有 5.9 万人从事服饰业。此外，法国还有两个竞争力产业聚群，一个是以里昂（Lyon）为中心 RhôneAlpes 的 Pôle Techtera，此聚群位于法国最古老且纺织业最密集之里昂市附近的 Rhône-Alpes 地区，目标为协助纺织业者了解最新的纺织科技，开发功能性纺织品的实用功能，成为欧洲最佳纺织品、布料品的基地。另一个是位于北边以里耳（Lille）为中心 Nord-Pas-de-Calais 之 Pôle Up-Tex。这里培训法国 2/3 的纺织工程师，其中有 1/4 来自国外，结合产官学三方面的合作进行纺织材料的研发，以运用于医疗、卫生、运动、休闲、工业、服饰、交通运输等领域，显示此产业在法国举足轻重的地位。

　　2.时尚创意产业基础

　　法国时尚创意产业已经发展了 200 多年的历史，至今仍然显示出勃勃生机和活力，在世界时尚高端市场仍然占据着统治性的地位，具有绝对性的竞争优势。就直接贡献而言，时尚业带来每年 350 亿欧元的产值和 15 万个就业机会。法国在 3 个创意领域是世界领先的：香水和化妆品、高级时装、高级珠宝。这 3 个部分即使在经济困难时期增长也很强劲。它们占法国消费品行业广告支出总额的 43%。在巴黎大区有法国 1/4 的时尚业从业者，3/4 的法国奢侈品公司，70% 的法国设计师和 50% 的设计公司。时尚奢侈的品牌很多，如路易威登、爱马仕、香奈儿、迪奥、卡地亚、鳄鱼、纪梵希、兰蔻等，都是法国著名的时尚奢侈品牌。

二、法国高级时装公会在巴黎时装周扮演角色

一个展会若能获得权威行业协会的支持和合作，无疑就增加了该展会的声誉和可信度，并带来巨大的宣传效果，从而有利于其塑造品牌。法国高级时装公会成立于 1973 年。法国高级时装公会是由高级时装协会、高级成衣设计师协会和男装设计师协会组成的，旗下成员皆为享誉世界的知名企业。其加盟成员除了法国品牌之外，还有许多日本、意大利、比利时、英国、美国等国的品牌，反映出巴黎时尚之都的地位和时装业日益国际化的趋势。

1. 法国高级时装公会为时装业提供多种服务

(1) 信息咨询服务

时装公会服务内容主要以为时装公司提供时装业行业难题的咨询服务，辅助会员企业拓展市场和产品推广，同时公会拥有自身专业的预测机构，可为会员提供最新的全球经济形势、行业形势预测以及时尚动态信息。

(2) 协调服务

每个行业的壮大都避免不了不良现象的产生，因此法国高级时装公会对协调行业内部公平竞争以及推动时装业发展也都起到了非常重要的作用。同时，法国高级时装公会也代表行业内的企业同政府进行协商，制订产业发展规划和产业政策，从而保障时装业发展的良好宏观环境。除了大方面的协调服务，在时装周的时间安排上，时装公会仍然需要进行协调，法国时装公会每年为 17 个时装顶端企业举办时装发布会，因此法国时装公会设定计划在该季度时装周举办时装发布会的时装设计师公司或者时装品牌必须事先在法国时装公会进行注册登记，再由公会统一协调时间，以安排日程表等规定。

(3) 其他服务

每个拥有"高级"称号的时装企业都是经过时装公会层层把关，严格挑选出来的。除了对已有的行业企业进行辅助外，时装公会也设立了投资基金，用其以入股形势帮助新成立的时装公司创业。

2. 设立人才培养机构

法国时装业之所以能够在世界上卓尔不群，除了其历史悠久外，最重要的原因之一就是人才输送。作为一个时尚行业，要控制世界的时尚标准当然离不开设计师的理念。因此法国时装公会设立了法国巴黎时装公会教育集团，

该教育集团在全球时装界享有盛誉，是世界六大时装名校之一，建于1927年，拥有法国许多著名设计师和教授级设计大师组成的师资队伍，集中了众多的成衣公司和法国时装联合会、法国成衣设计联合会等优势而创立；培养了包括举世闻名的伊夫·圣·洛朗、三宅一生等世界级设计大师。除了本土的设计师资源，时装公会也积极与国际接轨，同多个学校合作，例如时装公会曾在2002年与上海工程技术大学合作组建了中法埃菲时装设计学院，以期寻求培养全球顶尖人才巩固法国时装业的地位。丰富的设计师资源使得法国时装业能及时掌握世界时尚标准，并以此作为资本将法国时装业推向世界的顶端，同时也保证了时装风格的多样性来迎合大众的购买力。

3. 强大的媒体资源与宣传手段

法国高级时装公会拥有一个强大的媒体资源库，公会每年为前来时装周的记者和众多买家制作一本非常详细方便的日程和品牌名册。公会每季都会列出参加时装周报道的记者和摄影师的名单，并把它分发给参加发布会的品牌，以保证媒体能收到各个发布会的邀请函。每届时装周法国高级时装公会都会在卢浮宫卡卢塞尔厅设立国际新闻中心和信息中心，向购买商、记者、摄影师和时装界人士提供文字信息、视听资讯和通信网络服务等。除此之外，时装公会每年印发4次新闻通告，向公会成员、媒体和机构合作者公布公会的重要活动以及与时装有关的重要活动，从而及时有效地将信息传递给时装业的各个相关领域。除了法国服装业发展的浓厚背景外，法国高级时装公会的整个组织体系制度严格缜密，环环相扣，从而促进时装业高质量的发展，并在全球服装业中占据了首屈一指的地位。

法国高级时装公会利用雄厚的历史背景，为法国时装业在国际上立足发展打下了坚实的基础。作为一个行业机构，法国高级时装公会基本上是脱离了政府的束缚，其运行资金由协会成员提供，由此可看出法国高级时装公会在法国时装行业具有权威性，并获得了各时装公司的信任与支持。在此基础上，高级时装公会能认识到时装发展的基本在于人才，因此更加着重人才培养，并不间断地向时装行业输送人才，一个国家的时装业若想成为世界的佼佼者就不能局限于本国的发展，因此时装展中国外参展商的数量日益增多，时装学院也注重国外人才的吸引。法国高级时装公会作为行业协调者，需要调节各时装展举办的时间与地点，以增加法国时装展的最大效用，同时为会员解决相应行业难题及咨询活动。作为行业协会，法国高级时装公会利用各时装展搜集相关信息，形成一套自己的体系，年年定期举办展会，经由多年积淀法国高级时装公会体系及制度逐步完善，从而形成了一个具有成功模式的行业协会，也使得法国时装业在世界市场中屹立不倒。

三、强大媒体的支持

论及巴黎时装周在整个法国乃至欧洲和美国所引起的热潮，法国媒体无疑在其中扮演了关键角色。从 18 世纪末期到第二次世界大战，《La Mésangère》这一类杂志依靠其精致的时尚印刷、对季节性趋势的入微记录、对巴黎当季时尚饶有趣味的评论，成为法国时尚的标杆。战后以来，《ELLE》杂志（属于拉加代尔集团 Lagardère Group）、《嘉人》杂志（Marie-Claire）和时尚电视（Fashion TV）等媒体巨头继续在世界范围内开展这项工作。法国时尚的成功也在很大程度上归功于国外媒体。1947 年，通过发掘克里斯蒂安·迪奥（Christian Dior）并让他的"新风貌（New Look）"系列在美国大受欢迎，《哈泼时尚》（Harper's Bazaar）主编卡梅尔·斯诺（Carmel Snow）为法国时尚业开创了一个全新的增长周期，当然支持度最高的当属时尚频道。

FTV 全称 Fashion TV，也就是人们常说的法国时尚电视台，是全球唯一全年不断播放时装及潮流时尚的电视频道。Fashion TV 创办于 1997 年，总部设在法国巴黎，全球唯一 24 h 滚动播出的专业时尚电视频道。Fashion TV 的节目内容锁定在透视当今全球时尚流行趋势：时装品牌发布与设计师作品展示、内衣及配饰荟萃、名模介绍及国际模特赛事，还有各国的时装周和服装博览会等。播出的节目一般以 3 分钟、6 分钟、10 分钟为播出单元，多以动态秀的形式展现时尚潮流。目前，其业务遍布全球 193 个国家，拥有 3.5 亿个家庭用户。作为全球集时尚、美容和个性于一体的领先频道，法国时尚电视台 24 h 全天候播放最前沿的节目，并在近 700 万个公共场所播放。每年在世界各地举办的数以千计的时装发布会，都以能在法国时尚电视台播出为荣，各国设计师和顶级模特也都把法国时尚电视台作为自己的荣誉大本营，法国时尚电视台是在国际时尚界享有领军地位的媒体。

法国时尚电视台（Fashion TV）节目通过卫星和上千个光纤系统覆盖全球 130 多个国家。在全国各地均有全球技术覆盖。节目名称包括时装周、略全球时尚和流行趋势、设计师、模特、美容美发、红地毯。可见，FTV 所有的节目都离不开时尚潮流这个字眼，所有的节目都以时装周为中心，为观众打造一条时尚前沿的高水平趋向。"有关数据表明，在 FTV 的观众中男性占 64.7%，女性占 35.3%。可见，FTV 这种时尚节目仍然吸引了众多男性的眼球。观众人群中年龄在 21—44 岁的占 61%，45—54 岁的为 23%，55 岁以上的占 16%。"从这些资料中我们可以分析看出，这些人大都接受过良好教育、获得过学位、富有、喜欢高新技术、喜爱时尚。他们易于接受新事物，引领时尚。

以模特、时尚之星和时尚专业人士为首，因为这些人的生活工作更加依赖于时尚。同时我们也可以看出，FTV 会影响一个独特的群体，同时更大程度地影响了年轻、富裕的观众群。FTV 的观众有自己独到的眼光与消费观念，而且敢于花钱，他们敢于为了自己所追求的时尚付出一定资金。总而言之，FTV 一直有自己独特的渠道和特定的观众。FTV 作为宣传法国巴黎时装周不可或缺的媒体，对巴黎时装周的发展起了很好的推动作用。每年一届，分为春夏（9 月、10 月上旬）和秋冬（2 月、3 月）两个部分，每次在大约一个月内相继举办 300 余场时装发布会。FTV 不仅会报道每年的巴黎时装周，也会选择性地报道每次的时装发布会，这使人们对时装周更加充满了期待。

四、战略规划指导下的连续性和灵活性

巴黎时装周起源自 1910 年，即便是第二次世界大战期间，法国时装协会也没有停止巴黎时装周的进程。可见时装周在法国历史上延续了多久，这些都为时装周树立了坚强不倒的地位。是什么让法国时装周如此吸引人们的眼球呢？

①巴黎时装周每年都会有自己独特的主题，给人以深刻的印象。每年的时装周都会有不同的主题，每次时装周都会有不同的时间安排表。以时尚品牌为主题，每种品牌有一小时的宣传时间。结合当年的焦点元素构思出今年的主题。不仅是对服装的展示，同时也展示了梦想、希望及风采。每年以不同的风格吸引大家的眼球，比如 2012 年的巴尔曼风格，这都给了法国巴黎时装周足够骄傲的理由。

②每年伴随巴黎时装周都会举行一系列的促进时装周开展的活动。如 T 台走秀、巴黎春夏高级定制、国际服装及面料定牌生产展销会等。这些活动不仅促进了巴黎时装的传播，也增加了巴黎时装周的关注度。

③从时装周本身看，时装周的专业化程度较高。巴黎时装周具有较高的准入门槛，不管是从观众席的人员构成来看，还是从服装模特的遴选程序来看，都具有一定的优势。

五、代表时装行业发展方向

法国巴黎被誉为"服装中心的中心"，国际上公认的顶尖级服装品牌设计和推销总部的大部分都设在巴黎。从这里发出的信息是国际流行趋势的风向标，不但引领法国纺织服装产业的走向，而且引领国际时装风潮。相反，外国人在米兰和伦敦的接受度并不高，依旧有客居的感觉，而纽约的商业氛围又太过浓重，只有巴黎才真正在吸纳全世界的时装精英。那些来自日本、英国和比利时的殿堂级时装设计师们，几乎每一个都是通过巴黎走进了世界视野。法国高级时装是法国服装的精华，每件时装犹如一件艺术作品，针针线线无不凝聚设计大师的智慧与创造。

六、高质量的展会服务

会展属于服务型产业，服务是会展的基本属性，其中包括了对整个展会的整体策划包装及推广，包括展商参加展会前后的技术方面的服务，而最重要的是对参展商需求的满足与服务，比如协助他们获得更多的业务联系，获得更大的品牌推广，获得实际的订单销售等，这是展会服务的核心。在服务方面，巴黎时装周做得尽善尽美。

①定位准确。整个会展市场定位准确，面向高端消费者，带来时尚盛宴，宣传公司形象，也带来巨大经济效益；有充足的客户数据库，不论会展招商还是观众邀请都做到万无一失。

②参展步骤严谨。参展品牌提出申请，提出申请的品牌在巴黎都会有工作室或者店铺；在收到申请者的档案之后，法国高级时装公会会在一次较大的会议上，由出席的10多位理事来讨论是否接受申请。通过层层审查之后，合格者即会获得展会的认可，准予参展。

③服务一流。不论接待参展人员酒店餐饮，还是展会会场基础设施，都是一流水准。主办方提供服务周到，治安较好，会场秩序井然，同时确保参展品的运送安全性。模特职业素养一流，积极与展会工作人员以及其他模特合作，对展示服装作品非常尊重。

④订货会实惠。时装秀的结束只能说是换取了设计部短暂的空闲，接着市场部就要开始紧锣密鼓地工作——订货会。订货会就在公司的展示室里举行，各公司都备有自己的展示室，大小根据公司的规模而定，订货会里所展示的就是公司最新一季所有产品的样品。里面有在发布会里展示的，也有没在发布会里展示的，也有些衣服在时装秀上模特儿展示了，但只为追求舞台效果，并不出现在订货会上销售。来参加订货会的人员都事先约好时间，专时专用，以便公司提供最好的接待与服务。订货会一般持续一周的时间，来自全世界该品牌的销售商都会派买手前来挑选下一季在本地区最适合销售的款式、颜色及产品。在公司拿到可观的订单，买家们挑到满意的货品后，巴黎时装周就可以说是圆满落幕了。时装周结束后，市场部会汇总销售数字，发单到工厂进行生产，然后是配送等一系列后勤活动。公关部收集各大媒体关于本次发布会的报道，然后按照制订的计划做相关媒体宣传。

综上所述，巴黎是世界艺术之都、时尚之都，在这样的气氛下，孕育了巴黎时装周，自然具有其代表性。巴黎时装周的成功离不开时尚的主题、细致的服务、媒体的宣传、协会的支持和持续不断的创新；法国巴黎时装周的成功也离不开法国的浪漫主义，法式浪漫主义重视服饰色彩和情感，使人们对服装有了更多的关注。作为全球四大时装周的压轴戏，巴黎时装周当之无愧。

【单元思考与训练】

1.结合网络资料，谈一谈四大时装周各自的特色。

2.请搜集纽约时装周的文献资料，围绕其举办背景、举办规模、发展历史、发展现状、运营模式等展开讨论，并分析其成功经验与不足。

3.请以小组为单位，每组以 6 人为宜，根据所搜集的资料制作 PPT，每组选派 1 名代表在课堂上进行展示。

【拓展阅读】

时装周在服装产业升级中的重要引擎作用

时装周，作为服装及相关时尚产品集中展示的会展活动，它的举办直接带动平面设计、包装设计、表演、音乐、动漫、影视制作、媒体、物流、百货等众多现代服务业的蓬勃发展。

时装周是服装、鞋类、皮具等品牌或设计师展示潮流创意、发布最新时尚产品的平台。每年各大时装品牌都会选择在权威性的时装周上提前发布下一季潮流新品，接受客户预订以进行批量生产，并希望获得权威行业人士的肯定以及广大媒体的宣传。通常以动态发布会为主，辅以小型的作品静态展和流行趋势讲座、研讨会等活动。以服装产业为核心的时尚产业，是城市经济文化发展的助推器，也是整个城市综合经济实力的直接体现，时装周的举办对服装产业升级起到重要的引擎作用。

一、国内外时装周现状

在西方近现代工业的发展历程中，通过不断的交互和融合，最终形成了具有鲜明地域特色和文化个性的 5 大时尚之都：美国纽约、法国巴黎、英国伦敦、意大利米兰、日本东京，这五个城市无一例外都是经济高度发达、具有国际影响力的国际化大都市。在这些城市里，时尚产业成为当地乃至所在国家的支柱性产业，而时装周成为传播时尚潮流的载体。时装周的举办，很大程度上就是以服装为主导的时尚产业话语权的象征。

1985 年 11 月，日本首届时装周在东京召开，拉开了亚洲举办时装周的序幕，随后中国国际时装周、韩国首尔时装周、广东时装周、上海时装周、青岛国际时装周、海西国际时装周等时装周相继创办，经过多年努力，都在不同的区域内取得了一定的知名度和影响力。尤其是广东时装周经过 14 届积淀，已成为亚洲规模最大、最具活力的时装周，时尚前瞻性、产业引导性强，被誉为引导生产和消费、具有风向标作用的国际时尚服饰文化活动。

全球五大时装周影响力的形成源于产业的历史积淀，但与当地政府的大力推动也是分不开的，巴黎、伦敦、米兰、东京、纽约等世界时尚之都所在政府均大力支持服装产业的发展。日本东京对时装周的支持尤为突出。为了有效搭建日本服装对外宣传推广平台，2007 年日本时装战略会议策划委员会专门成立了东京时装周促进机构，此后日本政府每年专门划拨 6 亿日元（折合人民币 4 900 万元），用于持续举办日本东京时装周的各项活动，帮助企业挖掘培养服装专业人才，加强国内纺织服装信息的交流与合作，形成协同效应。此外，日本还建立了发达的时装教育体系，占全国人口 0.3% 的人受过服装方面的专业教育。

目前，我国各服装大省均高度重视推动服装产业的转型升级，北京、上海、杭州、大连、泉州等地专门制定了服装产业政策。如上海市编制了《上海建设国际时尚文化中心系统工程发展纲要》，提出调整上海传统服装产业结构，实现飞跃式发展；北京市发布了《促进北京市时装产业发展，建设"时装之都"规划纲要》，提出要把北京建设成为引导中国服装发展的中心城市。相比而言，这方面服装大省广东比较匮乏。

二、时装周对产业转型升级作用分析

1. 推动创意设计

美国著名未来学家托夫勒说，谁占领了创意的制高点，谁就能控制全球。主宰 21 世纪商业命脉的将是创意，对应到服装产业就是商业创新和产品设计。据测算，服装价值链上的利润分配是：设计占 40%，营销占 50%，生产占 10%。很明显，在全球服装价值链中，设计和营销处于价值链的高端，而生产加工处于价值链低端。创意设计是提高科技贡献率、品牌贡献率，转变增长方式的助推器，而名师名牌培育有助于提升创意设计水平，推动创意经济发展。近年来，我国的北京、上海、深圳、杭州、成都等中心城市都开始加快发展创意产业，创意产业将成为下一轮城市竞争的主要目标。

而时装周，以推广品牌文化、展示创意设计为主旨，集聚服装设计高端资源，对品牌推广、名师培育、新品开发等方面都有显著推动作用。例如，在历年的广东时装周中,"广东十佳服装设计师评选活动""服装买手大赛""广东服装创意设计展""广东服装产业转型升级科技展"和今年即将举办的"省长杯"服装设计专项赛等活动都对服装产业的商业创新和产品设计提升起到了重要的推动作用。特别是每年一届的"十佳评选",处于广东省金字塔形服装设计人才培育体系的塔尖地位,经过前12届的评选已在广东服装界树立了不可替代的权威性,对推动广东服装设计业的发展起到了重要作用。

2. 引导时尚潮流

服装流行趋势是在一定的空间和时间内为大多数人所认可并形成穿着潮流的一种社会现象。服装流行趋势研究是融文化、社会心理、经济、科学、审美为一体的综合性行为,采用流行预测的形式干预和引导消费品的使用。

世界发达国家都非常重视对服装流行及其预测预报的研究,时装周已成为定期发布服装流行趋势的平台,借助媒体力量传播出去,以指导生产和消费。近年来,广东时装周在"引导时尚潮流"所起的作用呈稳步上升趋势,国际生态环保纤维流行导向发布、分品类时尚服装流行趋势发布、国际面料色彩流行趋势发布等活动,对服装的生产和消费都起到了重要的风向标作用,有利于广州"国际时尚都市"形象塑造。

3. 拉动会展经济

时装周,作为服装及相关时尚产品集中展示的会展活动,它的举办直接带动平面设计、包装设计、表演、音乐、动漫、影视制作、媒体、物流、百货等众多现代服务业的蓬勃发展,节庆规模效应带来人流量增加,对地区餐饮、住宿、交通、旅游、休闲娱乐等其他经济起到间接拉动作用,其带动作用远远大于一般的展览。同时促进了服装制造业与现代服务业的高度融合,加快现代都市型服装产业发展,有助于强化所在中心城市功能,提升区域产业核心竞争力和辐射带动力。参考伦敦时装周统计数据,一届时装周50场T台秀、300位设计师参与、500万英镑的公关投入,将直接产生超过1亿英镑的交易额,为英国经济创造2 000万英镑的直接价值,吸引了世界各地媒体报道,给伦敦带来5 000万英镑的无形资产。

主会场设在广州的广东时装周,融汇了整个服装产业链的所有元素,纤维企业、面料企业、服装企业、服饰企业、服装设计师、专家学者、传媒、产业集群、各地服装协会商会、服装专业市场、时尚资讯机构、服装教育机构、百货商店、经销商、代理商、加盟商等集聚一堂。活动期间,流花商圈的日均客流量上升了20%左右,达到36万人次,参与时装周的产业集群、企业、专业市场、设计师等达成的成交项目总交易额逾百亿元。

4.促进国际交流

欧美的服装经济领先于中国，流行趋势的研究分析和预测相对成熟。如巴黎、米兰服装节都以研讨、论坛等形式针对生活文化开展流行色研究，并每年两次在时装周上发布服装流行趋势预测。国内服装流行趋势研究相对落后，大部分企业对流行趋势的把握基本源于对国外潮流的模仿与跟风。为此，频繁、有效的国际服饰文化交流对促进我国服装流行趋势研究、引导企业准确把握时尚潮流有着重要意义。

广东时装周活动"国际时尚荟萃"每年都会邀请美国、韩国、日本、法国等服装发达国家和地区的服装品牌、知名设计师来广州举办服装发布会，以加强广东服装企业与国际服装界的交流合作。今年，多次举办"欧美潮流风""日韩潮流风"，时装周已成为国外设计师及品牌登陆中国市场的桥头堡。日本三井物产株社会社、韩国首尔市东大门 Fashion Town 观光特区协议会和美国中美服装交流中心都纷纷推荐了当地品牌在时装周上举行服装发布会，充分反映了广东时装周的国际影响力在与日俱增。

图 17.5

第十八单元

戛纳国际电影节

图 18.1

【教学目标】

☆ 知识目标

了解戛纳电影节概况、创办历程、活动设置、获奖情况、历届之最

了解戛纳电影节的经济效益

掌握戛纳电影节的成功经验以及市场运营模式

☆ 能力目标

能够分析总结戛纳电影节的成功经验以及市场运营模式

☆ 素质目标

具备独立思考的能力

具备获取新知识、新技能、新方法的能力

具备良好的自主学习能力

具备良好的适应社会的能力

【知识链接】

小镇戛纳

戛纳（Cannes）是法国东南部城市，欧洲有名的旅游胜地和国际名流社交集会场所，因国际电影节而闻名于世。位于尼斯西南约 26 km，濒地中海，人口 7.1 万（1975 年）。这里海水蔚蓝，棕榈葱翠，气候温和，阳光明媚，与尼斯和蒙特卡洛并称为南欧三大游览中心。戛纳拥有世界上最洁白漂亮的海滩，海滨建有游泳场，是度假的好场所。棕榈树海滨大道沿海岸伸展，道旁多豪华旅馆。戛纳主要景点有海滨大道、老城区、11 世纪城堡等。

小镇戛纳和其他蓝色海岸地区的闲适安静不同，它虽然也拥有蔚蓝迷人的海岸线和法国南部明媚阳光下的棕榈树，但戛纳更像是一个社交不断的城市。每年 2 月有金合欢节，5 月有国际电影节，另外还有国际赛船节、国际音乐唱片节、含羞草节等。一年中，无论你什么时候来戛纳，总会在这里遇到大型活动。当然，在诸多活动中，令戛纳蜚声全球的还是每年 5 月为期两周的国际电影节。

【案例陈述】

戛纳电影节（法语：Festival de Cannes）是一个由法国于 1939 年首度举办于该国南部城市戛纳，于第二次世界大战后复兴并于同地扩大举办的国际性电影展暨电影奖。它是国际上最具影响力的电影节之一，与德国的柏林电影节、意大利的威尼斯电影节、加拿大的多伦多国际电影节，以及捷克的卡罗维发利电影节合称为世界五大电影节；又与柏林电影节、威尼斯电影节，以及俄国的莫斯科电影节并称为世界四大艺术电影节。戛纳电影节每年 5 月中旬举办，为期 12 天左右，通常于星期三开幕、隔周星期天闭幕，其间除影片竞赛外，市场展也同时进行。

一、戛纳电影节简介

戛纳电影节是世界最大、最重要的电影节之一。1939 年，法国为了对抗当时受意大利法西斯政权控制的威尼斯国际电影节，决定创办法国自己的国际电影节。第二次世界大战爆发使筹备工作停顿下来。大战结束后，法国于 1946 年 9 月 20 日在南部旅游胜地戛纳举办了首届电影节。

自创办以来，除 1948 年、1950 年停办和 1968 年中途停断外，电影节每年举行一次，为期两周左右。最初每年 9 月举行，自 1951 年起，为了在时间上争取早于威尼斯国际电影节，改在 5 月举行。1956 年最高奖为"金鸭奖"，1957 年起改为"金棕榈奖"，分别授予最佳故事片、纪录片、科教片、美术片等。此外，历年来还先后颁发过爱情心理电影、冒险侦探电影、音乐电影、传记片、娱乐片、处女作、导演、男女演员、编剧、摄影、剪辑等奖项。

电影节的活动分为 6 个单元："正式竞赛""导演双周""一种注视""影评人周""法国电影新貌""会外市场展"。有两组评审委员分别评审长片和短片，"正式竞赛"部分的评审委员由各国电影文化界人士组成，其人选都是颇有声望的导演、演员、编剧、影评人、配乐作曲家等，而其中一名担任主席。非竞赛部分以提拔新人为主，其中"导演双周"及"一种注视"发掘了不少颇具潜力或业有成就的导演。

二、戛纳电影节的创办历程

1. 创办初期

20 世纪 30 年代末，法国有感于当时德国、意大利高涨的法西斯主义气焰，特别是德国宣传部长约瑟夫·戈培尔在 1936 年大力运作莱尼·里芬斯塔尔（Leni Riefenstahl）拍摄当年的柏林奥运，之后便成为 1938 年的纪录片《奥林匹亚》（Olympia），强势入围 1938 年的威尼斯电影节并夺下最佳外国影片"穆索里尼奖"。于是法国公共行政及艺术部长尚·杰伊（Jean Zay）接受菲利普·艾蓝杰（Philippe Erlanger）的建议，决定在戛纳创立新的国际电影节。第一届电影节全名为"国际电影节"。

1939 年 6 月，路易·卢米埃（Louis Lumière）担任第一届"国际电影节"主席，第一届电影节自 9 月 1 日进行到 9 月 30 日。

1939 年 8 月开始，美国片商米高梅（Metro Goldwyn Mayer）用豪华邮轮载着好莱坞明星如 Tyrone Power，贾利·古柏（Gary Cooper），Annabella，Norman Shearer，George Raft 来到戛纳办派对、庆宴，一时之间吸引不少影迷驻足。但是 9 月 1 日德国入侵波兰，电影节随即宣布取消；9 月 3 日，法国、英国对德国宣战。

2. 第二次世界大战之后

1946 年 9 月 20 日，在法国外交部、教育部、电影联合会支持下由法国艺术行动协会再办戛纳电影节，这是实实在在的第一届。第一届戛纳电影节是在戛纳的一家旧赌场举办的，后由法国工业部和商业部共同组织。

自 1946 年第一届以来，1948 年及 1950 年因财政困难停止举办。但是在 1949 年，电影节在新的大楼"电影节大楼（Palais des festivals）"举办。法国人也称之为"红地毯大楼"。

1968 年 5 月 19 日因为受到"五月风暴"的影响，戛纳电影节被迫中断。5 月 18 日，评审之一路易·马卢辞职，楚浮、克劳德·贝黎（Claude Berri）、尚 - 盖布里耶·艾比柯寇（Jean-Gabriel Albicocco）、克劳德·勒路许（Claude Lelouche）、罗曼·波兰斯基（Roman Polanski）跟尚卢·高达冲进"电影节大楼"的大厅，坚持要中断影片的放映，目的是要"跟罢工的学生、劳工站在一起"。

3. 正式定名

一直到 2002 年，电影节才定名为"戛纳电影节（Festival de Cannes）"。

三、戛纳电影节奖项设置

正式竞赛长片奖项包括：金棕榈奖（La Palme d'or），1955 年创立，颁给最佳影片；评判团大奖（Grand Prix），颁给最有原创性或最有研究精神的影片；最佳女演员奖（Le Prix d'interprétation féminine），颁给表现最佳的女演员；最佳男演员（Le Prix d'interprétation masculine），颁给表现最佳的男演员；最佳导演奖（Le Prix de la mise en scère），颁给表现最佳的导演；最佳剧本奖（Le Prix du scénario），颁给表现最佳的编剧；评判团奖（Le Prix de la Critique internationale），1946 年特别创立；金摄影机奖（La Caméra d'or），1978 年创立，颁给表现最佳的首部作。

正式竞赛短片奖包括：短片金棕榈奖（La Palme d'or du court-métrage），颁给最佳短片；短片评判团奖 (Le Prix du jury du court-métrage)。

1. 金棕榈奖

戛纳电影节戛纳影展至高无上的最大奖，相当于奥斯卡的最佳影片奖，因其奖杯为金制的棕榈枝，故称"金棕榈奖"。模型来源是遍植于戛纳这座法国南部滨海城市的金银两色沙滩上的棕榈树。在短片单元，还有一座"最佳短片"的金棕榈奖，相当于奥斯卡的最佳真人短片奖。但一般意义上的"金棕榈大奖"仅指"最佳长片"的那尊。获金棕榈大奖的影片主要有维姆·门德斯的"钻石级公路电影"《德州巴黎》、昆汀·塔伦蒂诺的"环型结构叙事典范"《低俗小说》、拉斯·冯·特利尔"残酷难忍"的《黑暗中的舞者》、罗曼·波兰斯基"黑暗侵袭"的《钢琴师》、迈克尔·摩尔"极度狂热"的《华氏911》等。

亚洲第一部获得金棕榈大奖的电影是1953年日本导演衣笠贞之助先生的"前卫作品"《地狱门》，中国唯一一部荣膺金棕榈大奖的作品为陈凯歌出品的《霸王别姬》(1993年，与澳大利亚女导演简·坎皮尔执导的《钢琴课》并列)。

2. 评委会大奖（评审团大奖）

"评委会大奖"最初是偶然诞生的，如今已变成"戛纳电影节第二大奖"的常设奖项。与威尼斯电影节、柏林电影节的"评委会大奖"设置目的相同（彼二奖别称"银狮""银熊"），旨在表彰"亚军"（即"准最佳影片"）。

相比金棕榈大奖得主往往具有一定的社会意义或话题性，获得评委会大奖的影片则多因独特的风格、犀利的观点取胜。以中国为例，两部获得戛纳评委会大奖的作品——张艺谋的《活着》、姜文的《鬼子来了》，都未在国内公映。许多金棕榈大奖得主在问鼎金叶之前，都曾获得过"评委会大奖"。如昆汀·塔伦蒂诺在《低俗小说》之前，曾凭《落水狗》获该奖；拉斯·冯·特利尔在《黑暗中的舞者》之前，也因《破浪》赢取此杯。

3. 最佳男主角、女主角、编剧奖

戛纳的演员奖无男女主角与男女配角之分；戛纳的编剧奖无原创剧本与改编剧本之分。

4. 评委会奖（评委会特别奖）

地位相当于优秀影片奖或者传媒推荐奖，属于非常设奖项。颁奖原因多为评委会内部有两三位评委，对某部颇具特色的影片极富好感，从而争取到的特殊表彰。获奖影片不一定是最好的，但在评委会内部人气较旺。譬如，1991年拉斯·冯·特利尔的《欧洲，欧洲》、1996年大卫·柯南伯格的《欲

望号快车》、2004年科恩兄弟的《老妇杀手》和阿皮察朋·维尔拉瑟查库的《热带病》等。

5.金摄像机奖、艺术贡献奖、技术贡献奖

这些奖项相当于奥斯卡奖的最佳摄像奖、最佳艺术指导／服装设计奖、最佳化妆／视觉效果奖。

6.其他奖项

评委会三十周年奖：2004年颁发给当时第七次入围戛纳电影节的"欧洲常青树"肯·罗奇，性质相当于"终身成就奖"。国际影评人联盟奖：由权威娱乐机构组成的评论性奖项，属于戛纳电影节之外的影评人奖，性质类似对应奥斯卡奖的各大影评人协会奖。各家媒体按4分制对参展影片进行评审，即4分（完美，Excellent）、3分（优秀，Good）、2分（一般，Not Bad）、1分（劣质， Bad)。获奖者即各家媒体的综合评价分数最高者，通常获奖作品的得分应在3.2分以上。

四、戛纳电影节获奖情况

1.获奖国家及次数统计

表 18.1

获奖国家	获奖次数
美国	18 次
意大利	12 次
法国	9 次
英国	8 次
丹麦、日本	4 次
比利时、前苏联、瑞典、联邦德国、塞尔维亚和黑山	2 次
阿尔及利亚、巴西、中国、捷克斯洛伐克、希腊、印度、伊朗、墨西哥、新西兰、波兰、西班牙、瑞士、土耳其	1 次

2.华语电影获奖情况

1959 年，台湾话剧界元老田琛的《荡妇与圣女》成为第一部正式参加戛纳金棕榈奖角逐的中国影片。

李翰祥（台湾导演）的《倩女幽魂》（1960）《杨贵妃》（1962）《武则天》（1963）入围"金棕榈奖"。

《杨贵妃》因富丽堂皇的宫廷布景和服饰夺得最佳内景摄影色彩奖，成为第一部在戛纳获奖的华语电影。

1964 年，唐澄的水墨动画《小蝌蚪找妈妈》获得第 17 届戛纳电影节荣誉奖。

1975 年，胡金铨《侠女》夺得仅次于金棕榈奖和评审团大奖的最高综合技术奖，将中国武侠电影推向了世界。

1983 年，岑范《阿 Q 正传》成为首部入围戛纳"金棕榈奖"主竞赛单元的大陆影片。

1990 年，张艺谋《菊豆》获得首届路易斯—布努埃尔奖。

1993 年，陈凯歌《霸王别姬》获"金棕榈"大奖（第一部"金棕榈"大奖华语影片，也是至今唯一一部），侯孝贤《戏梦人生》获评审团奖。

1994 年，张艺谋《活着》获得评审团大奖，葛优获最佳男主角（首位华人戛纳影帝）。

1995 年，张艺谋《摇啊摇，摇到外婆桥》获第 48 届戛纳最高技术大奖。

1997 年，王家卫《春光乍泄》入围主竞赛单元，夺得最佳导演奖（王家卫成为首位获得戛纳最佳导演的华人导演）。

1999 年，陈凯歌《荆轲刺秦王》获得戛纳最高技术大奖。

2000 年，王家卫《花样年华》获得戛纳最佳艺术成就奖（杜可风、李屏宾、张叔平），梁朝伟荣膺戛纳影帝，姜文的《鬼子来了》获评审团大奖，杨德昌的《一一》获最佳导演奖。

2001 年，侯孝贤《蔷薇的名字》、蔡明亮《你那边几点》获戛纳技术大奖。

2002 年，伍仕贤的电影短片《车四十四》成为首部入选戛纳电影节"导演双周"单元的华语短片，廖琴《哭泣女人》获"一种注视"特别提名奖。

2004 年，张曼玉《清洁》（法国电影）摘戛纳最佳女主角桂冠（首位华人戛纳影后，首位亚洲戛纳影后）。

2005 年，巩俐获得"戛纳特别大奖"。

2005 年，王小帅《青红》获得评审团奖。

2006 年，王家卫成为第一个担任戛纳评审团主席的华人。王超《江城夏日》获"一种关注"单元最佳影片。

2007年，王家卫的英语新片《蓝莓之夜》入围"金棕榈奖"主竞赛单元，同时成为开幕影片，这也是戛纳电影节60年来第一次以华人导演的电影作为开幕影片。

2009年，《春风沉醉的晚上》梅峰获最佳编剧奖（继王小帅《左右》柏林获奖后中国编剧第二次在国际A类电影节获得编剧奖）。

2010年，王小帅《日照重庆》入围"金棕榈奖"主竞赛单元。

2013年，贾樟柯的《天注定》获得最佳编剧奖。

2015年，戛纳电影节"导演双周"单元宣布，"金马车奖"授予中国导演贾樟柯（第一位华人导演获该奖）；台湾导演侯孝贤执导的《刺客聂隐娘》夺得最佳导演。

五、戛纳电影节华人评审

1997年，内地女演员巩俐获邀成为该届竞赛片项目评审。

1998年，内地导演陈凯歌获邀成为该届竞赛片项目评审。

2001年，台湾导演杨德昌获邀成为该届竞赛片项目评审。

2003年，内地导演姜文获邀成为该届竞赛片项目评审。

2004年，香港导演徐克获邀成为该届竞赛片项目评审。

2005年，香港导演吴宇森获邀成为该届竞赛片项目评审，导演杨德昌担任短片单元的评审团主席。

2006年，香港导演王家卫担任电影节的评判团主席，成为首位获此殊荣的华人，该年评审成员也包括内地女演员章子怡。

2007年，香港女演员张曼玉获邀成为该届竞赛片项目评审。

2008年，台湾导演侯孝贤获邀任电影基金奖与短片竞赛奖评审团主席。

2009年，台湾女演员舒淇获邀成为该届竞赛片项目评审，章子怡二度担任电影基金奖与短片竞赛奖评委。

2011年，香港导演杜琪峰和制片人施南生获邀成为该届竞赛片项目评审。

2013年，台湾导演李安获邀担任该届竞赛片项目评审，章子怡担任"一种关注"单元的评委。

2014年，内地导演贾樟柯获邀担任该届竞赛片项目评审。

图 18.2

六、戛纳电影节的经济效益

戛纳电影节期间举办的电影交易市场共设立 34 个展厅，展厅面积达 1.3 万平方米，吸引全球 100 多个国家和地区 1 万多名参展商，每年 4 000 多部电影在此交易，销售额达 10 亿美元（约合人民币 63.1 亿元）。组委会和电影宫管理机构从参展商交纳的费用中获得部分收入。

电影节期间，戛纳市区接纳的人口从平时的 7.4 万人剧增至约 20 万人，人口增加带来了巨大的消费、就业和服务机会。电影节组委会提供的数据显示，电影节可直接创造 3 000 多个就业岗位。电影节平时常设 30 个服务团队，而举办期间将新增 850 个服务团体，另外约 300 个团队为电影交易市场提供服务。

戛纳市内酒店不仅接待人数成倍增长，住宿费用也比平时上涨近两倍。2011 年电影节期间，戛纳市内的旅馆共接待过夜游客 8.5 万人次，15 天内实现的营业额约占全年营业额的 15%。

戛纳电影节还极大地刺激了媒体经济。电影节期间，服装、珠宝和化妆品等行业各大企业的广告投放预算总额可达 4 000 万欧元（约合人民币 3.3 亿元），全球各大媒体因此均增加报道量和报道频率。电影节组委会目前公布的核准注册记者人数达 4 600 人，电视制作团体达 300 个，是电影节创办初期的 5 倍。

据统计，戛纳电影节每年吸引约 13 万名电影界人士和游客，两周内创造的直接经济价值可达 2.5 亿欧元（约合人民币 20 亿元），间接经济价值超过 7 亿欧元（约合人民币 57 亿元）。电影节可谓是戛纳的形象宣传窗口和经济"火车头"。

【案例评析】

戛纳电影节的成功经验分析

一、政府大力扶持

戛纳国际电影节创办于 1946 年，是目前世界上最重要的电影节之一。长期以来，法国各级政府一直对戛纳电影节给予大力扶持和资助，特别是戛纳市政府，始终遵循围绕电影节建设城市的理念，制定城市规划。1949 年建成了电影宫，1979 年增建了卢米埃尔宫，之后又开辟了拥有 30 多个展厅、面积达 1.3 万 m² 的大型电影交易市场，为国际电影节提供了设备齐全、空间宽敞的良好基础设施。如今在戛纳，与电影节相配套的基础设施一应俱全。

据了解，戛纳电影节每年的运营资金约为 2 000 万欧元，其中一半由法国文化部、当地大区政府和戛纳市政府财政拨款负担，另一半来自企业赞助。例如，2012 年的电影节，文化部国家电影中心资助 300 万欧元，戛纳市政府拨款 210 万欧元，戛纳所属的省政府和大区议会各提供 200 万欧元。另外，每届电影节都会有一位法国部长出席开幕式并致辞。在电影节 50 岁盛典上，法国时任总统希拉克亲临戛纳致贺，足以看出政府对戛纳电影节的重视程度。

二、牵手知名企业获得品牌双赢

举办电影节的另一半资金来自企业赞助，主要是通过企业加入电影节合作伙伴的形式实现。在众多的合作伙伴中，与电影节签有长期合作协议的知名企业达 20 多家，包括法航、兴业银行、萧邦钟表及珠宝集团、雷诺公司、法国电信、香奈儿、欧莱雅集团等。其中欧莱雅的高级化妆师专门为明星提供造型服务，并为电影节开、闭幕式晚宴买单；雷诺为电影节提供 250 多辆专用轿车，其中 100 辆专供红毯使用；著名珠宝品牌萧邦每年为电影节提供包括 24K 金的金棕榈奖杯在内的各奖项奖杯的制作费用；电影节最大的合作伙伴 Canal Plus 电视台 15 年来一直独家转播电影节的开幕式和颁奖典礼，为此每年向电影节举办方支付至少 600 万欧元费用。对于企业来说，戛纳电影节是宣传其产品的绝佳机会。

实际上，只要交纳一定的赞助费，成为电影节合作伙伴，任何一个品牌都能在这里展示。在电影节前后，电影宫附近的豪华酒店的套房均会被各大时尚品牌公司租用一空，它们大多会把租来的套房开辟成临时商品展厅，或直接出售奢侈品，或为明星提供租借珠宝首饰等服务。

三、让世界瞩目"法国烙印"

一个电影节的兴衰不仅取决于其硬件设施，更重要的是电影节所尊崇和倡导的艺术价值能否使人们产生强烈共鸣。长期关注戛纳电影节的选片和评奖结果的人们不难发现，受戛纳青睐的影片似乎都具有某些共同特征：这些作品通常不追求大制作，故事情节简单，运用极简主义的手法描写底层人物的生活，触动人的内心世界，引发观众深刻反思。这与追求高额预算、使用大牌明星、运用令人震撼的视听效果、讲述引人入胜的剧情的好莱坞电影形成极大反差。

实际上，这是法国一贯追求的作者电影或艺术电影的价值取向，戛纳电影节也因此被打上了明显的"法国烙印"。以 2015 年的电影节为例，在入围的 65 部长片中，以导演的国籍而论，有 16 部为法国片，占 1/4，这还不包括由法国投资或出品的影片。在 19 部入围"竞赛单元"角逐金棕榈奖的影片名单中，有 5 部为法国导演执导的影片，5 部为法国参与的合拍片。在入围"一种关注单元"的 19 部影片中，法国导演执导的影片有两部，法国参与的合拍片 11 部，这种局面在戛纳电影节可谓前所未有。

事实上，参加电影节的许多影片都显示出法国参与拍摄的成分，影片结尾字幕常常注有法国电视台、法国外交部、法国文化院、法国国家电影中心等部门资助的字样。有关数据显示，2013 年，法国与 38 个国家合作，完成了 116 部合拍片。法国国家电影中心在电影节期间发给外国制片商的一本小册子中写道："法国为能参与如此多个国家电影的拍摄而感到自豪，这是世界上任何其他国家所无法比拟的。"

长期以来，崇尚电影艺术多元化的法国电影人常常用批判的眼光看待美国电影，始终坚守和保护自己电影艺术的独立风格，为艺术电影和新人新作提供呵护。这种文化诉求隐约折射出法国对抗美国电影文化冲击的战略意图，旨在借助这个国际化平台向世界展示一套另类的电影艺术评价标准，以期引领电影艺术的价值取向，向世界输出法国价值，借此构建和提升法国文化软实力。

四、电影节拉升产业张力

戛纳电影节除电影展映和评选之外，另一个重头戏则是大型电影交易市场，这对世界各地的电影展商极具吸引力。戛纳电影市场创办于 1959 年，经过 50 多年的不断发展，市场面积达 1.3 万 m^2，拥有 34 个展厅，加上 2000 年建成的国际村，其交易规模之大、服务功能之完备在全球可谓首屈一指，目前已是全球最大的电影"生意场"。每年，600 多个展位被来自 100 多个国家的近万个参展商租用（每个参展单位的租金在 4 500 ~ 6 500 欧元），展商来自电影创作、制作、发行、经纪、营销、宣传等电影产业链的诸多领域。虽然市场内的展台租金昂贵——每个展位每天约 300 欧元，但是仍有不少片商不惜重金前来参展。据统计，每年有多达 4 000 部电影在这里进行交易，涉及剧本创作、电影拍摄、后期制作、影片发行、版权交易、项目签约，每年的市场营业额达 10 亿美元。

戛纳电影节在提升法国文化影响力的同时，也极大地带动了城市经济发展，增强了戛纳的城市竞争力。戛纳电影节举办近 70 年来，促进了包括旅游、酒店、餐饮、会展、传媒、赌博在内的电影衍生行业的快速发展。据戛纳市政府介绍，每年戛纳电影节吸引的外来人口高达 20 万之多，是戛纳当地人口的 3 倍。人口增加带来了巨大的消费、就业和服务机会：电影节期间，戛纳需要增加 3 000 多个就业岗位；旅游业实现了全年营业额的 15%。

戛纳电影节还极大地刺激了媒体经济。各大企业的广告投放预算总额可达 4 000 万欧元；每届电影节注册记者人数达 4 000 多人，电视制作团体达 300 个。在电影节举办的短短两周内，电影节所创造的直接经济价值达两亿欧元，间接经济价值达 7.8 亿欧元。

除了电影节之外，戛纳每年举办国际电视节、国际唱片展、国际游艇等 300 多个展会，诸多文化活动为戛纳带来绿色 GDP 和可持续发展的可能。例如，2011 年 G20 首脑峰会选择在戛纳举行，从一个侧面体现出戛纳的综合实力。

【单元思考与训练】

1. 谈一谈电影节对地方经济文化有哪些影响。

2. 请搜集威尼斯电影节的文献资料，围绕其发展历史、发展现状、作用和影响、运营模式等展开讨论，并与戛纳电影节作比较，分析它们的异同。

3. 请以小组为单位，每组以 6 人为宜，根据所搜集的资料制作 PPT，每组选派 1 名代表在课堂上进行展示。

【拓展阅读】

"戛纳模式"落户中国 引入新型电影市场模式

法国戛纳电影节要落户中国了，而且是落在浙江省小城镇——安吉县。前日，"亚太交流与合作基金会"执行副主席肖武男向媒体透露了这一消息。近日来一直低调拍摄新片《致命追击》的好莱坞动作巨星尚格·云顿，当日以嘉宾身份出现，并跟肖武男一同接受了记者专访。肖武男向记者讲述了戛纳模式走进中国的来龙去脉，认为对戛纳电影节影片交易经验的借鉴，将有助于中国在未来建立更完善的电影市场。对中法文化都有一定了解的尚格·云顿更把这次合作比作中法烹饪的巧妙结合，"会很有趣"。

戛纳为何落户中国？

今年5月，第67届戛纳电影节即将开幕，与此同时，经过半年的项目论证，"亚太交流与合作基金会"也将与戛纳市政府签订戛纳模式落户浙江的协议。

谈到为什么将戛纳模式引入浙江，肖武男指出这是出于历史和现状几方面的考虑。"今年是中法建交50周年，戛纳所在的滨海阿尔卑斯省希望借此契机加强与中国的合作。正好2006年浙江省与滨海阿尔卑斯省签订了推动多元合作的协议，两个省份的省会城市杭州和尼斯还结成了姐妹城市。"

肖武男透露，选择把戛纳模式引入中国，还有一个原因是中国电影需要建立类似的市场模式，"我觉得现在国内的电影都比较侧重制作和推广，但电影这个文化产品最终是要靠市场来检验的。我们现在面临的问题就是如何有效地培育中国电影的市场。"

为何选择浙江安吉？

有了意向，双方很快开始了合作点的选择："戛纳无疑是法国滨海阿尔卑斯省的亮点，恰巧浙江也有影视基础，横店影视城开启了中国影视产业链。"

至于选择安吉县，其实也跟电影有关。原来李安的《卧虎藏龙》当年就是在安吉县拍摄的，电影中那片竹海，已成了当地重要的旅游景点。"因此我们就决定选择电影这个点，在安吉建立一座中法文化城，并且将戛纳模式引入其中。"

戛纳将会如何落户？

戛纳电影节已有60多年的历史，但"戛纳落户中国"却是一个全新的概念。肖武男解释说，落户的具体形式有："首先是从影片的层面，我们会定期推出中法电影交流活动，展映两国的优秀电影。其次中法文化城还要承载场馆建设，以便将电影市场发展成常态性。"

此外，肖武男还强调，"戛纳模式落户中国"其实是一种双向的落户："法国方面希望一方面将戛纳电影节的市场经验带到中国；另一方面也希望借此吸引一些中国做电影、做文化创意产业的企业反过来去尼斯、戛纳发展。"

戛纳走进中国，就像中法烹饪的结合

正在拍摄新片《致命追击》的动作巨星尚格·云顿对戛纳走进中国也表示了浓厚的兴趣。云顿在成名前曾参演法国动作片，也在法国和中国香港生活过一段时间，对两个国家都有所了解："如果中法之间可以找到有共同价值观的电影项目进行合作，那么这就会像中法烹饪的结合，会十分有趣。"

《致命追击》在今年柏林电影节版权预售被抢购一空。该片导演是有好莱坞惊悚大师之称的厄尼·巴巴拉什，主场景都在广州拍摄。该片是云顿第一部在中国拍摄的电影，他说与中国的工作人员相处得很愉快，还透露了自己的相处秘籍："我发现如果我信任中国人的方式，让他们按自己的方法做事，那我就能享受到双重的快乐。"

图 18.3

参考文献

[1] 吴国新.发达国家会展业对我国会展业发展的借鉴 [J].国际商务研究, 2006（5）.

[2] 袁晓江.从博鳌的兴起看"会议经济"[J].南方经济, 2001（7）.

[3] 许峰.会展旅游的概念内涵与市场开发[J].旅游刊, 2002（4）.

[4] 刘志迎."论坛经济"的"经济"与"不经济"[J].决策咨询, 2001（11）.

[5] 翁宝.博鳌战略 [J].南风窗, 2001（16）.

[6] 李宏盛,李贺.论中国娱乐节目的抄袭与同质现象[J].硅谷, 2008（8）.

[7] 郭碧青.解读电视节目的平民化趋势[J].福建教育学院学报, 2004（10）.

[8] 李晓莉.广州会展业存在的问题及对策分析 [J].商业研究, 2005（20）.

[9] 增绍武.论电视节目模式创新的影响因素 [J].当代电视, 2012（6）.

[10] 钟汶利.广交会对我国外贸的影响因素分析 [J].特区经济, 2010（3）.

[11] 易仁川.第109届广交会观感与思考[J].武汉商务, 2011（5）.

[12] 孟凌雁.上海会展业的发展及前景展望[J].经济坛, 2011（6）.

[13] 孟苗.2004平遥国际摄影大展后的思考[J].今日山西, 2004（10）.

[14] 杨军,马晓芳.休闲经济的特点与构建[J].产业与科技论坛, 2007（2）.

[15] 张骁鸣,杨晓静.节庆文化变迁分析——以狂欢节为例[J].北京第二外国语学院学报, 2008（7）.

[16] 王琪延.北京将率先进入休闲经济时代 [J].北京社会科学,2004 (2).

[17] 李林松.风采卓然的世界小姐拉芙·古铁蕾丝 [J].国际人才交流,1998 (9).

[18] 杨冠雄.博鳌崛起之谜 [J].今日国土,2002 (1).

[19] 王海鹏.瞬间的永恒——对世博会理念的解析 [J].中国会展,2009 (1).

[20] 施勇."世博科技专项行动"打造"永不落幕的世博会"[J].中国科技产业,2010 (4).

[21] 朱思达.漫话世界博览会 [J].四川统一战线,2010 (5).

[22] 蔡梅良.欧洲古代集市的起源及演变意义 [J].文史博览:理论,2008 (7).

[23] 周粟.义乌"见"与"闻"[J].中国商人,2002 (8).

[24] 陈红儿,陈琪.中国小商品市场体系的培育及其经济效应 [J].商业经济与管理,1999 (5).

[25] 于营,林松.论全球化背景下的国际机制 [J].北华大学学报:社会科学版,2005 (1).

[26] 林言.时装周的商业价值 [J].中国新时代,2013 (10).

[27] 许开轶.21 世纪初中国外交的战略思考 [J].当代亚太,2004 (6).

[28] 孙宇龙.试析我国摄影策展现状 [J].外语艺术教育研究,2009 (2).

[29] 任致远.平遥印象 [J].城乡建设,1996 (5).

[30] 晋萱.架起一座走向世界的桥梁——"平遥国际摄影节"活动综述 [J].今日山西,2001 (6).

[31] 赵国柱."平遥国际摄影展"的文化创新 [J].中国记者,2008 (9).

[32] 宗石.平遥国际摄影大展历程与前路 [J].旅游时代,2003 (9).

[33] 胡向泽.写在平遥国际摄影大展 [J].今日山西,2004 (10).

[34] 杜东明.乘风破浪会有时——平遥国际摄影节感怀 [J].今日山西,2001 (6).

[35] 李在永.论休闲消费的几个基本问题 [J].北方经贸,2002 (10).

[36] 郑胜华.休闲业及其发展研究 [J].商业研究,2002 (1).

[37] 舒权,车明正.休闲消费浪潮与休闲产业的崛起 [J].经济问题探索,1995 (10).

[38] 马惠娣,王国政.休闲产业新的经济增长点 [J].瞭望,2000 (34).

[39] 杨桂凤.休闲将成为大产业 [J].瞭望,2000 (39).

[40] 郭华.电影"世界杯"——戛纳电影节断想 [J].电影创作,2001 (5).

[41] 周雁鸣.我所知道的戛纳国际电影节 [J].大众电影,2000 (8).

[42] 黄俊英.女性游戏,网游市场的另一金矿 [J].观察与思考,2007 (16).

[43] 李途,蒋凯.二十国集团在国际经济秩序变革中的角色分析[J].前沿,2011(7).

［44］朱杰进 .G20 机制非正式性的起源 [J]. 国际观察，2011（2）.

［45］刘宗义 .二十国集团的角色转型与法国戛纳峰会展望 [J]. 国际观察，2011（2）.

［46］哈欣，唐淑芬 ."后世博"与上海都市旅游发展刍议 [J]. 经济论坛，2010(12).

［47］杨琳，王波，沈璐瑶 .世博会影响下的上海经济与产业发展 [J]. 经济研究导刊，2007（1）.

［48］李向明 .后世博时代的世博旅游效应及其应对策略——以上海世博会为例 [J]. 江西财经大学学报，2012（1）.

［49］王彦堂 .达沃斯论坛的前世今生 [J]. 东北之窗，2007（15）.

［50］柳莺 .戛纳手记：沉溺在疯狂里 [J]. 电影世界，2014（6）.

［51］张永蓬 .中非关系质的飞跃 [J]. 瞭望，2010（48）.

［52］贺文萍 .中非合作论坛的品牌效应 [J]. 瞭望，2010（44）.

［53］郑先武 .构建区域间合作"中国模式"——中非合作论坛进程评析 [J]. 社会科学，2010（6）.

［54］蒙德利，聂佃忠 .新形势下的中非关系及其挑战 [J]. 特区经济，2011（5）.

［55］张忠祥 .中非合作论坛在非洲发展中的作用 [J]. 探索与争鸣，2008（12）.

［56］刘赛力 .中非合作论坛建立以来中非关系新发展 [J]. 亚非纵横，2006（3）.